《中华易学》编辑委员会

顾　问　余敦康　[美]成中英　[日]池田知久
　　　　刘大钧　周桂钿　陈祖武　张希清
主　编　张　涛
副主编　邓瑞全
委　员（按姓氏笔画为序）
　　　　王　岗　王纪颖　王晓毅　[韩]元勇准　（中国澳门）邓骏捷
　　　　邓瑞全　[日]西山尚志　任士英　任利伟　刘　震　刘炳良
　　　　孙　晶　孙照海　[法]杜杰庸　[韩]李承律　李景林　杨庆中
　　　　杨效雷　连劭名　吴克峰　张　涛　范立舟　岳庆平　郑　开
　　　　（中国香港）郑吉雄　姜海军　袁江玉　袁法周　[美]夏含夷
　　　　顾宏义　曹　峰　章伟文　韩增禄　强　昱　（中国台湾）赖贵三
　　　　谭德贵

编辑部主任　　　邓瑞全（兼）
编辑部副主任　　任利伟　谢炳军
执行编辑　　　　傅海燕　薛明琪　郝　帅

中华易学

第一卷

张涛 主编

人民出版社

责任编辑:宫　共
封面设计:源　源

图书在版编目(CIP)数据

中华易学．第一卷/张涛 主编．—北京:人民出版社,2018.6
ISBN 978-7-01-020134-4

Ⅰ.①中… Ⅱ.①张… Ⅲ.①《周易》-研究 Ⅳ.①B221.5

中国版本图书馆CIP数据核字(2018)第268717号

中华易学

ZHONGHUA YIXUE

第一卷

张　涛　主编

人民出版社 出版发行
(100706　北京市东城区隆福寺街99号)

中煤(北京)印务有限公司印刷　新华书店经销

2018年6月第1版　2018年6月北京第1次印刷
开本:710毫米×1000毫米 1/16　印张:21.5　字数:299千字

ISBN 978-7-01-020134-4　定价:58.00元

邮购地址 100706　北京市东城区隆福寺街99号
人民东方图书销售中心　电话 (010)65250042　65289539

版权所有·侵权必究
凡购买本社图书,如有印制质量问题,我社负责调换。
服务电话:(010)65250042

卷 首 语

　　《周易》为群经之首，是我国现存最古老的文化经典，是中华文化重要的源头活水，是中华民族精神和智慧的集中体现，易学思想是中国传统思想文化的主潮、主旋律。作为一门古老而又常新的学问，易学随着社会发展、时代进步而不断变化，在各个历史阶段呈现出不同的特点和规律。周秦诸子易学、两汉象数易学、魏晋玄学易学、宋代理学易学、明代心学易学、清代朴学易学及近代科学易学等，都各有千秋、各有特色。不同的易学家和易学派别从各个角度对《周易》和易学进行解说、诠释和弘扬，从而形成了异彩纷呈、博大精深的易学文化。

　　易学文化遗产丰厚，在中国传统社会的方方面面都能找到它的踪影和反响。《四库全书总目》说："《易》道广大，无所不包，旁及天文、地理、乐律、兵法、韵学、算术，以逮方外之炉火，皆可援《易》以为说，而好异者又援以入《易》，故《易》说愈繁。"《周易》和易学对中国传统文化发展的影响至深至远，特别是其太和中正的和谐理念、阴阳变易的辩证思维、自强不息的进取精神以及强烈的忧患意识、坚定的创新意识等，更是拥有永恒的魅力。《周易》和易学"天人合一"的生态世界观，对于当前开展的美丽中国建设、生态文明建设，亦有着重要的资鉴作用和启发意义。

　　我们认为，在新时代，应该运用科学的理论和方法，整合多学科、多方面的资源和力量，多角度、全方位地开展易学文化研究，始终坚持正确的治《易》理念和宗旨：繁荣学术，强化学科建设；古为今用，传承中华文明；服务社会，倡导经世致用；以《易》会友，以友辅仁，积极参与和谐社会建设、小康社会建设；兼容并包，象数与义理并重，继承、弘扬《周易》和易学的思想精髓、文化精神；面向全球，会通中外，推动人类命运共同体不断发展。

正是基于这种认识，依托北京师范大学易学文化研究方面的学术力量，自 2009 年始，我们编辑出版了《周易文化研究》辑刊，至 2017 年已出版 9 辑，在社会上产生了一定影响。为了进一步拓展和深化易学文化研究，现将《周易文化研究》更名为《中华易学》，本卷为第一卷，并陆续推出第二卷、第三卷……力求与时偕行，突出时代精神，及时展示易学领域的新探索、新收获、新成果，推动易学文化研究的不断深化和拓展。希望易学同仁和各界朋友批评指正。

《中华易学》编委会

2018 年 6 月

目　录

易学与理学……………………………………………………余敦康 1
《管子》与易学………………………………………………连劭名 20
《周易》中的实学思想………………………………………孙福万 71
奠定人生的标杆………………………………………（中国台湾）周美华 81
　　——《乾卦》"龙德"试探

红山文化牛河梁遗址与易学……………………………张　珅　杨效雷 107
清华简《筮法》的特点及其文本归属………………………谢炳军 120
秦汉术数视域中的象数易学定位及作用探析…………谭德贵　宁俊伟 137

清代易学家传略………………………………………………陈祖武 147
贾谊易学简论…………………………………………………于成宝 172
论元代蒙古族学者保巴易学的象数学特点…………………黄　鸣 185
朝鲜正祖李祘《周易讲义·总经》君臣对论
　　易学平议……………………………………（中国台湾）赖贵三 204
湖北易学源流考…………………………………………由　迅　周国林 226

从八卦先天数看六十四卦八宫排列规律和助记………孟　静　唐志敏 243

黄道周《三易洞玑·文图经纬中》
　　五运六气说探义………………………………（中国台湾）林金泉 249
宋两浙东路茶盐司本《周易注疏》主刻人新证………………马　涛 316
易学古籍书名释义（一）………………………李雄飞　顾千岳 328

《中国易学文献集成续编》出版…………《中国易学文献集成》编委会 338

易学与理学

余敦康

摘要：理学是中国古代思想史、中国古代哲学史上最为重要的思潮之一，它支配着宋代以后的主流意识形态。而《周易》则一直是古代思想文化中的"显学"，并受到理学家的高度重视。其中的理论恰恰能够为理学家"内圣外王"的理想指出了一条登堂入室的门径，为儒家思想提供了对抗佛老的有利思想武器。随着理学的革新、易学的推进，二者相互交织、相辅相成、相互影响，形成了独具特色的宋代理学与易学文化。

关键词：理学　易学　内圣外王

理学是中国古代思想史、中国古代哲学史上最为重要的思潮之一，它支配着宋代以后的主流意识形态。由于汉代经学忽视心性之学的研究，破坏了孔孟儒学中统一的内圣外王之道，实际上等于自动地让出了一片广阔的精神空间，为尔后兴起的佛道二教在世界观和人生观方面大显身手。就儒家来说，如果不突破汉唐经学注疏的藩篱，在宇宙论、心性论方面有所建树，从天道性命的哲学高度为当时的人们提供一种足以取代佛教的新型世界观，就无法保住儒学的正统地位。唐代中期，韩愈、李翱企图以《大学》《中庸》为依据来回应佛教的挑战，由此揭开了新儒学运动的序幕。但是，这两部书中所蕴含的儒家价值理想和性命之道还缺乏新的解释，韩、李并未将传统理论升华到哲学高度，儒家理论在面对佛教的挑战时仍然相形见绌。经过几代学者紧张地探索，反复地比较，一直到宋代，《周易》才被选择成为可以依据其义理与佛教抗衡的传统经典。

随着理学的兴起，当时涌现出了一大批精通易理的理学大家，掀起了持久不衰的《周易》研究浪潮，使得易学实现了新的突破，呈现出新的面貌。理学家对易学研究的总体特点是：注重探讨《周易》经传中的义理，而不刻意追求文字训诂方面的解释。当然，图书之学的流行也是宋易的一大特色，此种解易的学风是对汉易象数学的发展，同时继承了《周易参同契》以来的道教特色，其以图式进行阐理的方式，演变成为宋代的图书学派。然而，无论属于哪一派，理学家们都致力于平衡汉唐以来内圣与外王之间的关系，他们将内圣与外王结成一种体用相依的关系，以心性之学作为经世之学的理论基础，以经世之学作为心性之学的价值取向，建构起一种既同于孔孟，又异于孔孟的新儒学。

故而，理学的革新与易学的推进是相互交织、相辅相成、相互影响的思想进程。《周易》的理论恰恰能够满足理学家们对儒家名教之乐的追求，为他们内圣外王的理想指出了一条登堂入室的门径，为儒家思想提供了对抗佛老的有利思想武器。本文以宋代几位主要理学家的易学思想为中心，通过分析易学在理学思潮形成过程当中所发生的作用，从而更加全面而深入地认识易学与理学之间的关系。

一、"易有太极"与理学天人观

《周易·系辞上》提出了易学话语体系下的宇宙生成理论："易有太极，是生两仪，两仪生四象，四象生八卦。"[1] 自先秦以来，儒道两家都

---

[1] （三国魏）王弼、（晋）韩康伯注，（唐）孔颖达等正义：《周易正义》卷七《系辞上》，（清）阮元校刻《十三经注疏》，中华书局1980年影印本，第82页。

致力于以此为理论基础构建自身的生成论体系,以"太极"为"元气"的说法成为汉唐时期儒道所共同持有的宇宙论思想。随着认知的推进,到了魏晋时期,义理派的易学把"有生于无"的生成论命题转化为"以无为本"的本体论命题,把"太极"归结为"无"。虽然如此,这种本体论仍然与"有生于无"的生成论纠缠扭结在一起,如唐孔颖达将"太极"解释为"元气混而为一"①,同时又称之为"太一虚无",指出:"无形即无数也。凡有皆从无而来,故易从太一为始。"②这正是对汉唐以来儒道有关宇宙生成问题的认知的高度总结。

然而,生成问题是一个具体的、实证科学的问题,本体问题则是一个抽象的、思辨哲学的问题,二者性质不同,混合在一起来讲必然产生歧义。加之,佛教常常攻讦中国传统宇宙论方面的缺陷,最典型的就是唐宗密《原人论》所提出的责难,认为儒道宇宙论只是一种"迷执"。所以,理学所面临的难题就是要解决这种理论上的困境。

北宋周敦颐第一次尝试去解决这个问题,因此被后世尊为"理学开山"。他拈出了"天道性命"的主题,援道入儒,以儒解道,把《周易》理解为"性命之源"③,并针对佛教在宇宙论、心性论方面的挑战,作出积极的回应。他根据《周易》阴阳哲学的原理,绘出了一个由"太极"以立"人极"的易象图④,成功地为宋代新儒学奠定了一个较为坚实的理论基础。周敦颐在《易》《老》互训⑤的基础上,提出"无

---

① (三国魏)王弼、(晋)韩康伯注,(唐)孔颖达等正义:《周易正义》卷七《系辞上》,(清)阮元校刻《十三经注疏》,中华书局1980年影印本,第82页。
② (三国魏)王弼、(晋)韩康伯注,(唐)孔颖达等正义:《周易正义》卷七《系辞上》,(清)阮元校刻《十三经注疏》,中华书局1980年影印本,第80页。
③ (宋)周敦颐:《通书·诚上第一》,见(宋)周敦颐著,陈克明点校《周敦颐集》,中华书局2009年版,第14页。
④ 周敦颐《太极图说》依据《周易》的话语体系,以"无极而太极"为始,以"太极"动静而生阴阳、四时、五行、万物为过程,以"人极"之立为终,编制了一个宇宙生成图式。
⑤ 在中国思想史上,关于本源问题的探讨都是通过对《周易》和《老子》的诠释发挥而进行的。

极而太极"①的命题，虽然未能彻底解决这个问题，但这至少代表了他对自先秦至汉唐时期本源问题的认知，是儒道两家关于本源问题研究成果的一种提炼和总结。

周敦颐充分发挥《周易》中"生生之谓易"的思想，意识到生成应该是本体的一个本质属性，讲本体不能脱离生成。这也是继承了儒道两家对宇宙本源问题的传统看法，积极地回应了佛教的挑战②。周敦颐肯定了宇宙为一个生生不已、大化流行的实体，以对抗佛教视世界为空的宇宙论，从这一点上来看，他成功地为理学世界观的建立奠定了理论基调，他作为理学思潮开创者的地位不可动摇。但是，他将本体与生成混而为一的做法存在明显的理论困境，后来他在《通书》中不讲"无极"而专讲"太极"，并且把生成作为一种本质属性纳入本体论结构当中，主要就是出于这个原因。

周敦颐讲"太极"只是为儒家之"人极"确立一个宇宙论的根据，与其生活在同一年代，且同属易学象数派的邵雍则不同。邵雍借用《周易》"先天而天弗违，后天而奉天时"的说法，将易学分为先天与后天③。他认为先天之学着重于研究天道之自然，属于科学易；后天之学着重于研究人道之名教，属于人文易。④就二者关系言，先天之学明体，后天之学入用，二者彼此相涵，是易道的两个不同方面。但是，研究途径应当遵循"推天道以明人事"⑤的思路，先研究物理之学，后研究性命之学，由自然科学入手而过渡到人文科学，从而更好地效法天道以发

---

① （宋）周敦颐：《太极图说》，见（宋）周敦颐著，陈克明点校《周敦颐集》，中华书局2009年版，第3页。
② 佛教把宇宙看作是由生灭妄想所变之境，本身是虚幻不实的假有，人不应当执迷于假有，而应返照心源，复归于涅槃静寂。
③ 邵雍易学的特色在于"尊先天之学，通画前之《易》"。他认为《周易》之书，即文王所演之《易》是"后天之学"，包括汉唐以来对《周易》之书的研究。而"《易》之道"在《周易》成书之前早已存在，伏羲所画八卦图式就是易道的体现，即"先天之学"。
④ 这种学科分类的思想至今尚为人们所遵循，在当时应当属于非常卓越的认识。
⑤ （清）永瑢等：《四库全书总目·经部·易类》，中华书局1965年版，第1页。

挥人事之用，构建一个完整的天人之学。

邵雍立足于《易》之数①，将先天之学视作是"心法"。他以"心为太极"②，并基于《周易》"一阴一阳之谓道"③的基本原理，按照一分二、二分四、四分八的数进行推导，以模拟"太极"的生化顺序，提出了"天开于子，地辟于丑，人生于寅"的宇宙生成图式。他以尧的时代作为先后天之分的时间节点，将宇宙的自然史与人类的文明史纳入一个太极一元整体观当中。他强调："体无定用，惟变是用。用无定体，惟化是体。"④以说明宇宙与人的化生背后潜藏着阴阳消长的易之道，即"天地之心"。这些将人类文明纳入宇宙进程的努力，都是在努力弥合一直以来生成论与本体论之间的分歧。

周敦颐讲"太极"而归于"人极"，邵雍讲先后天之学而归于"天"，虽然他们都致力于天人关系的统合，但终究还是将其分作了两截。如果说周、邵作为理学思潮的开拓者，其所建构的体系属于从生成论到本体论的过渡形态，那么张载则是在极力建构一个成熟的本体论体系，朝着天人合一、体用不二的目标迈进。

张载首先从根本上否定了以有无言易的玄学思路，他常说："大易不言有无，言有无，诸子之陋也。"⑤他的目的是建构一种本体论的理论形态，把天与人、体与用统统整合在一起，而《周易》中的"太极"就是最好的整合性范畴。他通过艰苦的探索，悟到"《易》一物而合三

---

① 周敦颐的《太极图》并《图说》可以视作是则立足于《易》之象。
② （宋）邵雍：《观物外篇下之中》，见（宋）邵雍著，郭彧整理《邵雍集》，中华书局2010年版，第152页。
③ （三国魏）王弼、（晋）韩康伯注，（唐）孔颖达等正义：《周易正义》卷七《系辞上》，（清）阮元校刻《十三经注疏》，中华书局1980年影印本，第78页。
④ （宋）邵雍：《观物内篇》，见（宋）邵雍著，郭彧整理《邵雍集》，中华书局2010年版，第6页。
⑤ （宋）张载：《正蒙·大易篇》，见（宋）张载著，章锡琛点校《张载集》，中华书局1978年版，第48页。

才"①"一物而两体"②，于是将"太极"作为道体。至晚年，张载又将"太极"发展为"太和"来指称道体，可以说是张载哲学的第二次突破。"太和"一词出自《乾·彖》，指的是天人整体的最高和谐，这既是一个本体论范畴，同时又渗透着浓郁的价值理想，使其同时满足理论层面和价值层面的双重需要。

在此基础上，张载提出"太虚即气"③，代表了"体用不二"的思想倾向。另外，他将儒家之"仁"提到了本体论的高度进行论证，以"太虚"作为"仁"之原，并以"仁"来界定"天"。张载拈出"仁"字作为儒家的"话头"④，使得理学完全可以借此与佛教抗衡，如程颢说："学者须先识仁。仁者浑然与物同体"⑤，便是参悟此话头得来的体会。在此基础上，张载提出"天体物不遗，犹仁体事无不在也"⑥，他一方面完美地继承了孔孟的人文价值理想，另一方面又援引道家的自然主义天道观来作为这种人文价值理想的宇宙论依据，终于完成了他"为天地立心"的理想，建构起一个合天人、兼体用的宇宙论体系。

张载所创造的业绩乃"有六经之所未载，圣人之所不言"⑦，理学发展史由此进入一个新的阶段。程颐提出了"体用一源"的命题，由此确

---

① （宋）张载：《正蒙·大易篇》，见（宋）张载著，章锡琛点校《张载集》，中华书局1978年版，第48页。

② （宋）张载：《正蒙·大易篇》，见（宋）张载著，章锡琛点校《张载集》，中华书局1978年版，第48页。

③ （宋）张载：《正蒙·太和》，见（宋）张载著，章锡琛点校《张载集》，中华书局1978年版，第8页。

④ "话头"这个词来自禅宗。禅宗常以一句话或某个字作为话头，认为其中蕴含着佛教思想的全部精髓，是参悟佛理最简捷的门径。

⑤ （宋）朱熹整理：《河南程氏遗书》，见（宋）程颢、程颐著，王孝鱼点校《二程集》，中华书局2004年版，第16页。

⑥ （宋）张载：《正蒙·天道篇》，见（宋）张载著，章锡琛点校《张载集》，中华书局1978年版，第13页。

⑦ （宋）范育：《正蒙序》，见（宋）张载著，章锡琛点校《张载集》，中华书局1978年版，第8页。

定以"体用"言的理学思路，从而避免了歧义，建立了一个较为纯粹的本体论结构。按照这条思路，程颐认为，生成是本体所固有的功能，即体起用，用不离体，自然的生意本身即大化流行的道体，那么人则可以直接通过自己的生命体验去与道体相契合。他的理论有力地抗击了佛教视世界为"假有"，以"真如"为虚的思想，从而将天道与人道紧密相连。

由此可见，"明体达用"是理学家们共同的追求，而真正将这一目标推进到新的高度，则要归功于程颢、程颐兄弟二人。他们曾从学于周敦颐，又与邵雍私交甚笃，在少年时还曾与张载论《易》，应该说他们对当时的学术思潮有相当程度的了解。他们认为学术界整体偏向"有体而无用"，当务之急就是建立一个以理为体、以事为用的思想体系，其目标是为解决前人理论中遗留的问题：张载直接就太虚无形之气论本体，虽然彻底消解了周、邵之学中残存的"有生于无"的宇宙生成论，建构了一个比较纯粹的本体论理论形态，但是"清虚一大"的说法只是形而下之器，容易使人产生本体有虚而无实的误解。

故二程选择通过易学来"体贴天理"[1]，二程门人记载程颢曾经说过："即事尽天理，便是易也。"[2] 便是把"易理"归结为"天理"，又把"天理"确立为最高范畴。其实二程关于宇宙本体的思想，间接地接受了老庄的自然主义，他们认为"天理云者，不为尧存，不为桀亡"[3]，但又进一步指出"礼即是理"[4]，认为天道中蕴含着人道的内容，自然之理

---

[1] （宋）朱熹整理：《河南程氏外书》，见（宋）程颢、程颐著，王孝鱼点校《二程集》，中华书局2004年版，第424页。

[2] （宋）朱熹整理：《河南程氏遗书》，见（宋）程颢、程颐著，王孝鱼点校《二程集》，中华书局2004年版，第31页。

[3] （宋）朱熹整理：《河南程氏遗书》，见（宋）程颢、程颐著，王孝鱼点校《二程集》，中华书局2004年版，第144页。

[4] （宋）程颐著：《易传序》，见（宋）程颢、程颐著，王孝鱼点校《二程集》，中华书局2004年版，第689页。

即是人文价值之所本。这就消解了二本之论，统摄宇宙本体与价值本体，从而为儒家的名教理想提供了一个超越的形上依据。"天理"既然已经提升到了价值本体的高度，当然有理有体，有显有微，二程又共同致力于明体达用的探索，追求理与事的有机结合，明道在伊川的基础上提出了"体用一源，显微无间"①的学术宗旨，终于创建成一个完整的体系。

以上五位理学家提出了理学的基本理论，为理学发展作出了卓越的贡献，被后人称为"北宋五子"。其中，周敦颐、邵雍二人通过"以象言易"的方式，阐述易之理，张载、程颢、程颐三人则专就义理方面进行研究。但是，由于象数、义理殊途，尽管他们生活在同一时代，相互之间也过从甚密，但是在易学思想上却不能会通整合。直至南宋，朱熹以一种恢弘的气度、宽广的胸怀，对五子的易学作了全面的研究，指出他们都是紧紧围绕"理学"这一共同主题立论，旨在阐明天道性命之理，体现了理学的总体精神。而易学发展的关键则在于超越两派的分野，使象数、义理形成一种互补性结构，言象数比及易理，言义理比及象数。如果将其提到哲学高度来看，这种互补关系就是理与气之间不离不杂的关系。

朱熹的这个思想是基于对天地造化实体的深刻理解而立论的。朱熹认为"天下未有无理之气，亦未有无气之理"②"理未尝离乎气"③。圣人作《易》只是如实地描绘天地造化"一阴一阳之谓道"的本来面目，这种关系可以归结为理与气，从而成为统率易学的纲领。他深化周敦颐的"太极"之说，结合张载"一物两体"的思路，拈出二程"对待"的概

---

① 《易传》是程颐在程颢去世后，通过长期探索，把"明体达用"提炼为"体用一源"，把理事结合概括为"显微无间"。
② （宋）黎靖德编，王星贤点校：《朱子语类》卷第一《理气上》，中华书局1994年版，第2页。
③ （宋）黎靖德编，王星贤点校：《朱子语类》卷第一《理气上》，中华书局1994年版，第3页。

念，构建了一个格局更恢弘、体系更完整、论证更精密的理气架构。实际上，正是通过朱熹的重新解释，北宋五子的理论才能在理学史上有所定位，最后得以凸显出来并为后世所熟知。

宋代理学把这个主题表示为天道和性命的关系，从北宋五子到南宋朱熹，虽然在哲学信念上都预设了此二者能够合一，但是在论证的过程当中也不免有所偏颇。理学兴起之初，探索的重点多半偏于天道，因为这是当时儒学的一个薄弱环节，所以理学思潮前期的代表人物为了弥补这一缺陷而从事宇宙论的研究，周、邵二人最为典型。至张载、二程，理学探索的重点又转而偏向人道，这也是儒家人文价值的最终关怀。直到朱熹，紧紧围绕理学主题，最终提出了一套不偏于一端的天人合一思想，通过他的诠释，确立了理学家"天人一理"的本体论结构。

二、"穷理尽性以至于命"与理学心性论

周敦颐所提出的"太极"本体仅仅停留在纯粹自然主义的范畴，这样就无法与"蔽于天而不知人"的道家划清界限。《中庸》已经提出："诚者，天之道也。诚之者，人之道也。"但是，这种简单的论证并无法回答天道何以具备伦理属性和"诚"何以为本的问题，更无法令人信服，尤其无法令道家信服。因为道家的"天道"根本不具备伦理属性，即《老子》所谓"天地不仁"。这成为儒家建立道德本体论所面临的一道理论难题，自汉唐以来，一直未能解决。[①] 周敦颐与前人不同，他忠实地继承了《周易》原有的那种儒道互补的思路，他说：

---

① 李翱作《复性书》，试图沿袭《中庸》的思路来解决这道难题，结果归于失败。因为《中庸》所谓的天，并非客观的自然之天，而是根据人道价值理想来塑造的天道，反过来，《中庸》的作者又用这个被塑造的天道作为人道价值理想的根据，这种循环论证的方法，在逻辑上很难成立。苏轼作《东坡易传》，沿袭道家的思路，认为天道自然，无善无恶，人性源于天道，故人性的本质亦是无善无恶的自然之本。按照这个说法，人性与禽兽之性则可等同，无法解释人的道德价值圆圈，当然也无法为儒家建立一个道德本体论。

诚者，圣人之本。"大哉乾元，万物资始"，诚之源也。"乾道变化，各正性命"，诚斯立焉，纯粹至善者也。故曰："一阴一阳之谓道，继之者善也，成之者性也。"元亨，诚之通；利贞，诚之复。大哉《易》也，性命之源乎！①

所谓"继之者善也"，人之善性源于天道之纯粹至善。周敦颐一方面把天道看作是由"太极"所支配的、客观外在的自然运行过程，另一方面，又把天道看作与人性本质有着内在的联结。这就成功地解决了这道难题，论证了"诚"也是自然天道的一个本质属性，同时将"太极"与"人极"沟通，从心性修养层面证明了"名教之中自有乐地"的命题。以后的理学家言性命必上溯天道，言天道必落实于性命，而以"诚"这个范畴作为沟通天道性命的中心环节。

与一心追求儒家"名教之乐"的周敦颐不同，邵雍对先天之学的重视使其更注重对"观物之乐"的追求，认为"名教之乐"在于道德伦理的修养，而"观物之乐"则在于对客观世界的理性认识。但他并非要取消道德修养，只是把对"名教之乐"的追求置于第二位，使之从属于"观物之乐"。因为"名教之乐"只能管束人的身心，使其成为具备道德属性的个体，但不能使人免除情累之害，从而获得宇宙属性。只有把人提升到宇宙意识的高度，才能够既不损害对事物的客观理解，也能完整地维护人所应有的"名教之乐"。

那么，要想获得"观物之乐"，人们就必须如《周易》所倡导的那样，"圣人以此洗心，退藏于密"②，拥有一颗"圣人之心"。在邵雍看来，心有三种：天地之心、人类之心、圣人之心。天地之心即客观的自在之

---

① （宋）周敦颐：《通书·诚上第一》，见（宋）周敦颐著，陈克明点校《周敦颐集》，中华书局2009年版，第13—14页。
② （三国魏）王弼、（晋）韩康伯注，（唐）孔颖达等正义：《周易正义》卷七《系辞上》，（清）阮元校刻《十三经注疏》，中华书局1980年影印本，第81页。

理，人类之心具有主观能动性，这也是人类与万物不同的地方，所以人类之心应当凭借这种主体能动性，发挥人事之用去感应和认识天地之心。但是，人类之心还包含了很多杂质——情与欲，只有圣人之心既具备了人类之心的精华，又无任何杂质，至诚湛明，精义入神，故而只有圣人之心才能全面地认识天地之心，故而圣人是人性的最高典范。邵雍通过把人文价值理想建立在对天地万物、自然之理认识的基础上，窥开物理，照破人情，实现主客合一。

与周敦颐、邵雍由天而人的思路相通，张载在"为天地立心"之后，便开启了"为生民立命"的心性论研究。其目的在于"建明义理、扶植纲常"①，建构一个价值哲学的体系，把仁义确立为人性的本质，由此"为生民立命"。这项工作始自周敦颐以"阴阳"配"仁义"的尝试。他认为，仁义的结合有如阴阳交感，应以"中正"的标准来衡量，由此将传统儒家道德层面之"仁义"提升到本体论的哲学高度。张载延续这一思路，将仁义作为人性之本，提出"天命之性"与"气质之性"的概念，成为理学史上的重大理论创造。

张载认为人性由天地之道发展而来，所以人性必须从属于天性——"一物而合三才"的"太极"之道。但是这种"天命之性"又必须以血肉之躯的"气质之性"为载体，所以他总结二者关系为"性其总，合两也"②，也就是存在与本质、天理与人欲、人文价值与自然本性的统一。由这个理论，很容易推导出，人应当通过自觉的心性修养，使气质之性符合天命之性，以天理统合人欲，最后得以成贤成圣。张载这一理论是理学史上的重要创造，解答了先秦以来人性善恶的问题，因而朱子指出："气质之说，起于张、程，极有功于圣门，有补于后学。……

---

① （宋）叶采集解，程水龙校注：《近思录集解》，中华书局2017年版，第88页。
② （宋）张载：《正蒙·太和篇》，见（宋）张载著，章锡琛点校《张载集》，中华书局1978年版，第22页。

张、程之说立，则诸子之说泯矣。"① 张载为人性善恶的争论画上了一个圆满的句号，自他以后，理学对于人性问题的关注转入功夫层面的探讨。

程颐本于《系辞下》所说"苟非其人，道不虚行"②，直接把易道看作人人必须履行的分上之事，认为易道的本质主要不在于知识而在于行为，人在履行易道的过程当中，应该以"中正"作为自身的价值导向。程颐指出这种中正之道也符合"理一而分殊"的本体论结构，必须通过六十四卦、三百八十四爻的分殊之理才能涵泳体察乾坤二卦所不能尽之道。他在《易传》当中以《彖》《象》之辞为依据，详尽地阐明了"中"与"正"的功能作用，提出了"中"重于"正"以及以"中"率"正"的操作原理，其用心在于由辞通意、因象明理，凸显易道所蕴含的价值理想，弘扬人们自觉承担道德规范的主体精神。

朱熹作为理学的集大成者，对北宋五子的探索成果进行了综合总结，按照天人之学的内在逻辑，采取了一种天道、人道双向互动的思维模式，务使自然主义与人文主义形成一种有机的结合，而不流入一偏。其卓越之处在于他自觉地运用了双向互动的思维模式，指出天心与人心是一种"理一分殊"的关系，天心是"理一"，人心是"分殊"，欲明人心之分殊，必须从本体论入手，先明天心之理一。他又在北宋五子的探索基础上，特别拈出一个"仁"字来统一天人，使理学形成为一个完整的体系。

朱熹说："仁者天地生物之心，而人物之所得以为心。"并解释道："'仁'字与'心'字浑然一体之中自有分别。"③ 他将天心与人心贯通整

---

① （宋）黎靖德编，王星贤点校：《朱子语类》卷第四《性理一》，中华书局1994年版，第70页。

② （三国魏）王弼、（晋）韩康伯注，（唐）孔颖达等正义：《周易正义》卷八《系辞下》，（清）阮元校刻《十三经注疏》，中华书局1980年影印本，第90页。

③ （宋）朱熹：《晦庵先生朱文公集》卷第四十《答何叔京》，见（宋）朱熹撰，朱杰人、严佐之、刘永翔主编《朱子全书（修订本）》，上海古籍出版社2010年版，第1829页。

合为一个统一的"仁心",这一做法在理学史、易学史以至于整个儒学史上具有承上启下的意义,代表了中国传统的天人之学发展到南宋年间的最高水平。虽然陆象山紧接着举起心学的旗号来与朱熹抗衡,但是从逻辑的理路来看,陆象山把天心归结为人心的心学思想,实际上是以朱熹对天心的探索成果为前提的。

从张载将道家的"天地不仁"[①]转化为儒家的"天地之仁"[②]起,理学摆脱了周敦颐、邵雍之天人二体、体用殊绝的困境,张载直接用一个"仁"字,把天与人相沟通,认为必先明天道而后始可言性命。二程直承张载,但是主张知人以知天,认为应当通过"识仁""体仁"的途径而上达天理。他们所遵循的哲学思路各有偏向,到朱熹这里才通过"天人一理"达到圆融。

三、"保合太和"与理学价值理想

《乾·彖》:"乾道变化,各正性命,保合大和,乃利贞。首出庶物,万国咸宁。"[③]"太和"即天人整体的最高和谐,既指宇宙自然的和谐,也指社会人际关系的和谐。周敦颐将"太和"树立为儒家的整体性的价值理想,对后来理学家产生了深远的影响。张载《正蒙》以《太和》开篇,并且认为"太和"就是"太极"。由此看来,周敦颐的思想尽管偏重于心性修养论层面,但仍然是一种天人整体之学,一种内圣外王之道。

邵雍认为,他的先天之学目的在于窥见天地之心,穷尽万物之理,

---

① (三国魏)王弼注,楼宇烈校释:《老子道德经注校释》,中华书局2009年版,第13页。
② (宋)张载:《经学理窟·气质》,见(宋)张载著,章锡琛点校《张载集》,中华书局1978年版,第22页。
③ (三国魏)王弼、(晋)韩康伯注,(唐)孔颖达等正义:《周易正义》卷一《乾》,(清)阮元校刻《十三经注疏》,中华书局1980年影印本,第14页。

以求得对宇宙能有一种全面的、客观的理性认识。如果有了这种认识，就能得到"天理真乐"①，把个体生命提升到与造化一般的境界，即所谓"造化在我"②。如果他的精神财富只是无情的物理世界，那么他只能算作是一个蔽于天而不知人的道家学者。在邵雍看来，太极一元之道包括先天之体和后天之用，二者不可分割，故朱熹认定邵雍心中不仅"包括宇宙"，同时还有"终始古今"的部分。③他的理论往往也从对物理世界的研究过渡到对人文世界的研究，如果说他的宇宙意识有似于道家，那么他的人文情怀则有似于儒家，他以老子得《易》为体，以孟子得《易》为用，超越了学派门户之见，从儒道互补的角度来沟通天人，这个做法与《周易》"和而不同""一致而百虑，殊途而同归"的理念是一致的。

虽然邵雍的精神境界中，道家色彩要强于儒家色彩，这与他在为人、为学上的自觉选择有关④。他毕生潜心研究先天之学，致力于以先天统后天，因而他把观物之乐置于名教之乐之上也是顺理成章。但是，从他留下的著作当中可以读到宇宙意识与人文情怀的错综交织，他站在宇宙意识的高度俯瞰人生，做到超然物外、同于大通，从而达到安时处顺、乐天知命的个人境界。他的心中不仅装下了整个宇宙，也装下了整个历史，他的先天之学看来是虚而不实，有如空中楼阁，实质上却是一种内圣外王之道，蕴含着独特的圣贤气象。他把自己对宇宙的体悟、人生的感受一一笔之于书，并传之于世，创造了理性思维的英雄业绩，他在哲学上所做的贡献是决不可低估的。

---

① （宋）邵雍：《观物外篇下之下》，见（宋）邵雍著，郭彧整理《邵雍集》，中华书局2010年版，第168页。
② （宋）邵雍：《观物外篇下之下》，见（宋）邵雍著，郭彧整理《邵雍集》，中华书局2010年版，第156页。
③ （宋）黎靖德编，王星贤点校：《朱子语类》卷第一百《邵子之书》，中华书局1994年版，第2542页。
④ 邵雍之学源于道教传授系统李之才一系。

易学与理学

　　周敦颐和邵雍虽然都有关于理想社会的设想，但是他们的理论总体来说还是更为偏向于内心修养，即"内圣"的方面。张载则不同，他关于"为天地立心""为生民立命"的研究，目的就在于"为往圣继绝学""为万世开太平"。前两者代表了天心赋予人心的内圣之学，但是张载认为，佛教的传入之后，这种天人贯通的心性之学不幸失传，他要"为往圣继绝学"，首先就是要归宗于《易》理，他至晚年作《正蒙》，正是取《蒙·彖》之语："蒙以养正，圣功也。"① 要"继绝学"则必须为儒家编排一个新的道统，在此之前，韩愈和石介有过相关尝试②，张载在《系辞传》的基础上，对《论语·宪问》中的"作者七人"③独树新解，提出自己对道统的编排顺序：伏羲、神农、黄帝、尧、舜、禹、汤。④ 张载这一观点体现了他的历史观包括物质文明、制度文明和精神文明三个层面，同时他把易道看作是人性的外化，将形而上之道与形而下之器合而为一，认为孔子之所以能成为"道统"的集大成者，⑤ 就是因为"圣人亦必知礼成性，然后道义从此出"⑥。张载由此将圣学归结为礼学，社会如果遵循"礼"来运作，则事无不顺，功无不成，社会人际关系的各种秩序都能像自然界的天秩天序那样调适畅达，这才真正由内圣开出外王，完成了"为万世开太平"的

---

① （三国魏）王弼、（晋）韩康伯注，（唐）孔颖达等正义：《周易正义》卷一《蒙》，（清）阮元校刻《十三经注疏》，中华书局1980年影印本，第20页。
② 韩愈在《原道》中根据《中庸》《孟子》的记载，着眼于价值规范层面，为儒家编排了一个传授系统："尧以是传之舜，舜以是传之禹，禹以是传之汤，汤以是传之文武周公，文武周公传之孔子，孔子传之孟轲，轲之死不得其传焉。"石介在此基础上，从礼乐制度的层面，又加上了伏羲、神农、皇帝三人，提出了十一个圣人的传授系统。
③ （清）刘宝楠撰，高流水点校：《论语正义·宪问第十四》，中华书局1990年版，第597页。
④ （宋）张载：《张子语录中》，见（宋）张载著，章锡琛点校《张载集》，中华书局1978年版，第319页。
⑤ 张载说："若孔子自数为作，则自古以来实未有如孔子者，然孔子已是言'述而不作'。"他指出孔子虽然是道统的集大成者，但并不是道统的创立者，而只是一个继述者。
⑥ （宋）张载：《横渠易说·系辞上》，见（宋）张载著，章锡琛点校《张载集》，中华书局1978年版，第191页。

任务。

张载所作《西铭》描述了他"为天地立心，为生民立命，为往圣继绝学，为万世开太平"的社会理想，这被程颐总结为"理一而分殊"[①]。"理一"即是"易理"，讲的是"天尊地卑，乾坤定矣"[②]的天地之序，"分疏"则是"鼓之以雷霆，润之以风雨"[③]的天地之和。在程颐看来，礼只是一个"序"，乐只是一个"和"，礼乐的根本原理即阴阳之变易。这种易理既是人类社会应有的价值本体，也是天地万物本然的宇宙本体，儒家的文化价值理想之所以成为一个本体论的结构，是因为秩序与和谐源于天道之本然，可以通过宇宙本体得到超越的形上之证明。在人事层面上，一种符合礼乐规范的社会结构，既能使社会既有秩序井然有分，又能有和谐融洽、团结合作，做到"安土敦乎仁"[④]。程颐作为一个儒家士大夫，毕生都在致力于这种追求。

朱熹生活在南宋，他将北宋五子的研究成果综合论证，把自然之理与人文之理统一于"太极"之理，建构了一个以太极作为至高无上、终极本源的整体观。所谓"太极"，又可以总结为"对待"与"流行"两个层面，不论是自然之理还是人文之理，都不过是理气的大化流行、阴阳与仁义之间的张力。"大抵天地间只一理"[⑤]，所有"流行"与"对待"都是"理一"之"分殊"。把这个哲理上升到儒家价值层面，那就是："且如爱其亲，爱兄弟，爱亲戚，爱乡里，爱宗族，推而大之，以至于

[①] （宋）程颐：《河南程氏文集》卷第九《答何叔京书》，见（宋）程颢、程颐著，王孝鱼点校《二程集》，中华书局2004年版，第609页。

[②] （三国魏）王弼、（晋）韩康伯注，（唐）孔颖达等正义：《周易正义》卷七《系辞上》，（清）阮元校刻《十三经注疏》，中华书局1980年影印本，第75页。

[③] （三国魏）王弼、（晋）韩康伯注，（唐）孔颖达等正义：《周易正义》卷七《系辞上》，（清）阮元校刻《十三经注疏》，中华书局1980年影印本，第76页。

[④] （三国魏）王弼、（晋）韩康伯注，（唐）孔颖达等正义：《周易正义》卷七《系辞上》，（清）阮元校刻《十三经注疏》，中华书局1980年影印本，第77页。

[⑤] （宋）黎靖德编，王星贤点校：《朱子语类》卷第六《性理三》，中华书局1994年版，第105页。

天下国家，只是这一个爱流出来，而爱之中便有许多等差。"① 这种天人一理的结构由此才真正实现了《中庸》所云从"天命之谓性"到"修道之谓教"的现实层面，儒家士大夫的外王理想也由此拥有了坚定的内圣依据，有宋一代的士大夫气象终于达到巅峰。

四、理学的易学特色

秦汉以后中国文化的发展往往要回到先秦来寻找精神的原动力，最终往往归结为由《易传》所奠定的易学传统。这种情形决不是什么历史的巧合，而主要是由于《周易》的那一套六十四卦的符号体系，以及囊括天地人三才之道的整体之学，仿佛是一个巨大的海绵体，把这个时期诸子百家所创造的共同成果都吸收容纳进来，并且综合总结成为一种卷之则退藏于密的易道，因而理所当然地被后世公认为代表了中国文化的根本精神。就理学来说，《周易》也是其最重要的思想资源，理学家们源源不断从中汲取智慧，以完善自身的理论。实际上，理学本身也是《周易》所追求天人合一、天人和谐的典型案例。

就天人合一的层面来说，理学以天道性命为主题。天道乃宇宙运行之本然，性命是社会人伦之应然，应然出于本然，天道为性命之源，因而为了建构价值本体，首先必须研究天道，解决关于宇宙本体的问题。就理学的内在逻辑要求而言，天人合一，宇宙本体与价值本体应该是一而不是二。平心而论，这种一元论的理学体系是北宋五子共同追求的目标，周、邵、张三人围绕这个目标奋力追求，积累了许多有价值的探索成果，尤以张载的贡献最大。二程又在张载的基础上，提出"天理"二字的哲学意蕴，对前人的成果进行了综合总结。朱熹的理气结构则是对

---

① （宋）黎靖德编，王星贤点校：《朱子语类》卷第九十八《张子之书一》，中华书局1994年版，第2527页。

这种一元之理的完善，也凸显了理学思潮共同的追求目标，体现了儒学的总体精神，其实质性的内涵决不是脱离社会人伦日用的、抽象的、思辨的逻辑结构，而是天道与性命的贯通，宇宙本体与价值本体的合一，这也是中国传统思想文化中常说的天人关系。

就天人和谐的层面来说，理学的本质在于以儒为主，三教合流。三教之所以能够合流，最重要的一个原因就在于三教都追求天人之间的和谐关系，所以理学家们往往也对其他二教的思想颇有涉及。实际上，北宋五子和朱熹的理学思想都经历了类似于黑格尔所说的正、反、合三阶段。他们一开始都依据儒家的经典来探索名教之乐，这是正题。但是，在深入研究儒家思想的基础上，传统儒家在理论体系构建方面的不足逐渐暴露，于是他们纷纷离开儒家经典而访诸佛老，这是反题。最后，他们在研习佛老理论后，才意识到"吾道自足，何事旁求"，通过对儒家一些经典理念的重新阐释使儒家思想焕然一新，这是合题。理学家们都是经历了这三个阶段而后才形成的，无一例外，其中第二阶段的反题最为重要，如果没有反题，就没有合题，同时也就形成不了理学。

以上两个层面不仅反映了理学的重要特色，同时还在一定程度上，体现了《周易》最重要的思想内涵——"太和"。儒家的理想在于建立一种适应时代需求的礼乐制度，礼的原则是别异，而乐的原则是合同，虽然二者对立，但是儒家认为如果二者能够有机地结合并相互制约，就能达到一种最佳的配置状态，从而使整个社会既能实现井然有序，又能融洽和睦、团结合作。这是儒家自先秦起一直追求的社会理想。理学同样以此为目标，并将《周易》中一系列理论上升到本体境界，并通过抽象总结的方式，提炼出"理"的概念，完成了儒家思想革新，所以后世也将理学称作"新儒学"。

宋代易学的发展与理学的进步是两个不容分割却又各有特色的思想进程。从理学的发展脉络当中，可以体察到理学家们通过对《周易》理论的革新、改造，实现理学从生成论到本体论，人性论到工夫论的转化，以及境界论方面的提升。宋代的理学家，尤其是本文涉及的北宋五子和南宋朱熹，他们同时还是易学家。可见，宋代易学不论象数派还是义理派，都在努力实现《周易》所讲求的天人合一、天人和合的目标。他们不仅将易学研究成果运用到理学系统的建构当中，而且积极发挥《周易》"和而不同"的理念，将儒释道三教的思想熔于一炉，最后产生了影响深远的理学思想。总之，宋代易学的发展离不开理学的理论升华，宋代理学的革新同样离不开宋代易学的理论进步。

作者单位：中国社会科学院

《管子》与易学

连劭名

摘要：管仲是春秋时代齐国的著名政治家，现存《管子》一书，卷帙浩繁，内容丰富，其中不乏与易学有关的论述。《管子·形势》云："美人之怀，定服而勿厌也。"《周易·坤·文言》云："君子黄中通理，正位居体，美在其中，而畅于四支，发于事业，美之至也。"又如《管子·君臣上》云："天有常象，地有常刑，人有常礼。一设而不更，此谓之常，兼而一之，人君之道也。"《周易·说卦》云："昔者圣人之作易也，将以顺性命之理，是以立天之道，曰阴与阳，立地之道，曰柔与刚，立人之道，曰仁与义，兼三才而两之，故易六画而成卦，分阴分阳，迭用柔刚，故易六位而成章。"我们选取《管子》中的数十条内容，与《周易》及其他典籍相互佐证，以体现其有关易学的思想。

关键词：《管子》 易学 阴阳 数术

一

《管子·形势》云：

美人之怀，定服而勿厌也。①

尹知章注："欲令人贵美而怀归者，须安定服行道德，勿有疲厌。"《管子·形势解》云："贵富尊显，民归乐之，人主莫不欲也。故欲民之怀乐己者，必服道德而勿厌也，而民怀乐之。故曰：美人之怀，定服而勿厌也。"

今案：《周易·坤·文言》云："君子黄中通理，正位居体，美在其中，而畅于四支，发于事业，美之至也。"《韩诗外传》卷四云："夫习之于人微而著，深而固，是畅于筋骨，员于胶漆。是以君子务为学也。"《论语·学而》云："有子曰：礼之用，和为贵，先王之道，斯为美，小大由之。"《论语·里仁》云："子曰：里仁为美，择不处仁，焉得知？"《说文》云："里，居也。"《孟子·尽心上》云："居恶在？仁是也。路恶在？义是也。居仁由义，大人之事备矣。"《周易·乾·文言》云："夫大人者，与天地合其德，与日月合其明，与四时合其序，与鬼神合其吉凶。先天而天弗违，后天而奉天时，天且弗违，而况于人乎？况于鬼神乎？"

《说文》云："怀，念思也。"《礼记·中庸》云："诚者天之道也，诚之者人之道也。诚者不勉而中，不思而得，从容中道，圣人也。诚之者，择善而固执之者也。"《诗经·大雅·板》云："怀德维宁，宗子维城。"郑玄笺："和女德，无行酷虐之政，以安女国，以是为宗子之城。"

二

《管子·形势》云：

---

① 黎翔凤：《管子校注》卷一《形势》，中华书局2004年版，第32页。

不行其野，不违其马。能予而无取者，天地之配也。怠倦者不及，无广者疑神，神者在内，不及者在门。在内者将假，在门者将待。曙戒勿怠，后穉逢殃，朝忘其事，夕失其功。邪气袭内，正色乃衰。①

"能予而无取者，天地之配也。"今案：《老子》第七十九章云："是以圣人执左契而不责于人，有德司契，无德司彻。"司契者予人，司彻者取人。

"怠倦者不及。"尹知章注："倦怠之人，触涂废滞，故多不及。"《管子·形势解》云："解惰简慢，以之事主则不忠，以之事父母则不孝，以之起事则不成。故曰：怠倦者，不及也。"今案：《释名·释言语》云："急，及也，操切之使相逮及也。"《尚书·洪范》九畴之八"庶征"有"曰急，恒寒若。"郑玄注："急，促自用也。"《周易·乾·文言》云："或跃在渊，自试也。"又云："九四曰：或跃在渊，无咎，何谓也？子曰：上下无常，非为邪也，进退无恒，非离群也。君子进德修业，欲及时也，故无咎。"《释名·释言语》云："业，捷也，事捷乃有功业也。"《小尔雅·广诂》云："捷，及也。"又云："捷，疾也。"唐写本《论语·里仁》云："子曰：君子讷于言而敏于行。"郑玄注："言欲难，行欲疾。"《周礼·地官·师氏》以三德教国子，"二曰敏德，以为行本。"郑玄注："敏德，仁义顺时者也。"

"无广者疑神。"黎翔凤《校注》："《庄子·达生》用志不分，乃疑于神。不分即无广，疑即凝。《周易·坤·象》："阴始疑也。"荀、虞本作凝。《中庸》：至道不凝焉。《释文》：本作疑。是其证。《形势解》云：以规矩为方圆则成，以尺寸量短长则得，以法数治民则安。故事不广于理者，其成若神。"今案："无广"读为"无旷"，不间断之义。《周

---

① 黎翔凤：《管子校注》卷一《形势》，中华书局2004年版，第36页。

易·乾·象》云:"天行健,君子以自强不息。"《论语·子罕》云:"子在川上曰:逝者如斯夫,不舍昼夜。"朱熹《集注》云:"天地之化,往者过,来者续,无一息之停,乃道体之本然也,然其可指而易见者,莫如川流,故于此发以示人,欲学者时时省察,而无毫发之间断也。"疑通凝。《周易·鼎·象》云:"君子以正位凝命。"《周易·杂卦传》云:"鼎,取新也。"

"在内者将假,在门者将待。"黎翔凤《校注》云:"《心术下》:思之不得,鬼神教之。非鬼神之力也,其精气之极也。即神将借己之谓。"今案:假、格同义。《礼记·中庸》云:"子曰:鬼神之为德,其盛乎。视之而弗见,听之而弗闻,体物而不可遗,使天下之人齐明盛服,以承祭祀,洋洋乎,如在其上,如在其左右。《诗》曰:神之格思,不可度思,矧可射思。夫微之显,诚之不可掩如此。"内与门相对,门为外。《释名·释宫室》云:"门,扪也。在外,为人所扪摸也。"待读为蚩,《释名·释姿容》云:"蚩,痴也。"《广雅·释诂三》云:"蚩,乱也。"

"曙戒勿怠,后稺逢殃。朝忘其事,夕失其功。"尹知章注:"以待曙戒,戒勿为倦怠也。"《管子·形势解》云:"事主而不尽力则有刑,事父母而不尽力则不亲,受业问学而不加务则不成,故朝不勉力务进,夕无见功。故曰:朝忘其事,夕失其功。"今案:曙、朝同义。《小尔雅·广诂》云:"睹,旦明也。"《周易·晋·彖》云:"晋,进也。明出地上,顺而丽乎大明,柔进而上行。是以康侯用锡马蕃庶,昼日三接也。"《象》曰:"明出地上,晋,君子以自昭明德。"又,"后稺"读为"后迟",不能及时,懈怠放纵,必逢祸殃。

三

《管子·白心》云:

难言宪术。须同而出。无益言，无损言，近可以免。故曰：知何知乎？谋何谋乎？审而出者彼自来。自知曰稽，知人曰济。知苟适，可为天下周。内固之一，可为长久，论而用之，可以为天下王。天之视而精，四壁而知请，壤土而与生，能若夫风与波乎？唯其所欲适。故子而代其父曰义也，臣而代其君曰篡也。篡何能歌？武王是也。故曰：孰能去辩与巧？而还与众人同道。[1]

"难言宪术，须同而出。"尹知章注："凡为法术必重难，须同众心，然后出之矣。"今案："难言"即重言。《汉书·韩安国传》云："重作事也。"颜师古《集注》云："重，犹难之也。"马王堆帛书《易传·缪和》云："今《周易》曰：困，亨；贞大人吉，无咎；又言不信。敢问大人何吉于此乎？子曰：此圣人之所重言也。曰：又言不信。凡天之道，一阴一阳，一短一长，一晦一明，夫人道尤之。"《诗经·大雅·抑》云："慎尔出话。"郑玄笺："言谓教令也。"《尚书·益稷》云："慎乃宪。"孔传云："宪，法也。"《礼记·缁衣》云："故大人不倡游言，可言也不可行，君子弗言也，可行也不可掩，君子弗行也，则民言不危行，为行不危言矣。"又云："子曰：君子道人以言，而禁人以行，故言必虑其所终，而行必稽其所蔽，则民谨于言而慎于行。"

与天下同一，无损无益，故曰"无益言，无损言。"《周易·同人·彖》云："文明以健，中正而应，君子正也，唯君子为能通天下之志。"《鹖冠子·环流》云："一为之法，以成其业，故莫不道，一之法立，而万物皆来属。法贵如言。言者，万物之宗也。"

"近可以免。"今案：《淮南子·原道》云："求之近者。"高诱注："近谓身也。"《礼记·乐记》云："人情之所不能免也。"郑玄注："免犹自止也。"《礼记·大学》云："大学之道，在明明德，在亲民，在止于

---

[1] 黎翔凤：《管子校注》卷十三《白心》，中华书局2004年版，第806—807页。

至善。知止而后有定，定而后能静，静而后能安，安而后能虑，虑而后能得。"

"知何知乎？谋何谋乎？"尹知章注："虽知之，常曰何知。虽谋之，常曰何谋。此慎密之至。"今案：尹注非。无知无谋，顺于天道。《诗经·大雅·皇矣》云："不识不知，顺帝之则。"

"审而出者彼自来。"尹知章注："审而出者，必同于彼，故自来。"今案：《尔雅·释诂》云："察，审也。"郭店楚简《尊德义》云："察者出所以知己，知己所以知人，知人所以知命，知命而后知道，知道而后知行。"又，《淮南子·本经》云："审于符者。"高诱注："审，明也。"《礼记·大学》云："《康诰》曰：克明德。《大甲》曰：顾諟天之明命。《帝典》曰：克明峻德。皆自明也。"《诗经·商颂·殷武》云："昔有成汤，自彼氐羌，莫敢不来享，莫敢不来王，曰商是常。"

"自知曰稽。"尹知章注："自知则能考彼矣。"今案：由知己而知人，由知人而知命，己所不欲，勿施于人。《颜氏家训·文章》云："自见之谓明。"《春秋繁露·仁义法》云："自责以备谓之明。"马王堆帛书《经法·道法》云："无私者知，至知者为天下稽。"马王堆帛书《经法·四度》云："去私而立公，人之稽也。"

"知人曰济。"尹知章注："知人则能，可以济同不，以和济同也。"今案：《尔雅·释言》云："济，成也。"《左传·成公二年》云："树德而济同欲。"杜预注："济，成也。"《礼记·大学》云："诚者自成也，而道自道也。"又云："诚者非自成己而已也，所以成物也。成己，仁也。成物，知也。性之德也，合外内之道，故时措之宜也。"

"知苟适，可为天下周。"尹知章注："自知能稽，知人能济，所谓适也。若此，可为天下周慎也。"今案：《吕氏春秋·过理》云："不适也。"高诱注："动中礼仪之谓适。"《淮南子·说山》云："不若得事之所适。"高诱注："适，宜适也。"

《左传·昭公二十年》云："以周事子。"杜预注："周谓终无竟也。"

《周易·坤》用六云:"利永贞。"《象》云:"用六永贞,以大终也。"《周易·归妹·象》云:"君子以永终知敝。"虞翻注:"坤为永终。"《广雅·释诂一》云:"终,极也。"故天下周指虚极,《老子》第十六章云:"致虚极,守静笃,万物并作,吾以观其复,凡物芸芸,各归其根,归根曰静,静曰复命,复命曰常,之常曰明。"《说文》云:"周,密也。"《周易·系辞上》云:"圣人以此洗心,退藏于密,吉凶与民同患。神以知来,知以藏往。"《鬼谷子·符言》云:"人主不可不周。"陶弘景注:"周谓遍知物理。"《周易·系辞上》云:"知周乎万物而道济天下,故不过。"不过则大过,《周易·大过·象》云:"君子以独立不惧,遁世无闷。"

"内固之一,可以长久。"尹知章注:"适可以知,内自固之,则长久。"今案:《周易·系辞下》云:"恒,德之固也。"《周易·恒·象》云:"天地之道,恒久而不已也。利有攸往,终则有始也。日月得天而能久照,四时变化而能久成,圣人久于其道而天下化成。观其所恒,而天地万物之情可见矣。"《象》云:"君子以立不易方。"

"论而用之,可以为天下。"尹知章注:"既固于心,度时论用,如此可以为天下王。"今案:《周易·屯·象》云:"君子以经纶。"王弼本作:"君子以经论。"荀爽注:"论,理也。"《周易·说卦》云:"和顺于道德而理于义,穷理尽性以至于命。昔者圣人之作易也,将以顺性命之理,是以立天之道曰阴与阳,立地之道曰柔与刚,立人之道曰仁与义。"

"天之视而精。"尹知章注:"既可王天下,则于天道,故视天能精之也。"今案:《周易·系辞下》云:"精义入神,以致用也。"韩康伯注:"精义,物理之微者也。"《礼记·中庸》云:"致广大而尽精微。"《淮南子·本经》云:"天爱其精。"高诱注:"精,光明也。"《吕氏春秋·论人》云:"无以害其天而知精。"高诱注:"精,明微。"

"四璧而知请。"尹知章注:"四璧,《周礼》所谓四珪有邸者也,祭天所奠也,同邸于璧,故曰四璧。既能知天,则祭以四璧,而祈请其福祥也。"今案:"四璧"指四方。璧读为壁,《后汉书·五行志》李贤注引《风俗通》云："壁亦土也。"请同情。《左传·庄公十年》云："公曰：小大之狱，虽不能察，必以情。对曰：忠之属也。"《礼记·大学》云："无情者不得尽其辞，大畏民志。"《荀子·礼论》云："情貌之尽也。"杨倞注："情，忠诚也。"

"能若夫风与波乎？唯其所欲适。"尹知章注："风动波应。大小唯所欲适。天地之应圣人，亦犹是也。"今案：《周易·系辞下》云："《易》之为书也，不可远，为道也屡迁，变动不居，周流六虚，上下无常，刚柔相易，不可为典要，唯变所适。"《礼记·中庸》云："诚者不勉而中，不思而得，从容中道，圣人也。"

"篡何能歌？武王是也。"尹知章注："而武王以臣代君，则非篡也。谓之篡之，岂能使纣之众前歌后舞乎？则武王以臣代君，于理是也。"今案：《孟子·梁惠王下》云："齐宣王问曰：汤放桀，武王伐纣，有诸？孟子对曰：于传有之。曰：臣弑其君可乎？曰：贼仁者谓之贼，贼义者谓之残，残贼之人谓之一夫。闻诛一夫纣，未闻弑君也。"《周易·革·彖》云："天地革而四时成。汤武革命，顺乎天而应乎人。革之时大矣哉！"

"故曰：孰能去辩与巧，而还与众人同也。"尹知章注："武王伐纣，所以不为篡者，则以纣恃其辩巧，自异于物，逆天绝理，毒流四海故也。向能去其辩巧，与众同道，何武王之敢窥哉。虽欲伐人，故得篡名。"今案：《老子》第十九章："绝圣弃知，民利百倍，绝仁弃义，民复孝慈，绝巧弃利，盗贼无有。此三者以为文未足也，故令有所属，见素抱朴，少私寡欲。"

《管子·势》云：

顺于天，微度人。善周者，明不能见也。善明者，周不能蔽也。大明胜大周，则民无大周也。大周胜大明，则民无大明也。大周之先，可以奋信。大明之祖，可以代天下。索而不得，求之招摇之下。①

"顺于天，微度人。"尹知章注："既顺于天，又微度人之所宜以合之。"今案：《老子》第十四章云："抟之不得名曰微。"河上公注："无形曰微，言一无形体，不可抟持而得之也。"

"大周胜大明，则民无大明也。"尹知章注："大周胜大明，则人无能为大明。凡此皆欲大周，大明独在君也。"今案："大周"即"天下周"。大周为阴，大明为阳。《老子》第二十八章云："知其雄，守其雌，为天下谿。为天下谿，常德不离，复归于婴儿。知其白，守其黑，为天下式，为天下式，常德不忒，复归于无极。知其荣，守其辱，为天下谷，为天下谷，常德乃足。"常德如玄德。马王堆帛书《经法·六分》云："王天下者有玄德。"《老子》第六十五章云："能知稽式，是谓玄德。玄德深矣远矣，与物反矣，乃复至于大顺。"

"大明之祖，可以代天下。"尹知章注："有大明之德，可以为物祖，如此则可以代天下无道，取其位而君之也。"今案：大明如乾，大周如坤。《周易·乾·彖》云："大明终始，六位时成，时乘六龙以御天。"马王堆帛书《黄帝·立命》云："唯余一人，□乃配天，乃立王、三公、立国、置君、三卿。数日、历月、计岁，以当日月之行，允地广裕，吾类天大明。"《周易·革·象》云："革，君子以治历明时。"

《管子·霸言》云："霸王之形，象天则地，化人易代，创制天下，等列诸侯，宾属四海，时匡天下。"

四

《管子·霸言》云：

---

① 黎翔凤：《管子校注》卷十五《势》，中华书局2004年版，第889页。

夫明王为天下正理也，案强助弱，围暴止贪，存亡定危，继绝世。此天下之所载也，诸侯之所与也，百姓之所利也。是故天下王之。知盖天下，继最一世，材振四海，王之佐也。①

尹知章注："其继败续亡，能成天下之功也。"今案：继与知、材对举，指德。《周易·离·象》云："明两作，离，大人以继明照于四方。"《周易尚氏学》云："向明而治，故曰大人，重明，故曰继。"《说文》云："继，续也。"又云："续，连也。"日月为明。《大戴礼记·哀公问孔子》云："公曰：敢问君何贵乎天道也？孔子对曰：贵其不已，如日月西东相从而不已也，是天道也。不闭其久也，是天道也。无为而成，是天道也。已成而明，是天道也。"

《鹖冠子·王铁》云："天者诚其日德也，日诚出诚入，南北有极，故莫弗以为法则。"南为阳，北为阴。《周易·系辞上》云："一阴一阳之谓道，继之者善也，成之者性也。"《国语·晋语》云："善、德之建也。"《释名·释言语》云："善，演也，演尽物理也。"《周易·系辞下》云："善不积，不足以成名；恶不积，不足以灭身。小人以小善为无益而弗为也，以小恶为无伤而弗去也。"故"继最一世"者，至善之道。《礼记·大学》云："大学之道，在明明德，在亲民，在止于至善。"

五

《管子·君臣上》云：

天有常象，地有常刑，人有常礼，一设而不更，此谓三常，兼而一之，人君之道也，分而职之，人臣之事也。君失其道，无

---

① 黎翔凤：《管子校注》卷九《霸言》，中华书局2004年版，第470—471页。

以有其国。臣失其事，无以有其位。然则上之畜下不妄，而下之事上不虚，上之畜下不妄，所出法则制度者明也。下之事上不虚，则循义从令者审也。上明下审，上下同德，代相序也。①

"天有常象"。尹知章注："悬象著明，不改其贞。"今案：《周易·系辞上》云："在天成象，在地成形，变化见矣。"又云："是故法象莫大乎天地，变通莫大乎四时，悬象著明，莫大乎日月。"《周易·系辞下》云："日月之道，贞明者也；天下之动，贞夫一者也。"《释名·释兵》云："日月为常，画日月于其端，天子所建，言常明也。"《法言·问道》云："吾见天常。"

"地有常形。"尹知章注："山泽同其，不改其静。"今案：《周易·说卦》云："天地定位，山泽通气，雷风相薄，水火不相射。八卦相错，数往者顺，知来者逆，是故《易》逆数也。"又云："山泽通气，然后能变化既成万物也。"《周易·系辞上》云："动静有常，刚柔断矣。"疏云："天阳为动，地阴为静。"

"人有常礼。"尹知章注："尊君父，卑臣子，其仪不易。"今案：《周易·系辞上》云："天尊地卑，乾坤定矣，卑高以陈，贵贱位矣。"《周礼·大司徒》云："因此五物者民之常而施十有二教焉。五曰以仪辨等，在则民不越。"郑玄注："仪谓君南面，臣北面，父坐子伏之属。"

"一设而不更，此谓三常，兼而一之，人君之道也。"尹知章注："人君无官，兼位众官，故曰兼而一之。"今案：三常即三才，如五常亦称五行或五材。《周易·说卦》云："昔者圣人之作《易》也，将以顺性命之理，是以立天之道曰阴与阳，立地之道曰柔与刚，立人之道曰仁与义。兼三才而两之，故《易》六画而成章。"故人君之道即王道。《说文》云："王，天下所归往也。董仲舒曰：古之造文者，三画而连其中，

---

① 黎翔凤：《管子校注》卷十《君臣上》，中华书局2004年版，第550页。

谓之王，三者天地人而参通之，王也。孔子曰：一贯三为王。"

"上之畜下不妄，而下之事上不虚矣。"今案：人君治国本于三常，故"不妄"。《周易·无妄·象》云："天下雷行，物与无妄；先王以茂对时育万物。"《老子》第十六章云："知常曰明，不知常，妄作，凶。知常容，容乃公，公乃王，王乃天，天乃道，道乃久，没身不殆。"

六

《管子·小称》云：

> 管子曰：修恭逊敬爱辞让，除怨无争，以相逆也，则不失于人矣。尝试多怨争利，相为不逊，则不得其身。大哉！恭逊敬爱之道。吉事可以入察，凶事可以居丧，大以理天下而不益也，小以治一人而不损也。尝试往之中国诸夏蛮夷之国，以及禽兽昆虫，皆待此而为治乱。泽之身则荣，去之身则辱，审行之身毋怠，虽夷貉之民，可化而使之爱。审去之身，虽兄弟父母，可化而使之恶。故之身者使之爱恶，名者使之荣辱。此其变名物也，如天如地，故先王曰道。①

今案：《韩诗外传》卷三云："吾闻德行宽裕，守之以恭者荣，土地广大，守之以俭者安，禄位尊盛，守之以卑者贵，人众兵强，守之以畏者胜，聪明睿智，守之以愚者哲，博闻强记，守之以浅者智。夫此六者，皆谦德也。夫贵谓天子，富有四海，由此德也。不谦而失天下亡其身者，桀纣是也，可不慎欤，故《易》有一道，大足以守天下，中足以守国家，小足以守其身，谦之谓也。夫天道亏盈而益谦，地道变盈而流

---

① 黎翔凤：《管子校注》卷十一《小称》，中华书局2004年版，第605—606页。

谦，鬼神害盈而福谦，人道恶盈而好谦，是以衣成则必缺衽，宫成则必缺隅，屋成则必加措。示不成者天道然也。《易》曰：谦，亨，君子有终吉。"

七

《管子·水地》：

> 伏闇能存而能亡者，蓍龟与龙是也。龟生于水，发之于火。于是为万物先，为祸福正。龙生于水，被五色而游，故神。欲小则化如蚕蠋，欲大则藏于天下，欲上则凌于云气，欲下则入于深泉。变化无日，上下无时，谓之神。龟与龙，伏闇能存而能亡者也。①

"伏闇能存而能亡者，蓍龟与龙是也。"尹知章注："言龟龙禀气微妙，悠远而暗冥，故能存亡而为变化也。"今案：《后汉书·张衡传》云："出石密之暗野兮。"李贤注："暗，幽隐也。"《周易·说卦》云："昔者圣人之作《易》也，幽赞于神明而生蓍，参天两地而倚数。"韩康伯注："幽，深也。"《周易·系辞上》云："探赜索隐，钩深致远，以定天下之吉凶，成天下之亹亹者，莫大乎蓍龟。"《管子·轻重甲》云："王者乘势，圣人乘幼。"幼同幽。《周易·系辞上》云："夫《易》，圣人之所以极深而研几也。唯深也，故能通天下之志；唯几也，故能成天下之务；唯神也，故不疾而速，不行而至。"《左传·成公十三年》疏云："命者冥也，言其生育之性得之于冥兆也。"

"龟生于水，发于火，于是为万物先，为祸福正。"尹知章注："谓龟得水火之灵，故先知于万物，识祸福之正也。"今案：《周易·乾·文

---

① 黎翔凤：《管子校注》卷十四《水地》，中华书局2004年版，第827页。

言》云："水流湿，火就燥。"《周易·说卦》云："水火相逮。"《素问·天元纪大论》云："水火者，阴阳之征兆也。"《淮南子·天文》云："日冬至则水从之，日夏至则火从之，故五月火正而水漏，十一月水正而阴胜。阳气为火，阴气为水。水胜故夏至湿，火胜故冬至燥。"又云："积阴之精气生火，火气之精者为日。积阳之精气生水，水气之精者为月。"《说文》云："秘书说，日月为易。"

《淮南子·天文》又云："日者，阳之主也，是故春夏则群兽除，日至则麋鹿解。月者，阴之宗也。是以月虚而鱼脑减，月死而蠃蚌膲，火上荨，水下流，故鸟飞而高，鱼动而下。物类相动，本标相应。故阳燧见日则燃而为火，方诸见月则津而为水，虎啸而谷风至，龙举而景云属。"《周易·革·彖》云："革，水火相息，二女同居，其志不相得，曰革。"《周易·杂卦》云："革，去故也；鼎，取新也。"《周易·序卦》云："革物者莫若鼎，故受之以鼎。"

"龙生于水，被五色而游，故神。"尹知章注："得水不测之灵，故神。"今案：马王堆帛书《二三子问》云："二三子问曰：《易》屡称于龙，龙之德何如？孔子曰：龙大矣。龙刑迁，假宾于帝，俔神圣之德也。高尚行虖星辰日月而不晓，能阳也；下纶穷深渊之渊而不沬，能阴也。上则风雨奉之，下纶则有天下之□□□。"又云："龙既能云变，有能蛇变，有能鱼变，飞鸟蚰虫，唯所欲化而不失其本刑，神能之至也。"五色之五行，《说文》云："五，五行也。从二，阴阳在天地间交午也。"《大戴礼记·易本命》云："五主音。"《管子·宙合》云："左操五音，右执五味，此言君臣之分也。君出令佚，故立于左，臣任力劳，故立于右。夫五音不同声而能调，此言君之所出令无妄也，而无所不顺，顺而令行政成。"

龟与龙皆生于水。郭店楚简《太一生水》云："太一生水，水反辅太一，是以成天，天反辅太一，是以成地。"水先于天地。《古微书》引《春秋元命苞》云："水之为言演也，阴化淖濡，流施潜行也，故其立字两人交，一以中出者为水。一者，数之始，两人譬男女，言阴阳交，物以一起也。"又云："水者，天地之包幕，五行之始焉，万物所由生，元气之津液也。"演同衍。《周易·系辞上》云："大衍之数五十，其用四十有九。"

八

《管子·四时》云：

> 东方曰星，其时曰春，其气曰风。风生木与骨，其德喜嬴而发出节时。其事号令，修除神位，谨祷獘梗。宗正阳，治隄防，耕芸树艺，正津梁，修沟渎，甃屋行水，解怨赦罪，通四方。然则柔风甘雨乃至，百姓乃寿，百虫乃蕃，此谓星德。①

今案：《周易·解》下坎上震，下互离上互坎。震同辰。《说文》云："辰，震也。三月阳气动，雷电振民。农时也，物皆生。"震东方卦，日月星为三辰，故曰"东方曰星"。《素问·阴阳应象大论》云："风胜湿。"王冰注："风为木气。"东方木。《素问·五运行大论》云："东方生风。"王冰注："风者，教之始，天之使也。"《周易·乾·文言》云："风从虎。"疏云："风是震动之气。"

嬴通赢。《淮南子·时则》云："孟春始赢，孟秋始缩。"高诱注："赢，长也。"《春秋繁露·循天之道》云："节者，天之制也。"春雷发声以制时，《后汉书·郎颛传》云："雷者号令，其德生养。"离南方卦，故曰"宗正阳"。《周易·小畜·象》云："密云不雨。"虞翻注："坎坠地称雨。"《周易·小畜》上九云："既雨既处。"虞翻注："坎水零为

---

① 黎翔凤：《管子校注》卷十四《四时》，中华书局2004年版，第842页。

雨。"《周易·系辞上》云："鼓之以雷霆，润之以风雨。"春时生养，故曰"柔风甘雨乃至"。坎水为永，故曰"百姓乃寿"。

"解怨赦罪，通四方。"尹知章注："凡此皆助发生之气。"今案：《周易·解·彖》云："解，险以动，动而免乎险，解。解利西南，往得众也。其来复吉，乃得中也。有攸往，夙吉，往有功也。天地解而雷雨作，雷雨作而百果草木皆甲坼。解之时大矣哉！"《象》云："雷雨作，解；君子以赦过宥罪。"震雷为霹雳，《释名·释天》云："震又曰辟历。辟，析也，所历皆破析也。"析、解义近。《周易·噬嗑》云："利用狱。"虞翻注："坎为狱。"《管子·四时》云："是故春三月以甲乙之日发五政。一政曰论幼孤，舍有罪。"《管子·禁藏》云："（春三月）发五正，赦薄罪，出构民，解仇雠，所以建时功，施生谷也。"

《周易·说卦》云："坎为通。"《周易·同人·彖》云："唯君子为能通天下之志。"虞翻注："坎为通。"坎为水，《汉书·地理志上》颜师古《集注》云："因水入水曰通。"坎为一。《周易·系辞上》云："往来不穷谓之通。"又云："推而行之谓之通。"

九

《管子·势》云：

> 故贤者诚信以仁之，慈惠以爱之。端政象，不敢以先人。中静不留，裕德无求，形于女色。其所处者，柔安静乐，行德而不争，以待天下之溃作也。故贤者安徐正静，柔节先定。①

"端政象，不敢以先人。"尹知章注："常执谦以下物。"今案：《周

---

① 黎翔凤：《管子校注》卷十五《势》，中华书局2004年版，第888页。

易·系辞下》云："象也者，像也。"《周易·系辞上》云："见乃谓之象。"《楚辞·桔颂》云："行比伯夷，置以为像兮"。王逸注："像，法也。"《周易·系辞上》又云："是故法象莫大乎天地，变通莫大乎四时，悬象著明莫大乎日月。"马王堆帛书《黄帝·立命》云："昔者黄宗质始好信，作自为象，方四面，付一心，四达自中，前参后参，左参右参，践位履参，是以能为天下宗。"《管子·法法》云："政者正也。正也者，所以正定万物之命也。是故圣人精德立中以生正，明正以治国。故正者，所以止过而逮不及也。过与不及，皆非正也。"

《老子》第三十五章云："执大象，天下往。"河上公注："执，守也。象，道也。圣人守大道，则天下万民移心归往之也。治身则天降神明，往来于己也。"《周易·系辞上》云："成象之谓乾，效法之谓坤。"《周易·观·象》云："圣人以神道设教而天下服矣。"《说文》云："教，上所施，下所效也。"

《周易·乾》用九云："见群龙无首，吉。"《象》云："用九，天德不可为首也。"《老子》第六十七章云："我有三宝，持而保之，一曰慈，二曰俭，三曰不敢为天下先。"河上公注："执谦退，不为倡始也。"

"中静不留"。尹知章注："中心安静，无所留著。"黎翔凤《校注》云："留同流。"今案：《周易·系辞上》云："旁行而不流。"《释文》云："流，京本留。"《管子·侈靡》云："水平而不流，无源则遨竭。"《礼记·中庸》云："故君子和而不流，强哉矫。"郑玄注："流，犹移也。"《荀子·君子》云："贵贱有等而令行不流。"杨倞注："流，邪也。"

"裕德无求"。尹知章注："道德饶裕，无求于人。"今案：《周易·系辞下》云："益，德之裕也。"《老子》第四十八章云："为学日益。"河上公注："学谓政教礼乐之学也。"《论语·学而》云："子曰：君子食无求饱，居无求安，敏于事而慎于言，就有道而正焉，可谓好学也已。"

"行德而不争，以待天下之溃作业。"尹知章注："虽复为政行德，常能谦让，不与物争。渍，动乱也。"今案：《论语·泰伯》云："子曰：泰伯，其可谓至德也已矣。三以天下让，民无得而称焉。"《老子》第六十八章云："古之善为士者不武，善战者不怒，善胜敌者不争，善用人者为之下，是谓不争之德，是谓用人之力，是谓配天，古之极也。"

渍同贲。马王堆帛书《易传·缪和》云："子曰：涣者，散也。贲阶，几也，时也。古之君子，时福至则进取，时亡则以让。夫福至而能既焉，贲走亓时，唯恐失之。故当亓时而弗能用也，至于亓失之也，唯欲为人用，岂可得也才！将何无每之又？受者昌，贲福而弗能蔽者穷，逆福者死。"又云："夫福之于人也，既焉，不可得而贲也。故曰：贲福又央。圣人知福之难得而贲也，是以又矣。故《易》曰：涣贲亓阶，每亡。则口言于能贲亓时，悔之亡也。"

十

《管子·任法》云：

> 故明王之所恒者二：一曰明法而固守之，二曰禁民私而收使之。①

今案：《管子·明法》云："所谓治国者，主道明也。"尹知章注："主道明，则公法明，故国治。"《鹖冠子·兵政》云："故曰：道乎道乎，与神明相保乎？庞子曰：何如而相保？鹖冠子曰：贤生圣，圣生道，道生法，法生神，神生明。神明者，正之末也。"《管子·心术上》云："去欲则宣，宣则静，静则精，精则独立矣，独则明，明则神矣。"

---

① 黎翔凤：《管子校注》卷十五《任法》，中华书局2004年版，第905页。

大公无私，故曰"明王"。《周易·系辞下》云："恒，德之固也。"《周易·恒·彖》云："日月得天而能久照，四时变化而能久成，圣人久于其道而天下化成。观其所恒，而天地万物之情可见矣。"《管子·正》云："如四时之不贷，如星辰之不变，如宵如昼，如阴如阳，如日月之明，曰法。"尹知章注："法之用，守常不变。"

"明法而固守之"。今案：《礼记·中庸》云："自诚明，谓之性，自明诚，谓之教。诚则明矣，明则诚矣。"又云："诚者，天之道也。诚之者，人之道也。诚者不勉而中，不思而得，从容中道，圣人也。诚之者，择善而固执之也。"

"禁民私而收使之。"尹知章注："谓以法收敛而使之。"今案：《尔雅·释诂》云："收，聚也。"《管子·正》云："会民所聚曰道。"尹知章注："聚，谓众所宜也。能令众宜，道之谓也。"《管子·任法》又云："夫法者，上之所以一民使下也。私者，下之所以侵法乱主也。故圣君置仪设法而固守之。"

《周易·恒·彖》云："雷风，恒；君子以立不易方。"《论语·颜渊》云："季康子问政于孔子。孔子对曰：政者正也，子帅以正，孰敢不正。"《论语·子路》云："子曰：其身正，不令而行，其身不正，虽令不从。"《管子·任法》又云："圣君亦明其法而固守之。群臣修通辐凑，以事其主。百姓辑睦听令，道法以从事。"尹知章注："谓各得自通于君，如辐之凑也。"今案："辐凑"，如《论语·为政》云："子曰：为政以德，譬如北辰，居其所而众星拱之。"

十一

《管子·七臣七主》云：

劳主不明分职，上下相干，臣主同则，刑振以丰，丰振以刻，去之而乱，临之而殆，则后世何得。①

尹知章注："臣主同势，则俱奋威权，故刑罚大振，而且丰多，刑丰而又妄振，非刻而何也。"今案：《周易·恒》上六云："振恒。"《释文》引马注："振，动也。"《周易·丰·象》云："雷电皆至，丰；君子以折狱致刑。"《周易·杂卦》云："丰，多故也。"《周易·系辞下》云："又明于忧患与故。"韩康伯注："故，事故也。"《周礼·大宗伯》云："国有大故。"郑玄注："故谓凶灾。"

刻，读为劾。《说文》云："劾，法有罪也。"《管子·乘马数》云："今至于其亡策乘马之君。春秋冬夏不知时终始，作功起众，立宫室台榭，民失其本事，君不知其失诸春策，又失诸夏秋之策，数也，民无馆卖子，数也。猛毅之人淫暴，贫病之民乞请，君行律度焉，则民被刑僇而不从于主上，此策乘马之数亡也。"刑法繁则国多故，国多故则狱讼兴。《老子》第五十七章云："以正治国，以奇用兵，以无事取天下，吾何以知其然也？夫天多忌讳，而民弥叛。民多利器，而邦滋昏。人多智而奇物滋起。法物滋章，盗贼多有，是以圣人之言曰：我无事而民自富，我无为而民自化，我好静而民自正，我欲不欲而民自朴。"《管子·君臣上》云："是故始于患者，不与其事，亲其事者，不规其道。是以为人上者，患而不劳也，百姓，劳而不患也，君臣上下分素，则礼制立矣。是故以人役上，以力役明，以刑役心，此物之理也。心道进退，而刑道滔赶。进退者主制，滔赶者主劳。主劳者方，主制者圆。圆者运，运者通，通者和。方执，执者固，固则信。君以利和，臣以节信，则上下无邪矣。故曰君人者制仁，臣人者守信，此言上下之礼也。"

---

① 黎翔凤：《管子校注》卷十七《七臣七主》，中华书局2004年版，第982页。

十二

《管子·形势解》云：

> 蛟龙，水虫之神者也。乘于水则神立，失于水则神废。人主，天下之有威者也，得民则威立，失民则威废。蛟龙待得水而后立其神，人主待得民而后成其威，故曰：蛟龙得水而神可立也。
>
> 虎豹，兽之猛者也，居深林广泽之中，则人畏其威而载之。人主，天下之有势者也，深居则人畏其势。故虎豹去其幽而近于人，则人得之而易其威。人主去其门而迫于民，则民轻之而傲其势。故曰：虎豹托幽而威可载也。[①]

今案：龙虎象征天子。《周易·乾·文言》云："九五曰：飞龙在天，利见大人。何谓也？子曰：同声相应，同气相求。水流湿，火就燥，云从龙，风从虎，圣人作而万物睹，本乎天者亲上，本乎地者亲下，则各从其类也。"《史记·项羽本纪》云："吾令人望其气，皆为龙虎，成五采，此天子气也。"风云如风雨。《周易·乾·象》云："云行雨施，品物流行。"《释名·释天》云："雨，水从云下也。"《论衡·道虚》云："云，雨水也。"《后汉书·郎𫖮传》云："云者，雨之具也。"《周易·系辞上》云："鼓之以雷霆，润之以风雨，日月运行，一寒一暑。"

《管子·形势》云："蛟龙得水而神可立也，虎豹托幽而威可载也，风雨无乡而怨怒不及也。"风雨比喻君王之道。《管子·形势解》云："风，漂物者也。风之所漂，不避贵贱美恶。雨，濡物者也，雨之所堕，不避小大强弱。风雨至公而无私，所行无常乡，人虽遇漂濡而莫之怨

[①] 黎翔凤：《管子校注》卷二十《形势解》，中华书局2004年版，第1169页。

也。故曰：风雨无乡而怨怒不及也。"《管子·版法解》云："故曰：凡将立事，正彼天植。天植者，心也。天植正，则不私近亲，不孽疏远。不私近亲，不孽疏远，则无遗利，无隐治。无遗利，无隐治，则事无不举，物无遗者。欲见天心，明以风雨。故曰：风雨无违，远近高下各得其嗣。"

"蛟龙待得水而后立其神，人主待得民而后成其威。"今案：《老子》第八章云："上善若水，水善利万物而不争，处众人之所恶，故几于道矣。"水为五行之始，万物之元。《春秋繁露·立元神》云："君人者，国之元，发言动作，万物之枢机。"民如水。《荀子·王制》云："马骇舆，则君子不安舆。庶人骇政，则君子不安位。马骇舆，则莫若静之，庶人骇政，则莫若惠之。选贤良，举笃敬，兴孝弟，收孤寡，补贫穷，如是，则庶人安政矣。庶人安政，然后君子安位。传曰：君者舟也，庶人者水也。水则载舟，水则覆舟。"又，《说文》云："义，己之威仪也。"《春秋繁露·仁义法》云："义者，谓宜在我者。"《国语·周语》云："义，文之制也。"韦昭注："义，所以制断事宜。"

"虎豹讬幽而威可载也。"今案：《尔雅·释诂》云："幽，微也。"《老子》第十四章云："视之不见名曰夷，听之不闻名曰希，抟之不得名曰微。"河上公注："无形曰微，言一无形体，不可抟持而得之。"《尔雅·释言》云："幽，深也。"《礼记·儒行》云："幽居而不淫。"郑玄注："幽居谓独处时也。"一为独。《淮南子·原道》云："所谓一者，无匹合于天下者也。卓然独立，块然独处。"《周易·系辞下》云："天下之动，贞夫一者也。"虞翻注："一谓乾元。"

幽隐不见，密不可知。《周易·系辞上》云："圣人以此洗心，退藏于密，吉凶与民同患。神以知来，知以藏往，其孰能与于此哉？古之聪明睿知，神武而不杀者夫。"《诗经·隰桑》云："其叶有幽。"《老子》第二十八章云："知其白，守其黑，为天下式，为天下式，常德不忒，复归于无极。"

人主之势，源自地位与权力。《周易·坤·象》云："地势坤，君子以厚德载物。"虞翻注："势，力也。君子谓乾阳，为德动，在坤下，君子之德车，故厚德载物。《老子》曰胜人者有力。"《管子·明法解》云："人主之所以制臣下者，威势也。故威势在下则主制于臣，威势在上则臣制于主。夫蔽主者，非塞其门，守其户也。然而令不行，禁不止，所欲不得者，失其威势也。故威势独在于主则群臣畏敬，法政独出于臣则民不听。故明主之治天下也，威势独在于主而不与臣共，法政独制于主而不从臣出，故《明法》曰：威不两错，政不二门。"

十三

《管子·形势解》云：

> 明主之动静得理义，号令顺民心，诛杀当其罪，赏赐当其功，故虽不用牺牲珪璧祷于鬼神，鬼神助之，天地与之，举事而有福。乱主之动作失义理，号令逆民心，诛杀不当其罪，赏赐不当其功，故虽用牺牲珪璧祷于鬼神，鬼神不助，天地不与，举事而有祸。故曰：牺牲珪璧，不足以享鬼。①

今案：《孔子家语·礼运》云："故人者，天地之心。"《周易·复·象》云："利有攸往，刚长也。复，其见天地之心乎。"《礼记·祭统》云："贤者之祭也，必受其福。非世所谓福也。"郑玄注："世所谓福者，谓受鬼神之祐助也。贤者之所谓福者，谓受大顺之显名也。"《礼记·祭统》又云："福者备也。备者，百顺之名也。无所不顺之谓备。言内尽于己，而外顺于道也。忠臣以事其君，孝子以事其亲，其本

---

① 黎翔凤：《管子校注》卷二十《形势解》，中华书局2004年版，第1173页。

一也。上则顺于鬼神，外则顺于君长，内则以孝于亲，如此之谓备。唯贤者能备，能备然后能祭。"

马王堆帛书《易传·要》云："夫子老而好《易》，居则在席，行则在橐。子赣曰：夫子它日教此弟子曰：德行亡者，神灵之趋，知谋远者，卜筮之繁。赐以此为然矣。"又云："故明君不时不宿，不日不月，不卜不筮，而知吉与凶，顺于天地之心，此谓《易》道。"

《管子·形势解》云：

> 圣人之求事也，先论其理义，计其可否。故义则求之，不义则止。可则求之，不可则止。故其所得事者，常为身宝。小人之求事也，不论其理义，不计其可否。不义亦求之，不可亦求之。故其所得事者，未尝为赖也。故曰：必得之事，不足赖也。①

今案：《贾子·道术》云："施行得理谓之德。"故"理义"犹言"德义"。马王堆帛书《易传·要》又云："子曰：《易》，我后亓祝卜矣。我观亓德义耳也。幽赞而达乎数，明数而达乎德，又仁守者而义行之耳。赞而不达于数，则亓为之巫；数而不达于德，则亓为之史。史巫之筮，乡之而未也，好之而非也。后世之士疑丘者，或以《易》乎？吾求亓德而已，吾与史巫同涂（途）而殊归者也。君子德行焉求福，故祭祀而寡也；仁义焉求吉，故卜筮而希也。祝巫卜筮亓后乎。"

《贾子·道德说》云："理，离状也。"《周易·离·彖》云："离，丽也。日月丽乎天，百谷草木丽乎土。重明以丽乎正，乃化成天下。柔丽乎中正，故亨。"明而又明，故曰重明。《诗经·皇矣》云："其德克明。"郑玄笺："照临四方曰明。"

---

① 黎翔凤：《管子校注》卷二十《形势解》，中华书局2004年版，第1177页。

十四

《管子·形势解》云：

> 天之裁大，故能兼覆万物。地之裁大，故能兼载万物。人主之裁大，故能容物多而众人得比焉。故曰：裁大者，众之所比也。①

今案：大同泰。《周易·泰·象》云："天地交，泰；后以财成天地之道，辅相天地之宜，以左右民。"《释文》云："财，荀本作裁。"《荀子·非十二子》云："一天下，财万物，长养人民，兼利天下，通达之属莫不从服，六说者立息，十二子者迁化，则圣人之得势者，舜禹是也。"杨倞注："财，与裁同。"《庄子·知北游》云："天地有大美而不言。"《释文》云："大美。谓覆载之美也。"

《说文》云："制，裁也。"人主裁大，故能容。《周易·师》云："贞丈人吉，无咎。"《象》云："地中有水，师；君子以容民畜众。"《周易·临·象》云："泽上有地，临；君子以教思无穷，容保民无疆。"《荀子·解蔽》云："故曰：心容，其择也无禁，必自见，其物也杂博，其情之至也不二。"杨倞注："容，受也。"

《老子》第十六章云："知常容，容乃公，公乃王，王乃天，天乃道，道乃久，没身不殆。"河上公注："能知道之所常行，去情去欲，无所不包容也。"又云："无所不包容，则公正无私，众邪莫当。"

《老子》第二十五章云："有物混成，先天地生，寂兮寥兮，独立而不改，周行而不殆，可以为天下母，吾不知其名，字之曰道，强为之名曰大。"河上公注："大者，高而无上，罗而无外，无不包容，故曰大

---

① 黎翔凤：《管子校注》卷二十《形势解》，中华书局2004年版，第1177页。

也。"《周易·大有》云:"元亨。"《释文》云:"大有,包容丰富之象。"《诗经·唐风·椒聊》云:"硕大无朋。"郑玄笺:"大谓德美广博也。"包容万物,众人归服。《周易·比·象》云:"地上有水,比;先王以建万国,亲诸侯。"

十五

《管子·形势解》云:

> 解惰简慢,以之事主则不忠,以之事父母则不孝,以之起事则不成。故曰:怠倦者,不及也。①

今案:《周易·杂卦》云:"解,缓也。"《周易·序卦》云:"解者缓也。缓必有所失,故受之以损。"《释名·释言语》云:"解,浣也,断也。持之不急则动摇浣断,自放纵也。"《释名·释疾病》云:"懈,解也,骨节解缓也。"《尔雅·释言》云:"解,怠也。"《孝经》云:"夙夜匪懈。"郑玄注:"懈,惰也。"《说文》云:"惰,不敬也。"

《汉书·五行志上》颜师古《集注》云:"简,慢也。"《说文》云:"慢,惰也。从心,曼声。一曰:慢,不畏也。"《广雅·释诂二》云:"慢,缓也。"《荀子·不苟》云:"君子宽而不慢。"杨倞注:"慢,怠惰也。"《释名·释言语》云:"慢,漫也,漫漫心无所畏忌也。"《周易·系辞上》云:"上慢下暴,盗思伐之矣。慢藏诲盗,冶容诲淫。《易》曰:'负且乘,致寇至',盗之招也。"

《大戴礼记·子张问入官》云:"慢易者,礼之所以失也。堕怠者,时之所以后也。"《周易·乾·文言》云:"九三曰:君子终日乾乾,夕

---

① 黎翔凤:《管子校注》卷二十《形势解》,中华书局2004年版,第1179页。

惕若厉，无咎。何谓也？子曰：君子进德修业。忠信，所以进德也；修辞立其诚，所以居业也。知至至之，可与言几也。知终终之，可与存义也。是故居上位而不骄，在下位而不忧，故'乾乾'因其时而'惕'，虽危'无咎'。"又云："君子进德修业，欲及时也。"《释名·释言语》云："急，及也，操切之使相逮及也。"急同疾。郭店楚简《君子》云："是以知而求之不疾，其去人弗远矣，勇而行之不果，其疑也弗枉矣，是故凡物在疾之。《君奭》曰：惟冒丕单称德曷？言疾之也。君子曰：疾之，行之不疾，未有能深之者。"

《管子·形势解》又云：

> 事主而不尽力则有刑，事父母而不尽力则不亲，受业问学而不加务则不成。故朝不勉力务进，夕无见功。故曰：朝忘其事，夕失其功。[①]

今案：《周易·乾·象》云："天行健，君子以自强不息。"《大戴礼记·哀公问孔子》云："公曰：敢问君何贵乎天道也？孔子对曰：贵其不已。如日月西东相从而不已也，是天道也。已成而明，是天道也。无为物成，是天道也。已成而明，是天道也。"《左传·襄公二十五年》云："子产曰：政如农功，日夜思之，思其始而成其终，朝夕而行之，行无越思，如农之有畔，其过鲜矣。"

十六

《管子·山权数》云：

[①] 黎翔凤：《管子校注》卷二十《形势解》，中华书局2004年版，第1180页。

桓公曰：何谓五官技？管子曰：《诗》者，所以记物也。《时》者，所以记岁也。《春秋》者，所以记成败也。《行》者，道民之利害也。《易》者，所以守凶吉成败也。《卜》者，卜凶吉利害也。民之能此者，皆一马之田，一金之衣。此使君不迷妄之数也。六家者，即见其时，使豫先蚤闲之日受之。故君无失时，无失筴，万物兴丰无失利。远占得失以为末数。《诗》记人无失辞，《行》殚道无失义，《易》守祸福凶吉不相乱，此谓君柄。①

"桓公曰：何谓五官技？"今案："五官技"指五行。《荀子·议兵》云："齐人隆技击。"杨倞注："技，材力也。"材同才。《后汉书·马融传》李贤注："五才，金木水火土也。"《春秋繁露·五行相生》云："五行者，五官也。"《荀子·非十二子》云："案往旧造说，谓之五行。"杨倞注："五行，五常，仁义礼智信是也。"《礼记·中庸》郑玄注："木神则仁，金神则义，火神则礼，水神则信，土神则智。"马王堆帛书《易传·要》云："故《易》之为书也，一类不足以亟之，变以备亓请者也，故胃之《易》。又君道焉，五官六府，不足尽称之，五正之事不足以产之，而《诗》《书》《礼》《乐》不□百篇，难以致之。"五行有六家，即《诗》《时》《春秋》《行》《易》《卜》，其内容皆为五常，故曰："此使君不迷妄之数也。"

"《诗》者，所以记物也。"今案：《毛诗序》云："诗者，志之所之也。在心为志，发言为诗。"《贾子·道德说》云："诗者，志德之理而明其指，令人缘之以自成也。"《周易·家人·象》云："君子以言有物，而行有恒。"《诗经·大雅·烝民》云："天生烝民，有物有则。"毛传："物，事也。"《周易·系辞上》云："通变之谓事。"马王堆帛书《经法·道法》云："生必动，动有事，事有害，曰不信，曰不知畏人，曰

---

① 黎翔凤：《管子校注》卷二十二《山权数》，中华书局2004年版，第1310页。

自诬,曰虚夸,以不足为有余。"有事则有言,有言则有名。《国语·周语》云:"不可方物。"韦昭注:"物,名也。"《周易·家人·彖》云:"家人,女正位乎内,男正位乎外。男女正,天地之大义也。家人有严君焉,父母之谓也。父父、子子、兄兄、弟弟、夫夫、妇妇,而家道正。正家,而天下正矣。"《周易·序卦》云:"有天地然后有万物,有万物然后有男女,有男女然后有夫妇,有夫妇然后有父子,有父子然后有君臣,有君臣然后有上下,有上下然后礼义有所错。"正家是正名之始。《论语·颜渊》云:"齐景公问政于孔子。孔子对曰:君君、臣臣、父父、子子。公曰:善哉。信如君不君,臣不臣,父不父,子不子,虽有粟,吾得而食诸?"

"《行》者,道民之利害。"今案:《左传·哀公十五年》云:"置彼周行。"杜预注:"行,列位也。"《周易·系辞上》云:"卑高以陈,贵贱位矣。"《大戴礼记·曾子制言上》云:"夫行者,行礼之谓也。"《左传·昭公二十五年》云:"民之行也。"杜预注:"行者,人之所履。"《礼记·曲礼上》云:"修身践言谓之善行。"道同导。《论语·为政》云:"道之以政,齐之以刑,民免而无耻。道之以德,齐之以礼,有耻且格。"人有好恶而生利害。《周易·系辞下》云:"因贰以济民行,以明失得之报。"

"六家者即,见其时,使豫先斋闲之日受之。"今案:旧解将"即"字属下读,误。《诗经·卫风·氓》云:"匪来贸丝,来即我谋。"以五常修德,故曰"六家者即"。马王堆帛书《老子》甲本卷前古佚书之四云:"四行成,善心起。四行刑,圣气作。五行刑,德心起,和谓之德,其要谓之一。"《荀子·劝学》云:"积善成德,而神明自得,圣心备矣。"《周易·系辞上》云:"子曰:知几,其神乎!君子上交不谄,下交不渎,其知几乎?几者,动之微,吉[凶]之先见者也。"《礼记·中庸》云:"凡事豫则立,不豫则废,言前定则不困,行前定则不疚,道前定则不穷。"神者知时而动,故曰:"见其时,使豫先斋闲之日受之。"《广雅·释诂三》云："受，得也。"《礼记·中庸》云："祸福将至，善，必先知之，不善，必先知之，故至诚如神。"《春秋繁露·仁义法》云："公追戎于济西，自为追则善，其所恤远也。兵已加焉，乃往救之，则弗美。未至预备之，则美之。善其救害之先也，夫救蚤而先之，则害无由起，而天下无害矣。然则观物之动而先觉其萌，绝乱塞于将然而未形之时，《春秋》之志也。故救害而先知之，明也。"

"《诗》论人，无失辞。"今案：《左传·昭公七年》云："犹能冯依于人。"杜预注："人谓匹夫匹妇贱身。"《礼记·中庸》云："君子之道，费而隐。夫妇之愚，可以与知焉。及其至也，虽圣人亦有所不知焉。夫妇之不肖，可以能行焉。及其至也，虽圣人亦有所不能焉。"又云："君子之道，造端乎夫妇，及其至也，察乎天地。"言为辞。《周易·乾·文言》云："子曰：君子进德修业，忠信所以进德也，修辞立其诚，所以居业也。知至至之，可与言几也。知终终之，可与存义也。是故居上位而不骄，在下位而不忧，故'乾乾'因其时而'惕'，虽危'无咎'矣。"

"《行》殚道，无失义。"今案：《说文》云："殚，殛尽也。"《礼记·中庸》云："道也者，不可须臾离也，可离非道也。是故君子戒慎乎其所不睹，恐惧乎其所不闻，莫见乎隐，莫显乎微，故君子慎其独也。"《孟子·离娄上》云："义，人之正路也。"

"《易》守祸福，凶吉不相乱，此谓君柄。"今案：《周易·系辞下》云："谦，德之柄也；复，德之本也。"虞翻注："柄，本也。"本末相对，德义为本，卜筮为末。马王堆帛书《易传·要》云："'德行亡者，神灵之趋；知谋远者，卜筮之繁。'赐以此为然矣。"又云："子曰：《易》，我后亓祝卜矣！我观亓德义耳也。幽赞而达乎数，明数而达乎德，又仁守者而义行之耳。赞而不达乎数，则亓为之巫；数而不达乎德，则亓为之史。史巫之筮，乡之未也，始之而非也；后世之士疑丘者，或以为《易》乎？吾求亓德而已，吾与史巫同涂（途）而殊归者也。君子德行焉求福，故祭祀而寡也；仁义焉求吉，故卜筮而希也；祝巫卜筮亓后乎？"

十七

《管子·轻重丁》云：

> 管子对曰：动之以言，溃之以辞，可以为国基。且君币籍而务，则贾人独操国趣。君谷籍而务，则农人独操国固。君动言操辞，左右之流，君独因之。①

"动之以言。"今案：《管子·轻重甲》云："动言摇辞，万民可得而亲。"《礼记·中庸》云："明则动。"郑玄注："动，动人心也。"《淮南子·说山》云："同气相动。"高诱注："动，感也。"《周易·乾·文言》云："子曰：同声相应，同气相求。水流湿，火就燥。云从龙，风从虎。圣人作而万物睹。"《周易·咸·彖》云："天地感而万物化生，圣人感人心而天下和平。观其所感而天地万物之情可见矣。"《周易·系辞上》云："易，无思也，无为也，寂然不动，感而遂通天下之故。"又云："子曰：'君子之道，或出或处，或默或语。'二人同心，其利断金；同心之言，其臭如兰。"《管子·形势解》云："人主出言，顺于理，合于民情，则民受其辞。民受其辞，则名声章。故曰：受辞者，名之运也。"

"溃之以辞。"今案：溃读为贵。《老子》第十三章云："贵大患若身。"河上公注："贵，畏也。"《左传·襄公三十一年》云："有威可畏谓之威。"《韩非子·诡使》云："威者所以行令也。"《贾子·道术》云："诚动可畏谓之威。"《韩诗外传》卷三云："忠易为礼，诚易为辞。"《荀

---

① 黎翔凤：《管子校注》卷二十四《轻重丁》，中华书局2004年版，第1500页。

子·不苟》云："君子养心莫善于诚，致诚则无它事矣，唯仁之为守，唯义之为行。诚心守仁则形，形则神，神则能化矣。诚心守仁则理，理则明，明则能变矣。变化代兴，谓之天德。"《礼记·中庸》云："其次致曲，曲则能诚，诚则形，形则著，著则明，明则动，动则变，变则化。惟天下至诚为能化。"

"可以为国基。"今案：《诗经·小雅·节南山》云："尹氏大师，维周之氐，秉国之均，四方是维。"毛传："氐，本。均，平。"郭店楚简《君子》云："槁木三年，不必为邦旗何？言寅之也。是以君子贵诚之。""邦旗"读为邦基，即国基。

十八

《管子·牧民》云：

如地如天，何私何亲？如月如日，唯君之节。①

尹知章注："六亲也。天地日月，取其耀临，言人君亲下，当如天地日月之无私也。"今案：《周易·系辞下》云："天地之道，贞观者也。"《周易·观·彖》云："大观在上，顺而巽，中正以观天下，观。盥而不荐，有孚颙若，下观而化也。观天之神道，而四时不忒。圣人以神道设教，而天下服也。"天之神道即天命。《礼记·中庸》云："天命之谓性，率性之谓道，修道之谓教。"

《周易·系辞下》云："日月之道，贞明者也。"马王堆帛书《黄帝·立命》云："数日、历月、计岁，以当日月之行，允地广裕，吾类天大明。"《周易·乾·彖》云："大明终始，六位时成，时乘六龙以御

---

① 黎翔凤：《管子校注》卷一《牧民》，中华书局2004年版，第17页。

51

天。乾道变化，各正性命，保合大和，乃利贞。"《管子·牧民》又云："知时者可立以为长，无私者可置以为政。审于时而察于用而能备官者，可奉以为君。"

马王堆帛书《经法·道法》云："公者明，至明者有功，至正者静，至静者圣，无私者知，至知者为天下稽。"《礼记·中庸》云："自诚明，谓之性，自明诚，谓之教。诚则明矣，明则诚矣。"《管子·立政》云："好恶形于心，百姓化于下，罚未行而民畏恐，赏未加而民劝勉，诚信之所期也。"

《周易·节·彖》云："天地节，而四时成。节以制度，不伤财，不害民。"《象》云："节，君子以制数度，议德行。"《管子·宙合》云："左操五音，右执五味，怀绳与准钩，多备规轴，减溜大成，是唯时德之节。"《释名·释天》云："时，期也，物之生死，备应节期而止也。"《周易·系辞上》云："易与天地准，故能弥纶天地之道；仰以观于天文，俯以察于地理，是故知幽明之故；原始反终，故知死生之说。"

十九

《管子·乘马》云：

> 时之处事精矣，不可藏而舍也。故曰：今日不当，明日亡货。昔之日已往而不来矣。右失时。[①]

"时之处事精矣，不可藏而舍也。"尹知章注："时至则为之，不可藏而舍息也。"今案：《周易·系辞下》云："《易》曰：'公用射隼于高墉之上，获之无不利。'子曰：'隼者禽也；弓矢者器也；射之者人也。

[①] 黎翔凤：《管子校注》卷一《乘马》，中华书局2004年版，第103页。

君子藏器于身，待时而动，何不利之有？动而不括，是以出而有获，语成器而动者也。'"虞翻注："艮为时。"《周易·艮·彖》云："艮，止也。时止则止，时行则行，动静不失其时，其道光明。"《象》云："君子以思不出其位。"

精、妙同义。《周易·系辞下》云："精义入神，以至用也。"《管子·内业》云："凡物之精，此则为生。"尹知章注："精，谓神之至灵者也。"

"今日不为，明日亡货。"尹知章注："言不为则失时。"今案：《周易·乾·文言》云："终日乾乾，与时偕行。"又云："君子进德修业，欲及时也。"时为天道，《礼记·中庸》云："道也者，不可须臾离也，可离非道也。是故君子戒慎乎其所不睹，恐惧乎其所不闻，莫见乎隐，莫显乎微，故君子慎其独也。"《礼记·大学》云："《康诰》曰：惟命不于常。道善则得之，不善则失之矣。《楚书》曰：楚国无以为宝，惟善以为宝。舅犯曰：亡人无以为宝，仁亲以为宝。"无道则无货。《管子·乘马》云："天地莫之能损益也，然则可以正政者，地也。故不可不正也。正地者其实必正，长亦正，短亦正，小亦正，大亦正，长短小大尽正。正不正则官不理，官不理则事不治，事不治则货不多。是故何以知货不多也？曰事治。何以知事之治也？曰货多。货多事治，则所求于天下者寡矣，为之有道。"

二十

《管子·七法》云：

> 若夫曲制时举，不失天时，毋圹地利，其数多少，其要必出于计数。[1]

---

[1] 黎翔凤：《管子校注》卷二《七法》，中华书局2004年版，第119页。

尹知章注："制虽委曲，顺天而举，不失天时也。"黎翔凤《校注》云："丁士涵云：曲制见《孙子》，《孙子》言兵本《管子》。何如璋云：曲，部曲也。曲制，部曲之制也。"今案：尹注不误。《周易·系辞上》云："范围天地之化而不过，曲成万物而不遗，通乎昼夜之道而知，故神无方而易无体。"韩康伯注："曲成者，乘变以应物，不系一方者也。"《荀子·臣道》云："推类接誉，以待无方，曲成制象，是圣臣者也。"马王堆帛书《经法·六分》云："唯王者能兼复载天下，物曲成焉。"《淮南子·原道》云："是故圣人一度循轨，不变其宜，不易其常，放准循绳，曲因其当。"《管子·宙合》云："夫鸟之飞也，必还山集古。不还山泽困，不集谷则死。山与谷之处也，不必正直，而还山集谷，曲则曲矣，而名绳焉，以为鸟起于北，意南而至于南，起于南，意北而至于北，苟大意得，不以小缺为伤，故圣人美而著之曰：千里之路，不可扶以绳，万家之都，不可平以准。"《礼记·中庸》云："其次致曲，曲能有诚，诚则形，形则著，著则明，明则动，动则变，变则化，唯天下至诚为能化。"《淮南子·要略》云："知道德而不知世曲，则无以耦万方，道德为一，世曲为万。"

　　《鹖冠子·能天》云："彼虽至人，能以练其精神，修其耳目，整饰其身。若合符节，小大曲制，无所遗失，远近邪直，无所不及。"《孙子兵法·始计》云："曲制官道，主用也。"曹操注："曲制者，部曲，幡帜，金鼓之制也。"今案：曲制者，因变而制万物。《尉缭子·将理》云："凡将，理官也。万物之至也。不私于一人，能无移于一人，故万物至而制之，万物至而命之。"《鹖冠子·度万》云："散无方，化万物者，令也。守一道，制万物者，法也。法者，守内者也，令者，出制者也。"《新书·道术》云："术也者，所从制物也，动静之数也。"

二十一

《管子·君臣下》：

　　神圣者王，仁智者君，武勇者长，此天之道，人之情也。天道人情，通者质，宠者从，此数之因也。①

　　尹知章注："质，主也，能通于天道人情者，可以为主。其不能通，但宠贵之者，可以为从，谓臣也。言臣主数，因此通而立也。"今案："通者"指圣人。《周易·系辞下》云："神农氏没，黄帝、尧、舜氏作，通其变使民不倦。神而化之，使民宜之。易，穷则变，变则通，通则久。是以'自天祐之，吉无不利'。"《说文》云："圣，通也。"《大戴礼记·哀公问五义》云："所谓圣人者，知通乎大道，应变而不穷，能测万物之情性者也。"

　　《说文》云："宠，尊居也。"《诗经·商颂·长发》云："何天之宠。"郑玄注："宠，荣名之谓。"《淮南子·修务》云："闲居静思，鼓琴读书，追观上古，及贤大夫，学问讲辩，日以自娱，苏援世事，分白黑利害，筹策得失，以观祸福，设仪立度，可以为法则，穷道本末，究事之情，立是与非，明示后人，死有遗业，生有荣名。如此者，人才之所能逮。"高诱注："荣，宠也。"

二十二

《管子·小匡》云：

---

① 黎翔凤：《管子校注》卷十一《君臣下》，中华书局2004年版，第582—583页。

> 夫凤皇之文，前德义，后日昌。昔人之受命者，龙龟假，河出图，雒出书，地出乘黄，今三祥未见有者，虽曰受命，无乃失诸乎？①

"夫凤皇之文，前德义，后日昌。"尹知章注："前包德义，后有日昌。明先德义，乃可以日昌也。"今案：《说文》云："凤，神鸟也。"又云："见则天下安宁。从鸟、凡声。朋，古文凤，象形。凤飞群鸟随以万数，故以为朋党字。"《论语·子罕》云："子曰：凤鸟不至，河不出图，吾已矣夫。"凤、朋古通。马王堆帛书《易传·二三子问》云："饬行以后民者胃'大赛'，远人偕至胃朋来。"《论语·学而》云："有朋自远方来，不亦说乎！"《礼记·中庸》云："柔远人则四方归之。"马王堆帛书《易传·易之义》云："乎羿以来群，文德也。""来群"如言来王，《白虎通·号》云："君之为言群也。"《诗经·商颂·殷武》云："昔有成汤，自彼氐羌，莫敢不来享，莫敢不来王，曰商是常。"《论语·季氏》云："故远人不服，则修文德以来之。"

马王堆帛书《易传·要》云："《易》，我后亓祝卜矣，我观亓德义耳，幽赞而达乎数，明数而达乎德，又仁守者而义行之耳。"又，《广雅·释诂二》云："昌，盛也。"《春秋元命苞》云："代殷为姬昌。"郑玄注："昌，两日重见言明象。"《周易·离·象》云："明两作，离；大人以继明照于四方。"

《周易·系辞上》云："是故天生神物，圣人则之；天地变化，圣人效之；天垂象，见吉凶，圣人象之；河出图，洛出书，圣人则之。"

尹知章注："乘黄，神马也。坤，利牝马之贞。故从地出，若汉之渥洼神马之比。"今案：《周易·坤》云："元亨，利牝马之贞。君子有攸往，先迷后得，主利，西南得朋，东北丧朋。安贞吉。"《象》云："牝

---

① 黎翔凤：《管子校注》卷八《小匡》，中华书局2004年版，第426页。

马地类,行地无疆。柔顺利贞,君子攸行。先迷失道,后顺得常。西南得朋,乃与类行。东北丧朋,乃终有庆。安贞之吉,应地无疆。"《文选·赭白马赋》李善注引《春秋考异记》云:"地生月精为马。"《大戴礼记·易本命》云:"月主马。"地、月同属阴类,故神马从地而出。

二十三

《管子·内业》云:

> 凡道必周必密,必宽必舒,必坚必固。守善勿舍,逐淫泽薄,既知其极,反于道德。①

"必周必密。"尹知章注:"周密则慎不泄。"今案:《周易·系辞上》云:"'不出户庭,无咎。'子曰:'乱之所生也,则言语以为阶。君不密则失臣,臣不密则失身,几事不密则害成。'是以君子慎密而不出也。"虞翻注:"坤为密。"《尔雅·释诂》云:"密,静也。"《管子·九守》云:"人主不可不周,人主不周,则群臣下乱,寂乎其无端也,外内不通,安知所怨?关闭不开,善否无原。"

"必宽必舒。"尹知章注:"宽舒则博而密。"今案:《周易·乾·文言》云:"君子学以聚之,问以辨之,宽以居之,仁以行之。《易》曰:'见龙在田,利见大人',君德也。"《尚书·皋陶谟》云:"宽而栗。"郑玄注:"宽谓度量宽宏。"《礼记·表记》云:"以德报怨则宽,身之仁也。"

"必坚必固。"尹知章注:"坚固而精不解。"今案:《素问·腹中论》云:"二者其气急疾坚劲。"王冰注:"坚,定也,固也。"银雀山汉

---

① 黎翔凤:《管子校注》卷十六《内业》,中华书局2004年版,第942页。

简《定心固气》云："心不动，气不移。实者，心定气固也。虚者，心怵惕。"《荀子·儒效》云："万物莫足以倾之之谓固。"《素问·调经论》云："实者，外坚充满。"《说文》云："坚，刚也。"《孟子·公孙丑上》云："其为气也，至大至刚，以直养而无害，则塞于天地之间。"

"守善勿舍。"尹知章注："勿舍则善自成。"今案：《老子》第八章云："上善若水，水善利万物而不争，居众人之所恶，故几于道矣。"马王堆帛书《五行》云："善，人道也。"又云："君子之为善也，有与始也，有与终也。"

"逐淫泽薄。"尹知章注："竞逐淫邪，津泽浮薄。"今案：尹注可商。"逐淫"，如言浸润。逐、渐同义，《周易·渐·象》云："渐，君子以居贤德善俗。"《汉书·董仲舒传》云："渐民以仁。"颜师古《集注》云："渐，谓浸润之也。"《楚辞·自悲》云："施玉色而外淫。"王逸注："淫，润也。"《楚辞·沉江》云："日浸淫而合同。"王逸注："淫，多也。"《说文》云："淫，浸淫，随理也。"泽、润同义。《周易·说卦》云："润之以风雨。""薄"读为溥。《周易·乾》九二《象》云："见龙在田，德施普也。"

"既知其极，反于道德。"尹知章注："知极反德，则常道自隆。"今案：马王堆帛书《称》云："时极未至而隐于德，既得其极，远其德。"《管子·势》云："未得天极，则隐于德，已得天极，则致其力。既成其功，顺守其从，人不能代。"

二十四

《管子·禁藏》云：

夫物有多寡，而情不能等。事有成败，而意不能同。行有进退，而力不能两也。故立身于中，养有节。宫室足以避燥湿，食饮足以和血气，衣服足以适寒温，礼义足以别贵贱，游虞足以发欢欣，棺椁足以朽骨，衣衾足以朽肉，坟墓足以道记，不作无补之功，不为无益之事，故意定而不营气情。①

今案：宫室、食饮、衣服、礼义、游虞，五者属生事。棺椁、衣衾、坟墓，三者属死事。《周易·系辞上》云："参伍以变，错综其数。通其变，遂成天地之文；极其数，遂定天下之象。"又云："原始反终，故知死生之说。"《论语·为政》云："孟懿子问孝。子曰：无违。樊迟御，子告之曰：孟孙问孝于我，我对曰：无违。樊迟曰：何谓也？子曰：生，事之以礼。死，葬之以礼，祭之以礼。"

《周易·系辞下》云："上古穴居而野处，后世圣人易之以宫室，上栋下宇，以待风雨，盖取诸大壮。"《周易·大壮·象》云："雷在天上，大壮；君子以非礼弗履。"又，《周易·系辞下》云："古之葬者，厚衣之以薪，葬之中野，不封不树，丧期无数，后世圣人易之以棺椁，盖取诸大过。"《周易·大过·象》云："泽灭木，大过；君子以独立不惧，遁世无闷。"人死则返归自然，故曰遁世。不为物累，故曰独立。大过则无过，不用忧虑神的责罚，故曰不惧、无闷。《论语·泰伯》云："曾子有疾，召门弟子曰：启予足，启予手。《诗》云：战战兢兢，如临深渊，如履薄冰。而今而后，吾知免夫。"

二十五

《管子·版法解》云：

凡人君者，覆载万民而兼育之，烛临王族而事使之，是故以

---

① 黎翔凤：《管子校注》卷十七《禁藏》，中华书局2004年版，第1012—1013页。

天地日月四时为主为质以治天下。天覆而无外也，其德无所不在；地载而无弃也，安固而不动，故莫不生殖。圣人法之，以覆载万民，故莫不得其职姓。得其职姓，则莫不为用。故曰：法天合德，象地无亲。日月之明无私，故莫不得光。圣人法之，以烛万民，故能审察，则无遗善，无隐奸。无遗善，无隐奸，则刑赏信必。刑赏信必，则善劝而奸止。故曰：参于日月四时之行，信必而著明，圣人法之，以事万民，故不失时功，故曰伍于四时。①

今案："莫不生殖"与"莫不得其职姓"义近。《尔雅·释诂》云："职，主也。"《周易·坤》云："先迷后得主利。"《文言》云："坤至柔而动也刚，至静而德方，后得主而有常，含万物而化光。坤道其顺乎，承天而时行。"《管子·形势解》云："主者，人之所仰而生也。"《白虎通·姓名》云："姓者生也。人禀天气，所以生者也。"

《周易·系辞上》云："在天成象，在地成形，变化见矣。"《周易·系辞下》云："天地之道，贞观者也；日月之道，贞明者也。"故曰："参于日月四时之行，信必而著明。"马王堆帛书《经法·论》云："明以正者，天之道也。适者，天度也。信者，天之期也。极而反者，天之生也。必者，天之命也。"《周易·系辞下》云："日往则月来，月往则日来，日月相推而明生焉。寒往则暑来，暑往则寒来，寒暑相推而岁成焉。"四时为一岁，故曰："不失时功。"四时循环，终而复始。《周易·系辞下》云："《易》之为书也，原始要终以为质也。六爻相杂，唯其时物也。"虞翻注："质，本也。"

---

① 黎翔凤：《管子校注》卷二十一《版法解》，中华书局 2004 年版，第 1203 页。

二十六

《管子·揆度》云：

> 轻重之法曰：自言能为司马不能为司马者，杀其身以衅其鼓。自言能治田土不能治田土者，杀其身以衅其社。自言能为官不能为官者，劓以为门父。故无敢奸能诬禄至于君者矣。故相任寅为官都，重门击柝不能去，以随之以法。①

今案："寅"读为引。黎翔凤《校注》云："官都为五官之长。""官都"犹言官长。"重门击柝"，戒备之义。《周易·系辞下》云："重门击柝，以待暴客，盖取诸豫。"九家《易》云："坎为盗，暴水暴长无常，故以待暴客，既有不虞之备，故取诸豫矣。"《礼记·学记》云："禁于未发之谓豫。"《国语·晋语》云："戒莫如豫。"韦昭注："豫，备也。""去"、除同义。《礼记·礼运》云："在势者去。"郑玄注："去，罪退之。"

二十七

《管子·轻重戊》云：

> 殷人之王，立帛牢，服牛马以为民利，而天下化之。②

---

① 黎翔凤：《管子校注》卷二十三《揆度》，中华书局2004年版，第1374页。
② 黎翔凤：《管子校注》卷二十四《轻重戊》，中华书局2004年版，第1507页。

黎翔凤《校注》引王念孙云："帛当为皂，字之误也。"又引张佩纶云："王说非也。《公羊·恒八年传》注：牛羊豕凡三牲曰太牢，羊豕凡二牲曰少牢。此言帛牢，犹他书言牲币耳。《周礼·肆师》职：立大祀用玉帛牲牷，立次祀用牲牷，立小祀用牲。礼帛牢以为民利，《左氏传》季梁所谓上思利民，先成民而后致力于神，是也。服牛马以为民利，《易》所谓服牛乘马，引重致远，以利天下，是也。殷制最善，故管氏独举之，犹孔子之称殷辂。若如王说，殷人但立养马之皂，养牛之牢，以为天下之基，不亦戾于理乎？"

今案：《尔雅·释诂》云："服，事也。"《吕氏春秋·勿躬》云："王冰作服牛。"《世本·作》云："相土作乘马。"古人以牛马象征天地之道。《礼记·月令》云："食麦与牛。"郑玄注："牛，土畜也。"《周礼·大司徒》云："奉牛牲。"郑玄注："牛能任载，地类也。"又，《大戴礼记·本命》云："辰主月，月主马，故马十二月而生。"《汉书·律历志上》云："制礼与物，不过十二，天之大数也。"

《管子·乘马》云：

> 天下乘马服牛，而任之轻重有制。有一宿之行，道之远近有数矣。是知诸侯之地，千乘之国者，所以知地之小大也，所以知任之轻重也。重而后损之，是不知任也；轻而后益之，是不知器也。不知任，不知器，不可谓之有道。①

今案：《周易·系辞下》云："服牛乘马，引重致远，以利天下，盖取诸随。"《周易·随·彖》云："随，大亨贞无咎，而天下随时，随时之义大矣哉。"《管子》书中屡言"乘马"，马代表天数，故"乘马"即随时，《管子·山权数》云："乘时进退，故曰：王者乘时，圣人乘易。"

---

① 黎翔凤：《管子校注》卷一《乘马》，中华书局2004年版，第89页。

又云:"彼善为国者乘时徐疾,守之以决塞,夺之以轻重,行之以仁义,故与天壤同数,此王者之大辔也。"又云:"万乘之国,不可以无万金之蓄饰,千乘之国,不可以无千金之蓄饰,百乘之国,不可以无百金之蓄饰,以此令进退,此之谓乘时。"《管子·地数》云:"桓公曰:何谓得失之数皆在此?管子对曰:昔者桀霸天下而用不足,汤有七十里之薄而用有余。天非独为汤而雨菽粟,而地非独为汤出财物也。伊尹善同移轻重、开阖、决塞。通于高下徐疾之策、坐起之费,时也。"又,《尚书·酒诰》云:"肇牵牛远服贾,用孝养厥父母。"贾、商同义。《风俗通义·声音》云:"商者章也,物成熟可章度也。"《周易·说卦》云:"故《易》六位而成章。"虞翻注:"章,谓文理也。"

《管子·戒》云:"任之重者莫如身,涂之畏者莫如口,期而远者莫如年,以重任行莫涂、至远期,唯君子乃能矣。"《论语·泰伯》云:"士不可不弘毅,任重而道远,仁以为己任,不亦重乎?死而后已,不亦远乎?"

"一宿之行",指夜行。《管子·形势解》云:"明主之使远者来而近者亲也,为之在心。所谓夜行者,心行也。能心行德,则天下莫能与之争矣。故曰:唯夜行者独有之。"

二十八

《管子·轻重戊》云:

> 周人之王,循六峜,合阴阳,而天下化之。[①]

今案:《礼记·少仪》云:"问卜筮。曰:义与志与?义则可,志则否。"郑玄注:"志,私意也。"《鹖冠子·环流》云:"有一而有气,有

---

① 黎翔凤:《管子校注》卷二十四《轻重戊》,中华书局2004年版,第1507页。

气而有意，有意而有图，有图而有名，有名而有形，有形而有事。"《鬼谷子·阴符》云："志者，欲之使也。"《礼记·曲礼上》云："志不可满。"疏云："六情遍具，在心未见为志。"《左传·昭公二十五年》云："以制六志。"疏云："情动为志。"《礼记·乐记》云："人生而静，天之性也，感于物而动，性之欲也。"《荀子·正名》云："性之好恶喜怒哀乐谓之情。"

《说文》云："循，顺行也。"《礼记·中庸》云："天命之谓性，率性之谓道。"《韩诗外传》卷五云："圣人养一性而御六气，持一命而节滋味，奄治天下，不遗其小，存其精神以补其中，谓之志。"《管子·戒》云："滋味动静，生之养也。好恶喜怒哀乐，生之变也，聪明当物，生之德也。是故圣人齐滋味而时动静，御正六气之变，禁止声色之淫，邪行亡乎体，违言不存口。静然定生，圣也。"

"合阴阳"者，合性与情。《说文》云："性，人之阳气性善者也。"又云："情，人之阴气有欲者。"《白虎通·情性》云："情者，阳之化也。"又引《钩命决》云："性生于阳，以就理也。"《周易·说卦》云："和顺于道德而理于义，穷理尽性以至于命。"故《管子·七法》云："成功之事，必顺于理义，故不理不胜天下，不义不胜人，故贤知之君必立于胜地，故正天下而莫敢御也。"

二十九

《管子·权修》云：

> 地之生财有时，民之用力有倦，而人君之欲无穷。以有时与有倦，养无穷之君，而度量不生于其间，则上下相疾也。是以臣有杀其君，子又杀其父者矣。故取于民有度，用之则止，国虽小

必安。取于民无度，用之不止，国虽大必危。①

今案：《周易·坤·文言》云："积善之家，必有余庆。积不善之家，必有余殃。臣弑其君，子弑其父，非一朝一夕之故，其所由来者渐矣，由辩之不早辩也。《易》曰：'履霜，坚冰至'，盖言顺也。"《孟子·梁惠王上》云："孟子见梁惠王。王曰：叟，不远千里而来，亦将有以利吾国乎？孟子对曰：王何必曰利？亦有仁义而已矣。王曰何以利吾国？大夫曰何以利吾家？士庶人曰何以利吾身？上下交征利而国危矣。万乘之国弑其君者，必千乘之家。千乘之国弑其君，必百乘之家。"《管子·法法》云："一曰：凡人君之德行威严非独能尽贤于人也。曰人君也，故从而贵之，不敢论其德行之高卑，有故为其杀生急于司命也。富人聘任，使人相畜也，贵人贱人，使人相臣也。人主操此六者以畜其臣，人臣亦望此六者以事其君。君臣之会，六者之谋。六者在臣期年，臣不忠，君不能夺。在子期年，子不孝，父不能夺。故《春秋》之记，臣有弑其君，子有弑其父者。"

三十

《管子·乘马》云：

> 圣人之所以为圣人者，善分民也。圣人不能分民，则犹百姓也，于己不足，安得名圣。是故有事则用，无事则归之于民，唯圣人为善托业于民。民之生也，辟则愚，闭则类。上为一，下为二。②

---

① 黎翔凤：《管子校注》卷一《权修》，中华书局2004年版，第51页。
② 黎翔凤：《管子校注》卷一《乘马》，中华书局2004年版，第102—103页。

"圣人之所以为圣人也，善分民也。"尹知章注"善令人知分，故名为圣人。"今案：《论语·微子》云："五谷不分。"郑玄注："分犹理。"《荀子·强国》云："分义则明。"杨倞注："分谓上下有分。"分、辨义同。《周易·履·象》云："上天下泽，履；君子以辩上下，定民志。"《白虎通·情性》云："礼者履也，履道成文也。"又云："礼义者，有分理。"《周易·说卦》云："昔者圣人之作《易》也，将以顺性命之理。"

"是故有事则用。"尹知章注："用，谓人也。"今案：马工堆帛书《老子》乙本云："善用人者为之下，是谓不争〔之〕德，是谓用人，是谓配天，古之极也。"马王堆帛书《经法·君正》云："无父之行，不得子之用，无母之德，不能尽民之力，父母之行备，则天地之德也。"

"无事则归之于民。"尹知章注："谓令人退归而居也。"今案：《论语·泰伯》云："民可使由之，不可使知之。"郑玄注："民，冥也。"《荀子·礼论》云："人有士君子，外是民也。"杨倞注："民，氓无所知者也。"《素问·征四失论》云："窈窈冥冥，孰知其道。"王冰注："冥冥，言玄远也。"《庄子·逍遥游》云："北冥有鱼。"《释文》："宵冥，无极，故谓之冥。"《周易·系辞上》云："圣人以此洗心，退藏于密，吉凶与民同患。神以知来，知以藏往，其孰能与于此哉？古之聪明睿知，神武而不杀者夫！是以明于天之道，而察于民之故，是兴神物，以前民用。圣人以此斋戒，以神明其德夫。"

"民之生也，辟则愚，闭则类。"尹知章注："纵其淫辟则昏愚也。"又云："类，善也。闭其淫辟则自善。"今案：生同性。"辟"与"闭"，犹乾坤。《周易·系辞上》云："是故阖户谓之坤，辟户谓之乾。"马王堆帛书《老子》乙本云："天门启阖，能为雌乎，明白四达，能无以知乎？"

"上为一，下为二。"尹知章注："下之效上，必倍之也。"不确。今案：《周易·系辞下》云："天下之动，贞夫一者也。"虞翻注："一谓乾元。"《说文》云："惟初大始，道立于一，造分天地，化成万物。"《老子》第十章云："载营魄抱一，能无离。"河上公注："一者，道始所，太和之精气也。"《周易·乾·彖》云："保合大和，乃利贞。"《淮南子·原道》云："所谓无形者，一之谓也。"高诱注："一者，道之本。"《周礼·师氏》云："一曰至德，以为道本。"郑玄注："至德，中和之德，覆焘持载，含容者也。孔子曰：中庸之为德，其至矣乎？"

生死、动静、吉凶、善恶为二。《说苑·辨物》云："夫占变之道，二而已矣。"《周易·系辞上》云："动静有常，刚柔断矣。方以类聚，物以群分，吉凶生矣。"《荀子·礼论》云："两情者，人生故有端矣。"《礼记·中庸》云："子曰：舜其大知也与！舜好问而好察迩言，隐恶而扬善，执其两端，用其中于民，其斯以为舜乎！"

三十一

《管子·内业》云：

> 有神自在身，一往一来，莫之能思。失之必乱，得之必治。敬除其舍，精将自来。精想思之，宁念治之。严容畏敬，精将至定。得之而勿舍，耳目不淫，心无他图。正心在中，万物得度。道满天下，普在民所，民不能知也。①

"有神自在身。"尹知章注："中得则神自在身也。"今案：《周易·系辞上》云："利用出入，民咸用之谓之神。"《鹖冠子·道端》云："莫不有命，不可为名，故谓之神。"《周易·说卦》云："神也者，妙万物而为言者也。"《老子》第一章云："故常无欲，以观其妙。"河上公注："妙，要也。人常能无欲，则可以观道之要。要谓一也。"《周易·系辞

---

① 黎翔凤：《管子校注》卷十六《内业》，中华书局2004年版，第938页。

上》云："曲成万物而不遗，通乎昼夜之道而知，故神无方而易无体。"《管子·内业》云："一物能化谓之神，一事能变谓之智。"尹知章注："一谓无也。"

"一往一来，莫之能思。"尹知章注："神不测者也，故往来不能思也。"今案：《周易·系辞上》云："一阖一辟谓之变，往来不穷谓之通。"又云："阴阳不测谓之神。"《周易·系辞下》云："日往则月来，月往则日来，日月相推而明生焉；寒往则暑来，暑往则寒来，寒暑相推而岁成焉；往者屈也，来者信也，屈信相感而利生焉。尺蠖之屈，以求信也；龙蛇之蛰，以存身也。精义入神，以致用也；利用安身，以崇德也。过此以往，未之或知也；穷神知化，德之盛也。"

"失之必乱，得之必治。"尹知章注："谓神也。"今案：神同身，《说文》云："申，神也。"《释名·释天》云："申，身也。物皆成，其身体各申束之，使备成也。"《太平经·录身正神法》云："故人乃道之根柄，神之长也。当知其意，善自持养之，可得寿老。不善养身，为诸神所咎。神叛人去，身安得善乎？为善不敢失绳缠，不敢自欺，为善亦神自知之，恶亦神自知之，非为他神，乃身中神也。"

"敬除其舍，精将自来。精想思之，宁心治之。"尹知章注："除，谓有则想思之。"今案：《老子》第五十三章云："朝甚除。"王弼注："除，洁好也。"《管子·心术上》云："虚其欲，神将入舍，扫除不洁，神乃留处。"尹知章注："但能空虚心之嗜欲，神则入而舍之。"又云："不洁，亦喻情欲。"又，《说文》云："有，不宜有也。"凡不宜有者，思念以除之，如《论语·学而》云："曾子曰：吾日三省吾身，为人谋而不忠乎？与朋友交而不信乎？传不习乎？"

《管子·内业》云："凡物之精，此则为生。"《国语·周语》云："被除其心，精也。"韦昭注："精，洁也。"《管子·心术上》云："去欲则宣，宣则静，静则精，精则独立矣。独则明，明则神矣。"

"严容畏敬，精将自定。"尹知章注："但能严敬，则精至而定也。"

今按《老子》第十五章云:"古之善为士者,微妙玄通,深不可识。夫唯不可识,故强为之容,与兮若冬涉川,犹兮若畏四邻,俨兮其若客,涣兮若冰之将释。"

"得之而勿舍,耳目不淫,心无他图。"尹知章注:"既得精,守之而勿舍,则耳目不淫,心无他虑也。"今案:《孟子·告子上》云:"孔子曰:操则存,舍则亡,出入无时,莫知其乡,惟心之谓与。"

"道满天下,普在民所,民不能知也。"尹知章注:"言人皆有道,但不能自知耳。"今案:《庄子·知北游》云:"东郭子问于庄子曰:所谓道,恶乎在?庄子曰:无所不在。"《周易·系辞上》云:"一阴一阳之谓道,继之者善也,成之者性也。仁者见之谓之仁,知者见之谓之知,百姓日用而不知,故君子之道鲜矣。"

三十二

《管子·七臣七主》云:

> 故曰:台榭相望者,亡国之庑也。驰车充国者,追寇之马也。羽剑珠饰者,斩生之斧也。文采纂组者,燔功之窑也。明王知其然,故远而不近也。能去此取彼,则人主道备矣。[①]

"故远而不近也。"今案:马王堆帛书《易传·二三子问》云:"卦曰:'同人于野,亨,利涉大川。'孔子曰:'此言大德之好远也。'"《管子·形势解》云:"举一而为天下长利者,谓之举长。举长则被其利者众,而德义之所见远。故曰:举长者,可远见也。"《淮南子·缪称》云:"《诗》曰:执辔如组。《易》曰:含章可贞。动于近,成文于远。"《周

[①] 黎翔凤:《管子校注》卷十七《七臣七主》,中华书局2004年版,第995—996页。

易·系辞上》云："'鸣鹤在阴,其子和之,我有好爵,吾与尔靡之。'子曰:'君子居其室,出其言善,则千里之外应之,况其迩者乎?居其室,出其言不善,则千里之外违之,况其迩者乎?'言出乎身,加乎民;行发乎迩,见乎远。言行,君子之枢机。枢机之发,荣辱之主也。言行,君子之所以动天地也,可不慎乎!"

"能去此取彼,则人主之道备矣。"尹知章注:"此,珠饰等物。彼,谓节用爱民。"今案:尹注可商。"此"为身,"彼"为民。故"去此"如言去私。《老子》第五十四章云:"故以身观身,以家观家,以乡观乡,以邦观邦,以天下观天下。吾奚以知天下之然哉?以此。"《管子·禁藏》云:"禁藏于胸胁之内,而祸避于万里之外,能以此制彼者,唯能以己知人者也。"君子自求于己,称为"去彼取此",《老子》第七十二章云:"是以圣人自知而不自见,自爱而不自贵,故去彼取此。"郭店楚简《君子》云:"古之用民者,求之于己为恒,行不信则命不从,信不著则言不乐。民不从上之命,不信其言,而能念德者,未之有也。故君子之莅民也,身服善以先之,敬慎以守之,其所在者入矣。"

作者单位:北京教育学院、北京师范大学

《周易》中的实学思想

孙福万

摘要：中国实学思想源远流长，在《周易》中有所反映。《周易》关于"实"的论述主要包括以下几点：一是以"阳"为实；二是以"中"为实；三是以"当位"为实。同时，《周易》还强调"实受其福"，即"实"是可以得到吉利的结果的。这些思想，无疑成为中国实学研究关注的重要内容之一。

关键词：《周易》 阳实 中以为实 当位 实受其福

中国的实学思想，虽然在明清之际才真正形成一种重要思潮并影响至今，但如追溯其源流，则有着久远的历史。比如，在作为"五经之源""三玄之冠""群经之首"的《周易》当中，实学思想就有很多明显而具体的体现。本文对此略做梳理，权作献芹，以求教于方家。

一、"有实"与"无实"

《周易·鼎卦》九二云："鼎有实，我仇有疾，不我能即，吉。"《象》曰："鼎有实，慎所之也。我仇有疾，终无尤（忧）也。"[①]《归妹卦》上

[①] （三国魏）王弼、（晋）韩康伯注，（唐）孔颖达等正义：《周易正义》卷五《鼎》，（清）阮元校刻《十三经注疏》，中华书局1980年影印本，第61页。

六云："女承筐无实，士刲羊无血，无攸利。"《象》曰："上六无实，承虚筐也。"① 这里明确提到了"有实""无实"的问题。

关于"鼎有实"，从字面上理解，当然是指鼎中有食物。爻辞总的意思是说：鼎中有美食，但我的对象（"我仇"）有疾病，不能来接近我（"不我能即"），即不吃我的美食。尽管如此，这不是我自身的问题，结果依然是"吉"的，最终没有忧患。按照《周易》的逻辑，这里的"实"其实更多的是一种比喻。例如程颐就曾这样解释说："鼎之有实，乃人之有才业也，当慎所趋向，不慎所往，则亦陷于非义。二能不昵于初，而上从六五之正应，乃是'慎所之'也。'我仇有疾，举上文也。''我仇'，对己者，谓初也。初比己而非正，是'有疾'也。既自守以正，则彼不能即我，所以终无过尤也。"② 由此可见，这里的"实"就不仅仅是指美食了，还指的是美德和才干的意思。九二有"实"，能"慎所之"，所以为"吉"。

而"女承筐无实"，从字面上理解，就是女子手中的筐子里没有食物的意思。归妹，女子出嫁之卦也。朱子说："上六以阴柔居《归妹》之终而无应，约婚而不终者也。故其象如此，而于占为无所利也。"③ 郑康成说："宗庙之礼，主妇奉筐米。"陆希声说："承筐无实，则助奠之礼不成；刲羊无血，则祭庙之诚不至。"④ 刘沅则说："男女成家以奉祭祀，实筐篚者女之事，实鼎俎者男之事也。震有底而中虚，本虚筐象。阳实阴虚，将何所承？徒虚筐也。盖归妹之不成者。"⑤ 诸说虽略有差异，但"无实"当指"筐中无物"却是共同的认识，此或表明该女子"约婚"不成，或表明该女子不能成"助奠之礼"也。不管怎样，上六

---

① （三国魏）王弼、（晋）韩康伯注，（唐）孔颖达等正义：《周易正义》卷五《归妹》，（清）阮元校刻《十三经注疏》，中华书局1980年影印本，第64页。
② （宋）程颐：《周易程氏传》，中华书局2011年版，第289页。
③ （宋）朱熹：《周易本义》，中华书局2009年版，第194页。
④ 马振彪：《周易学说》，花城出版社2002年版，第531页。
⑤ 马振彪：《周易学说》，花城出版社2002年版，第531页。

"无实",故结果均为"无攸利"也。

值得注意的是,刘沅在解读《归妹》上六爻时明确提到"阳实阴虚",其实这也是一般易学家的共识。《庄子·天下》说:"《易》以道阴阳。"而《周易》以阳为实,以阴为虚。比如《蒙卦》六四云:"困蒙,吝。"其《象》曰:"困蒙之吝,独远实也。"王申子即解释此爻说:"阳实阴虚,'独远实'者,谓于一卦之中,独不能近阳实之贤,故困于蒙而无由达也。"① 程颐在解释《坎卦》时亦说:"卦中一阳上下二阴,阳实阴虚,上下无据,一阳陷于二阴之中,故为坎陷之义。"② 《泰卦》六四云:"翩翩。不富以其邻,不戒以孚。"陈梦雷解释说:"阳实阴虚,故曰'不富'。"③ 至于《鼎卦》于阳爻(九二)讲"有实",《归妹卦》于阴爻(上六)讲"无实",也明显是"阳实阴虚"之体现也。

综上,可以推知《周易》关于"实"的三个基本观点:第一,《周易》对"实"是充分肯定的,这和《老子》等道家著作对"虚"的片面弘扬显然不同。我们知道,《周易》首卦为《乾》,《序卦传》开篇即说"有天地,然后万物生焉,盈天地之间者唯万物"等等,这和《周易》的"实观"应该都是一致的。第二,《周易》"以阳为实"。我们知道,"扶阳抑阴"是《周易》的主导思想,比如朱子在解释《坤卦》初六"履霜,坚冰至"时即说:"夫阴阳者,造化之本,不能相无,而消长有常,亦非人所能损益也。然阳主生,阴主杀,则其类有淑慝之分焉。故圣人作《易》,于其不能相无者,既以健顺仁义之属明之,而无所偏主。至其消长之际,淑慝之分,则未尝不致其扶阳抑阴之意焉。盖所以赞化育而参天地者,其旨深矣。"④ 第三,《周易》以"有实"为吉,以"无实"为凶。此由《鼎卦》九二、《归妹》上六之爻辞可知,故不

---

① (清)李光地纂,刘大钧整理:《周易折中》,巴蜀书社2010年版,第268页。
② (宋)程颐:《周易程氏传》,中华书局2011年版,第162页。
③ 陈梦雷:《周易浅述》,九州出版社2004年版,第93页。
④ (宋)朱熹:《周易本义》,中华书局2009年版,第44页。

必赘言。

二、"中以为实"

《周易》虽然处处体现着"阳实阴虚""扶阳抑阴"之思想，但并不是认为阴就是绝对负面的甚至应该抛弃的东西。实际上，如果阴能顺阳，则阴亦能成其大、成其美也，故《坤卦》六二有云："直方大，不习无不利"，六五则云："黄裳，元吉"等等。其中最能体现上述思想的，还有"中以为实"的说法。

《鼎卦》六五云："鼎黄耳金铉，利贞。"其《象》曰："鼎黄耳，中以为实也。"朱熹说："五于象为耳，而有中德，故云'黄耳'。'金'，坚刚之物。'铉'，贯耳以举鼎者也。五虚中以应九二之坚刚，故其象如此。而其占则利在贞固而已。"[1] 也就是说，六五为阴爻，但因其居中，又和九二相应，故得"黄耳"之誉，而终能承担"举鼎"之重任也。而关于"中以为实"，陆绩说："得中承阳，故曰'中以为实'。"郭雍则说："'中以为实'者，六五明虚，以黄中之德为实也。犹《坤》之六五'美在其中'之道也。"[2] 按《乾·文言》解释《坤卦》"黄裳元吉"云："君子黄中通理，正位居体，美在其中，而畅于四支，发于事业，美之至也。"故由此可见，虽为阴爻，如能得中，且与阳爻相应，亦为"实"、为"美"也。

关于"中以为实"，还可援引《中孚卦》为例。

《周易》第六十一卦为《中孚》，其卦体为下兑上巽，二阴在内，而四阳在外。程颐说："内外皆实而中虚，为中孚之象。又二、五皆阳，中实，亦为孚义。在二体（即上下卦）则中实，在全体则中虚。中虚，

---

[1] （宋）朱熹：《周易本义》，中华书局2009年版，第182页。
[2] （清）李光地纂，刘大钧整理：《周易折中》，巴蜀书社2010年版，第322页。

信之本；中实，信之质。"①朱熹对此则更进一步解释说："'中虚'是无事时虚而无物，故曰'中虚'。自'中虚'中发出来皆是实理，所以曰'中实'。"又说："一念之间，中无私主，便谓之'虚'，事皆不妄，便谓之'实'，不是两件事。"② 在这里，程朱二人均明确提出了"中实"之说，颇值注意。此"中实"，当然首先是指《中孚卦》之九二、九五两阳爻分居上、下卦之中，而《周易》"以阳为实"，故为"中实"——这是其第一重涵义。但随之他们就将"中实"加以推论，明确讲"中实，信之质""事皆不妄，便谓之'实'"等等，则明显是将《周易》所主张的"中道""中正""中行"等思想用来解释"中实"了。窃以为，就"中实"的这第二重涵义来说，其与上文"中以为实"之旨完全一致。换句话说，固然《周易》"以阳为实"，但"中以为实"也是一条基本原则，甚至是更为重要的一条原则。

此外，很明显，在这里"中实"是和"中孚"联系在一起的。许慎《说文解字》解"孚"云："卵孚也。从爪从子。一曰信也。"徐锴说："鸟之孚卵皆如其期，不失信也。"故"孚"之本义或为"孵"。段玉裁说："鸡卵之必为鸡，鸭卵之必为鸭，人言之信如是矣。"③《周易》经文中共出现"孚"字43次，绝大部分可以直接对译为"信"。程子说："中虚，信之本；中实，信之质。"可谓"孚"之妙解矣！又朱子对"中实""中虚"辩证关系的论述，则说明两者亦非截然对立的，"不是两件事"，此亦为不刊之论。从这个角度看，则"中实"也好、"中虚"也好，其实都是诚信的一种表现，都是人的某种优良品质，故两者自不可偏废也。

---

① （宋）程颐：《周易程氏传》，中华书局2011年版，第343页。
② （清）李光地纂，刘大钧整理：《周易折中》，巴蜀书社2010年版，第198页。
③ （汉）许慎撰，（清）段玉裁注：《说文解字注》，上海古籍出版社1981年版，第113页。

三、"刚健笃实"与"当位实也"

除了"以阳为实""中以为实"外,《周易》还提出了另外两条有关"实"的重要原则:一是"刚健笃实",二是"当位实也"。此或可视为以上两条原则的进一步推演。

《周易·大畜卦》云:"利贞,不家食,吉,利涉大川。"《彖》曰:"大畜,刚健笃实辉光,日新其德,刚上而尚贤。能止健,大正也。不家食吉,养贤也。利涉大川,应乎天也。"① 这里明确提出了"刚健笃实"之说。盖大畜者,其卦体为下乾上艮,而乾为天、为健,艮为山、为止,故有"刚健笃实"之象也。苏东坡曾解释此《彖》说:"刚健者,乾也;笃实者,艮也;辉光者,二物之相磨而神明见也。乾不得艮,则素健而已矣;艮不得乾,则徒止而已矣。以止厉健,以健作止,而德之变不可胜穷也。"② 此或最得"大畜"之义。《大畜卦·大象》曰:"天在山中,大畜;君子以多识前言往行,以畜其德。"③ 当亦以此也。

苏东坡以艮为"笃实",这是为什么呢?细思其理由或有三:一是作为八经卦之一,《艮》为阳卦、为少子,故有乾德;二是艮为山、为止,而能止即刚也——此均与"以阳为实"相通;三是《艮卦》一阳在上、二阴在下,本有"实"象,故《说卦传》有"艮为果蓏"之说,《剥卦》上九则云"硕果不食",即以此也。又《周易·艮卦》上九云:"敦艮,吉",程子即明确解释说:"九以刚实居上,而又成《艮》之主,在《艮》之终,止之至坚笃者也。'敦',笃实也。"④ 由此反观"实德",

---

① (三国魏)王弼、(晋)韩康伯注,(唐)孔颖达等正义:《周易正义》卷三《大畜》,(清)阮元校刻《十三经注疏》,中华书局1980年影印本,第40页。
② (宋)苏轼:《东坡易传》,吉林文史出版社2002年版,第113页。
③ (三国魏)王弼、(晋)韩康伯注,(唐)孔颖达等正义:《周易正义》卷三《大畜》,(清)阮元校刻《十三经注疏》,中华书局1980年影印本,第40页。
④ (宋)程颐:《周易程氏传》,中华书局2011年版,第303页。

其为刚健、笃厚至明也。此当为"以阳为实"之推论,与"自强不息"之乾德自亦相通。

《周易·蹇卦》六四云:"往蹇来连。"《象》曰:"往蹇来连,当位实也。"① 这里明确提到"当位"为"实"的问题,亦值注意。按《周易》有所谓"当位(得位)""不当位(失位)"之说,即六爻中的初、三、五属于阳位,二、四、上属于阴位,如果阳爻处阳位、阴爻处阴位即为"得位"或"当位",否则即为"不当位"或"失位"也。依此,六四自然是"当位"之爻。马恒君解释此爻说:"前往遇难,返回来连成一体……六四起的作用是为九五的天子连接刚健的贤臣。"② 而归有光则说:"四处近君之位,三、五二阳非四谁能连之?夫连桓公、仲父之交者,鲍子也;连简公、子产之交者,子皮也。"③ 故于蹇难之时,当位之六四实有大功也,故获"实也"之赞。

由《象传》对"当位实也"的评论来看,我们不能一味地认为"阳实阴虚",阴如"当位",亦为"实"也。李光地在解释《坤卦》初六"履霜,坚冰至"时曾有一大段按语论及"阴阳之义",他这样说:"阴阳之义,以在人身者言之,则心之神明,阳也;五官百体,阴也。以人之伦类言之,则君也父也夫也,阳也;臣也子也妻也,阴也。心之神明,以身而运;君父之事,以臣子而行;夫之家,以妇而成。是皆天地之大义,岂可以相无也哉?然心曰'大体',五官百骸,则曰'小体'。君父与夫,谓之三纲而尊;臣子与妻,主于顺从而卑。自其大小尊卑之辨,而顺逆于此分,善恶于此生,吉凶于此判矣。诚使在人身者,心官为主,而百体从令;在人伦者,君父与夫之道行,而臣子妻妾听命焉。则阴乃与阳合德者,而何恶于阴哉?唯其耳目四肢,各逞其欲,而不

---

① (三国魏)王弼、(晋)韩康伯注,(唐)孔颖达等正义:《周易正义》卷四《蹇》,(清)阮元校刻《十三经注疏》,中华书局1980年影印本,第51页。
② 马恒君:《〈周易〉全文注释本》,华夏出版社2001年版,第273页。
③ 马振彪:《周易学说》,花城出版社2002年版,第382页。

奉夫天官；臣子妾妇，各行其私，而不禀于君父，则阴或至于乾阳，而邪始足以害正。在一身则为理欲之交战，而善恶所自起也；在国家则为公私之迭乘，而治乱所由阶也。故孔子《文言》，以善恶之积，君父臣子之渐言之，意深切矣。然则所谓阳淑阴慝者，岂阴诚慝哉？顺于阳则无慝矣。所谓扶阳抑阴者，岂阴必抑哉？有以化之，斯不必抑之矣。此爻所谓'履霜坚冰'，其大旨如此。"① 所谓"当位为实"，而不管其为阴为阳，亦当由此理解为宜。此观点与"中以为实"亦相通，读者察之。

四、"实受其福"

《周易·既济卦》九五云："东邻杀牛，不如西邻之禴祭，实受其福。"《象》曰："东邻杀牛，不如西邻之时也；实受其福，吉大来也。"② 有意思的是，这里明确提到了"实受其福"的问题，我们或可将之视为因"实"而致"福"也。

那么，人们为什么可以因"实"而致"福"呢？这里的"实"又是一种什么样的"实"呢？

"实"之繁体为"實"。《说文解字》云："实，富也。从宀从贯。贯，货贝也。"段玉裁注："富也。引申之为草木之实。贯为货物。以货物充于屋下为实。"③ 如从"实"之本义来看，理解"实受其福"似并不困难：盖一个人家里货物满仓，那肯定是有福之表现。然就既济卦九五而言，这里说的却是：东邻以牛来做祭祀，倒不如西邻以禴而祭（此指夏祭，薄祭也）而得福。这里的"实"，显然不是就"实"之

---

① （清）李光地纂，刘大钧整理：《周易折中》，巴蜀书社2010年版，第23页。
② （三国魏）王弼、（晋）韩康伯注，（唐）孔颖达等正义：《周易正义》卷六《既济》，（清）阮元校刻《十三经注疏》，中华书局1980年影印本，第72页。
③ （汉）许慎撰，（清）段玉裁注：《说文解字注》，上海古籍出版社1981年版，第340页。

本义而言者。所以要真正理解"实受其福",还要对本爻爻辞做一通盘考虑。

仔细考察易学家们对此爻的解读,似有两种角度值得注意。第一,"时"的角度。程颐说:"杀牛,盛祭也。禴,薄祭也。盛不如薄者,时不同也。"① 而潘士藻则说:"五以阳刚中正,当物大丰盛之时,故借东邻祭礼以示警惧。夫祭,时为大,时苟得矣,则明德馨而黍稷可荐,明信昭而沼毛可羞(馐)。是以'东邻杀牛,不如西邻之禴祭,实受其福'。在于合时,不在物丰也。东西者,彼此之辞,不以五与二对言。"② 第二,"诚"的角度。比如姚舜牧说:"人君当《既济》时,享治平之盛,骄奢易萌,而诚敬必不足,故圣人借两邻以为训。若曰'东邻杀牛'何其盛也,'西邻禴祭'何其薄也。然神无常享,享于克诚。彼杀牛者,反不如禴祭者之'实受其福',信乎享神者在诚不在物,保治者以实不以文,此盖教之以祈天保命之道。"③ 又比如刘向说:"盖重礼不重牲也,敬实不贵华。诚有其实而推之,则安往而不可?是以圣人见人之文,必考其实。"④ 由此可见,一个是根据节令、时机做事,一个是本着诚敬之心做事,应该是这里提出"实受其福"的根本原因了。

我们知道,儒家对"时"是极为重视的,如《周易》既有"与时偕行"(《乾·文言》、《损》《益》二卦《彖传》)"承天而时行"(《坤·文言》)"与时消息"(《丰·彖传》)"随时"(《随·彖传》)"时中"(《蒙·彖传》)等说法,同时还讲"时止则止,时行则行,动静不失其时"(《艮·彖传》)等等。《孟子·公孙丑上》还曾盛赞孔子为"圣之时者"。当然,儒家更对"诚"极其重视,如《中庸》明确讲"不诚无物",又

---

① (宋)程颐:《周易程氏传》,中华书局 2011 年版,第 356 页。
② (清)李光地纂,刘大钧整理:《周易折中》,巴蜀书社 2010 年版,第 206 页。
③ (清)李光地纂,刘大钧整理:《周易折中》,巴蜀书社 2010 年版,第 206 页。
④ 马振彪:《周易学说》,花城出版社 2002 年版,第 612 页。

讲:"自诚明,谓之性;自明诚,谓之教。诚则明矣,明则诚矣。"另外据《论语·八佾》,孔子曾说:"人而不仁,如礼何?人而不仁,如乐何?"这和上述刘向强调的"敬实不贵华"也相通。

由此角度来理解"实",那就说明它一方面是人之"实心(诚)"的一种表现,同时它还是人能随顺天地自然以及人类社会的发展规律的一种表现。正因为这样的"实"是一种包含了内、外两种层面的"实",故而能致其"福"也。

作者单位:国家开放大学

奠定人生的标杆

——《乾卦》"龙德"试探

（中国台湾）周美华

摘要：《乾卦》既是开启《易经》的大门，也是奠定人生标杆的重要指引。《乾卦》虽以九五为主爻，但每一爻却都是同等重要；因只有善尽每一时位的本分和龙德，才能使九五能顺利地成就"天德"，以参赞天地万物之化育。此外，爻位虽愈高愈尊，但愿培养"龙德"者，绝不会沉溺于权位，反倒是更"进德修业"，也更战战兢兢；期望能以足够的"龙德"，既达成所担负的天命，也可将一己的天赋，在每一时位里，做出最符合"天德"的发挥。亦即《乾卦》之每条龙，都当以参赞"天德"，做为人生的最重要标杆；若如此，便一定能"天地位焉"，也"万物育焉"，世界才能在最合宜的轨道中，实现着"元、亨、利、贞"的循环和圆满。

关键词：《周易》《乾卦》 孔子 十翼

一、前　言

谁活在世上，都得要有目标；自科考设立后，读书人大多沦为只为夺取功名。但再大的功名，非但无法使人安身立命，反倒还可能令人陷入更深的牢笼，使生命出现愈多的忧患和危机。显然安身立命，必须先得从功名的捆索中跳脱出来，重新回到古圣先贤所奠定的道统，才是惟一的正本溯源之道。《乾卦》不仅是开启《周易》的大门，其中所阐述的龙德，更是人事与天德合一的极重要指引，亦即如何真正的安身立命。《乾卦》已为我们理出了正确的指标，若想精准地奠定人生标杆，《乾卦》便成了我们生命的极重要引导。本文撰写，将以《周易·系辞传上》"君子居则观其象而玩其辞[①]"作为学《易》的治学方法，并以孔子《十翼》为根基，试探《乾卦》各龙德所应具备的眼界和态度，而理出可作为奠定人生的真正标杆。

二、《乾卦》卦爻辞所欲成就的龙德内涵

《乾卦》之龙德，是能落实天道，以达成天人合一目标的最重要基础。因此，能否精准地掌握《乾卦》龙德的真正内涵，便是能否参赞天地之化育，能否安身立命，使天道的最大美善落实于自身生命的关键。下文将依卦、爻辞之序，据孔子所阐述之易理，探讨各龙所当具备的龙德内涵。

☰乾，元亨利贞。（卦辞）

初九，潜龙勿用。

九二，见龙在田，利见大人。

九三，君子终日乾乾，夕惕若，厉，无咎。

九四，或跃在渊，无咎。

九五，飞龙在天，利见大人。

上九，亢龙有悔。

---

① （三国魏）王弼、（晋）韩康伯注，（唐）孔颖达等正义：《周易正义》卷七《系辞上》，（清）阮元校刻《十三经注疏》，中华书局1980年影印本，第77页。

用九，见群龙无首，吉。

（一）卦辞：元亨利贞

《乾卦》是个纯阳卦，上、下卦皆由刚健的乾所组成，故《象传》云："天行健，君子以自强不息"。其内涵意在强调，君子定要积极奋发，毫不懈怠也毫无偏失地仿效天道，才可能成就"元亨利贞"的最大圆满。

1. "元亨利贞"为循环不已的天道体现

金景芳先生说："'元亨利贞'四个字是四个独立的意义，但紧密相联而不可或缺，四个字合起来才有健的意义。"[①]"元"是万物的起始和根源，"元亨"指万物的创始，是通达而顺畅的。"利"是能普及天下的大利，这是建构在大公无私的基础上，故能无一物不受其惠，也无一物不被充分造就。"贞"体现的是纯正而坚定不拔，与《魏书》所阐述《易》教"洁静精微"[②]的旨趣一致。天创生万物，原就是以最纯正、精粹又坚定的意志去奉行，从不懈怠也从不停息，万物才能生生不息，自在又自性的成长。

使万物各得其所，不仅是成就了各自性命，也使万物能形成相互的供应和造就。于是，"元亨利贞"便又成为一循环不已的活泼生机，也如同春、夏、秋、冬，始终皆循环不已的更迭，自然界才能源源不绝得其滋养，而呈现出各自不同的朝气和活力。

"元亨利贞"所彰显的也正是天道，人只要效法天，便能与天地参，而达到"天人合一"的圆满。《系辞传上》："君子居则观其象而玩其辞"，若能以天道为准则，反复体悟其理，除了人道可亨通，也能成为助长万物和谐的枢纽。孔子最能领悟《易》理的丰盛和精妙，故作《十翼》，

---

① 金景芳、吕绍纲著，吕绍纲修订：《周易全解》修订本，《金景芳全集》第二册，上海古籍出版社2015年版，第565页。

② （北齐）魏收：《魏书》卷八十四《儒林传·常爽传》，中华书局1974年版，第1849页。

就是为反复申述其中最能应用在人事上的深刻道理。

《乾·彖》曰:"大哉乾元,万物资始,乃统天。云行雨施,品物流行。大明终始,六位时成,时乘六龙以御天。乾道变化,各正性命,保合大和,乃利贞。首出庶物,万国咸宁。"[1]乾元所展现创生万物的天道,是何等浩瀚而伟大!就在云行雨施中,便自然而然地"形质皆具,物各分类,可为区别"[2]。一切的创生,都是那么顺其自然;一切的繁衍和更迭,也一直在随着时光的流转而从未停息。

"元亨利贞"既是个充满生机的循环,也是个终始;但终与始并非是两个绝缘体,乃是始终连结和接续地循环着,这是天道才能呈现的最伟大智慧。能参悟其理,还能运用在人道上的,随之而发挥出源源不绝的能量和智慧。《易经》每卦皆有六个爻,以表达对六个不同时位当因应的正确态度。《乾卦》的六个爻,都得具备积极而奋发的"龙德",所欲体现的天道,才能被普遍地施展,这就是"时乘六龙以御天"。

云行雨施后,万物皆各自"形质皆具",也各自拥有独特的成熟生命;但这各自的千差万别,既是为相互造就彼此,也更是为万物备齐了绝对的充足供应。

"首出庶物,万国咸宁",与《老子》"不尚贤、不贵难得之货",及《庄子》的"齐物"观一致,皆强调道的一切创生,立意只有美好,绝无优劣之别。因此,凡是由天道首出的,绝对都是极精粹;所成就的,当然也会是天下最大之"利"。于是,万物便将极有秩序的"各正性命",也还能极和谐又极富足地展现着"万国咸宁"。

---

[1] (三国魏)王弼、(晋)韩康伯注,(唐)孔颖达等正义:《周易正义》卷一《乾》,(清)阮元校刻《十三经注疏》,中华书局1980年影印本,第14页。

[2] 金景芳、吕绍纲著,吕绍纲修订:《周易全解》修订本,《金景芳全集》第二册,上海古籍出版社2015年版,第574页。

2. 体现龙德

孔子在《乾·文言》里，对"元亨利贞"所体现的龙德，也有充分发挥：

> 元者，善之长也；亨者，嘉之会也；利者，义之和也；贞者，事之干也。君子体仁，足以长人；嘉会，足以合礼；利物，足以和义；贞固，足以干事。君子行此四德者，故曰："乾元亨利贞。"①

伏羲观测天象而画卦，就是体悟唯有效法天道，才是人道能亨通的惟一关键。孔子已然深切理解，遂借《左传·襄公九年》的穆姜之语，强调行事绝不可与天道相违，否则便是违逆自然，岂能立命安身？万物全来自天道，不效法天地生养万物的仁（元），便不能令万物和谐的各自成就（亨）。唯有以"元亨"的理念行于人事，才会达到"己所不欲，勿施于人"的"克己复礼"。能"克己复礼"，行事就能贴近天道，以达到太和之境，这便是"义"；义之总和，才是天下最大的利。欲成就以上目标，行事就得纯正，不杂私欲，并坚持到底，才是养成龙德所最不能或缺的"贞固"。

经孔子诠释后，我们便可理解，《乾》《坤》两卦本是开启《易经》的门户，所展现全是天道的"大公无私"；显然"大公无私"，才是人要效法天道的最重要内涵。于是孔子才会又强调："乾始能以美利利天下，不言所利，大矣哉！"② 天道从不偏私，令万物全都蒙受其利，便是天地间最大的美善。这个"大公无私"，也是"见群龙无首"所最欲成就的龙德内涵。

---

① （三国魏）王弼、（晋）韩康伯注，（唐）孔颖达等正义：《周易正义》卷一《乾》，（清）阮元校刻《十三经注疏》，中华书局1980年影印本，第15页。
② （三国魏）王弼、（晋）韩康伯注，（唐）孔颖达等正义：《周易正义》卷一《乾》，（清）阮元校刻《十三经注疏》，中华书局1980年影印本，第17页。

(二)《乾卦》爻辞

1. 初九，潜龙勿用

（1）龙德未现

"初九"是下卦的最低位，龙德还未完全养成，或时机也尚未成熟，故而只宜继续潜藏。"潜"是形容处在这时位最当抱持的态度，就是得虚心和谦逊地认真学习。显然，"潜"也是个积极行为，但必须是在虚静里的主动积极。因为只有保持虚静，才会真切见识到自我的匮乏和局限，也才肯迫切调整自我，充实当积极装备的龙德内涵。

"初九"对初学者比较容易遵行，但研读《易经》时，也切莫被字面给局限。任何时候，只要察觉根基已不对，或已意识到那方面不足，都该回到"初九"，以"潜龙勿用"的态度，虚静地调整和充实自我，这也是"见群龙无首"对"时"所展现的灵活运用。

能随时调整步伐以转回至"潜龙勿用"，也是开启"乾元"的一大生机，这与《老子·第四十章》："反者，道之动，弱者，道之用[①]"的内涵极为贴近。"道"是创生万物的源头，离开"道"，当然就必远离生机。"道"的特质是柔软，从不会刚强地想彰显什么，也不会强势地想操控或改造什么；只是顺应自然，使万物能各自合宜地适性生长，就能成就最大的和谐和圆满。

透过《老子》使我们理解，返回原点，其实也是化危机为转机的其一枢纽。毕竟走得远，未必就能走向目标；与其跑错方向，不如尽早返回原点，虚静地调整步履，重新出发，才能精准地迈向目标。

（2）宜晦养待时

初九在"地"位之最底层，又是阳爻居阳位，阳气还潜藏于地，即便是条龙，也是难以彰显出龙德，故《文言》曰："隐而未见，行而未成，

[①] （三国魏）王弼注，楼宇烈校释：《老子道德经校释》，中华书局2009年版，第110页。

奠定人生的标杆

是以君子弗用也。"①虽说这还只是条潜龙，但却已具备了可造就的龙德资质，只要肯虚心学习，潜龙终究还是能造就成有利于天下的君子。因此，"勿用"是积极地为培养成日后的大用，愈想积极培养出成熟的龙德，就务必得更虚心地潜藏自己。

我们不妨用个更鲜活的描述，来刻画这条隐于地底的潜龙。一位即将能参赞天地以化育万物的人才，早在这世上诞生了。但他的龙德还不足，时机也还未成熟，他既无法被人察觉，也不能急于发挥自我。此时的潜龙，只能专一地朝着实现"元亨利贞"的目标而虚心学习。潜龙的心志和眼目，绝不能受外境影响，故孔子曰："龙德而隐者也。不易乎世，不成乎名，遁世无闷，不见是而无闷，乐则行之，忧则违之，确乎其不可拔，潜龙也。"②

孔子强调：潜龙所以能虚心潜藏，根源还在于他本来就是条可造就之龙。既可造就，就得更坚毅地培养超越的龙德，绝不因世俗而改变自己，也不为名声而有所作为。即便默默无闻，也毫不苦闷；纵然始终不得世人理解，也绝不气馁。只要与"元亨利贞"的天道所吻合，都必乐于遵行；若相违，便心生忧虑，绝不追随。潜龙的意志必须格外的坚毅不拔，绝不为外境所动摇，才能坚定地为培植更深厚龙德而谦逊潜藏。

孔子十五志于学，便是想以最精深博大的圣贤之道来拯救乱世。孰料天命却令他始终无施展良机，迟至51岁，鲁定公才召其为中都宰。在此之前，孔子早已精通六艺，也以知礼而名闻天下，但天下却始终无道，迫使孔子只能一直是个龙德早已成熟的潜龙。可贵的是，孔子并不以身为潜龙而丧志，他仍旧积极培养自我，始终"默而识之，学而

---

① （三国魏）王弼、（晋）韩康伯注，（唐）孔颖达等正义：《周易正义》卷一《乾》，（清）阮元校刻《十三经注疏》，中华书局1980年影印本，第17页。
② （三国魏）王弼、（晋）韩康伯注，（唐）孔颖达等正义：《周易正义》卷一《乾》，（清）阮元校刻《十三经注疏》，中华书局1980年影印本，第15页。

不厌，诲人不倦"。无论世人对他能否理解，孔子仍旧"发愤忘食，乐以忘忧，不知老之将至。"① 如此高深的龙德，乃是后人最当仿效的潜龙典范。

2. 九二，见龙在田，利见大人

（1）龙德可现

初九是学习和装备阶段，任何人处在"初九"，只能以最虚心的态度积极学习，待学成或时机成熟，就可跨到九二，潜龙浮出地面，便能正式发挥所学。

九二是下卦的中位，虽不当位（以阳爻居阴位），但因其居中，故仍可视为居中且正，故孔子曰九二乃"龙德而正中者也"②。九二既居正中，"见龙在田"便是龙德可以施展的合宜时机。故《乾·象》曰："见龙在田，德普施也。"

但九二所施展的，将会是如何的龙德？孔子也有详解：

> 庸言之信，庸行之谨，闲邪存其诚，善世而不伐，德博而化。③

前两项简单地说，便是"言忠信，行笃敬"。"闲邪存其诚"，则是"格物、致知、诚意、正心"；想实现"元亨利贞"的龙德，一起始就得抱持着纯正而真诚的公心，才能谨防一切邪情私欲的萌芽。因此，孔子才要特别强调：见龙在田后若想利见大人，就得先呈现出广博之德，使潜龙时期的积极所学，可让更多人受益，此即"德博而化"。"德

---

① （清）刘宝楠撰，高流水点校：《论语正义》卷八《述而》，中华书局1990年版，第270页。
② （三国魏）王弼、（晋）韩康伯注，（唐）孔颖达等正义：《周易正义》卷一《乾》，（清）阮元校刻《十三经注疏》，中华书局1980年影印本，第15页。
③ （三国魏）王弼、（晋）韩康伯注，（唐）孔颖达等正义：《周易正义》卷一《乾》，（清）阮元校刻《十三经注疏》，中华书局1980年影印本，第15页。

博而化"说明此德绝非为凸显个人,更重要的是要能成就最大的公心和益于天下的大利。唯有如此,见龙才不致在见到成效后,便立刻浮躁地夸耀功绩。"善世而不伐"是在杜绝见龙偏离出天道而陷入得失的迷津;因一旦被名利给网罗,"元亨利贞"的龙德精神,就会跟着荡然无存。

(2) 天下文明才愿利见大人

潜龙终于浮出地面,难免跃跃欲试,急着想施展身手;但潜龙与见龙有时或只是时位的转移,未必即表示,见龙已能完全地施展所学。见龙还得视大局而定,所谓"有道则见,无道则隐"①。见龙既要"德博而化",便要与"有道"的大人合作,才可能既成就君德,也实现自己。

孔子初至洛阳问礼于老聃,老子即告诫:"君子得其时则驾,不得其时则蓬累而行"②。当时运来临,明君也召己从政,君子便可快速驱车前往,以为天下谋福;若时运不济,明君始终未见,就当如蓬草般顺其自然,切莫急于施展。老子所谓"得其时",就是得出现"有道"的大人,此时的见龙,才会"利见大人"。倘时运不济,未现明君,纵有再多才华,也不可急于施展;否则非但不能谋利于天下,还可能陷己于更多危机。因此,"利见大人"既得是见龙已达到"德博而化",同时也是大人已具备了"君德",才会是"得其时"的"天下文明"③。只有双方皆达到时机成熟,见龙才可能真有机会,去实现"德普施也"。

(3) 见龙仍当谦逊学习

见龙虽已浮出地面,但见龙毕竟是以阳爻居阴位,并不当位;因

---

① (清)刘宝楠撰,高流水点校:《论语正义》卷九《泰伯》,中华书局1990年版,第303页。
② (汉)司马迁撰,(南朝宋)裴骃集解,(唐)司马贞索隐,(唐)张守节正义:《史记》卷六十三《老子韩非列传》,中华书局1982年版,第2140页。
③ (三国魏)王弼、(晋)韩康伯注,(唐)孔颖达等正义:《周易正义》卷一《乾》,(清)阮元校刻《十三经注疏》,中华书局1980年影印本,第16页。

此，见龙与其急于"利见大人"，还不如抱持着潜龙时期的学习态度，在各式环境里虚心学习，这即是孔子在《文言》中所特别强调的："君子学以聚之，问以辨之，宽以居之，仁以行之。"①

什么是"学以聚之，问以辨之"？一次，子张学干禄，孔子的答复，深具代表：

> 多闻阙疑，慎言其余，则寡尤。多见阙殆，慎行其余，则寡悔。②

见龙虽已通过学习，但世间的事务何其错综复杂，岂能完全理解？处在任何时刻，都要多增广见闻，即便有疑惑，也当"存而不论，不可妄加论断"③，才会谨慎发言，不致遗留缺失。若所见与心中的良知不合，则可暂缓迟行，才能慎于所为，避免悔之莫及。

见龙透过更广博的学习，除了可增益行事能力，也当扩展更恢宏的视野，使心胸能仿效天道的宽阔，便不致被小私小利给迷惑，而陷入只为一己谋利的迷途。君子若能时时以此为念，就一定能迈向"志于道，据于德，依于仁，游于艺"④；生命必然呈现出"宽以居之，仁以行之"的"德博而化"。任何有为的大人，绝对都会更加乐于利见，这位早已深具龙德的见龙。

孔子虽迟至51岁才初任中都宰，但鲁国西北的这一小小城邑，却在一年里，"制为养生送死之节，长幼异食，强弱异任，男女别涂，路无拾遗，器不雕伪……"⑤。当地的风俗习气完全被扭转，以致四方诸

---

① （三国魏）王弼、（晋）韩康伯注，（唐）孔颖达等正义：《周易正义》卷一《乾》，（清）阮元校刻《十三经注疏》，中华书局1980年影印本，第17页。
② （清）刘宝楠撰，高流水点校：《论语正义》卷二《为政》，中华书局1990年版，第62页。
③ 李炳南讲述：《论语讲要·为政》，吉林师范大学出版社2003年版，第35页。
④ （清）刘宝楠撰，高流水点校：《论语正义》卷八《述而》，中华书局1990年版，第257页。
⑤ 张涛译注：《孔子家语译注》卷一《相鲁第一》，人民出版社2011年版，第1页。

侯，纷纷前来观摩仿效。显然，孔子这位见龙，才一浮出渊面，就因他甚为深厚的龙德，而成了各界大人所最欲利见的代表。

3. 九三，君子终日乾乾，夕惕若，厉，无咎

(1) 位不居中宜当更进德修业

九三居下卦之最上，虽是以阳爻居阳位，但位不居中，又处在人道之下①，难免处境不好，故《乾·文言》曰："重刚而不中，上不在天，下不在田，故'乾乾'因其时而'惕'，虽危'无咎'矣。"②九三以刚居刚（阳爻），虽为当位，但重刚需以居中位（九五）为佳。今九三既不居中，又已离地而跃居人位，龙德就必须跟着时位而提升。因此，一走到九三后，君子就得"终日乾乾，夕惕若"，不论何时，都要更努力也更谨慎。"乾"是积极进取的奋发态度，"乾乾"是乾之又乾，可想而知，此时所需加强和努力的程度，绝对要比前两个时位更增多。"若"表"夕惕"的程度，也要和白天一样，切莫以为到傍晚了，就可懈怠。

但为何傍晚也得这么战战兢兢？这是儒家所强调的"慎独"态度。"慎独"是《中庸》里一个极重要的思想，目的在使我们能"诚意、正心"。为了更清楚理解这个概念，下文将节录其内容：

> 所谓诚其意者，毋自欺也。如恶恶臭，如好好色，此之谓自谦，故君子必慎其独也。小人闲居为不善，无所不至，见君子而后厌然，掩其不善，而著其善。人之视己，如见其肺肝然，则何益矣？此谓诚于中，形于外，故君子必慎其独也。③

---

① 金景芳："初与二为地，三与四为人，五与上为天。"金景芳、吕绍纲著，吕绍纲修订：《周易全解》修订本，《金景芳全集》第二册，上海古籍出版社2015年版，第1100页。
② （三国魏）王弼、（晋）韩康伯注，（唐）孔颖达等正义：《周易正义》卷一《乾》，（清）阮元校刻《十三经注疏》，中华书局1980年影印本，第17页。
③ （汉）郑玄注，（唐）孔颖达等正义：《礼记正义》卷六十《大学》，（清）阮元校刻《十三经注疏》，中华书局1980年影印本，第1673页。

"慎独"不仅可管束自我言行，也能让自己敢真实地面对自己，才不致流于自欺和欺人。面对自己的生命光景，当如同对恶臭的厌恶和对美色的喜好，全出自本能的真实，不可自欺。若想维持生命中本有的真诚，就必须有进德修业的目标，才不会只朝着谋求私利去迈进，而落入"闲居为不善，无所不至"。

显然，处在九三这个时位，终日最当乾乾的目标，就是"进德修业"。小《象》："终日乾乾，反复道也。"何谓"反复道也"？金景芳先生诠释得最妙："君子终日乾乾，朝乾夕惕，总在道上反复盘旋而无止息①。"也正因君子始终皆在道上反复盘旋，故能格外具悟性，一稍有过失，就必立即补过。既能立即补过，任何失误所导致的后遗症，就能一一被移除。

（2）进德修业之内涵

九三之惕龙既当进德修业，除了前所述慎独功夫外，还得加强何内容，孔子也已做了说明：

> 君子进德修业。忠信，所以进德也；修辞立其诚，所以居业也。知至至之，可与几也，知终终之，可与存义也。是故居上位而不骄，在下位而不忧，故"乾乾"因其时而"惕"，虽危"无咎"也。②

一次，子张请教孔子，如何才能事事都行得通？子曰："言忠信，行笃敬，虽蛮貊之邦行矣。言不忠信，行不笃敬，虽州里行乎哉？③"因：

---

① 金景芳、吕绍纲著，吕绍纲修订：《周易全解》修订本，《金景芳全集》第二册，上海古籍出版社2015年版，第578页。
② （三国魏）王弼、（晋）韩康伯注，（唐）孔颖达等正义：《周易正义》卷一《乾》，（清）阮元校刻《十三经注疏》，中华书局1980年影印本，第15页。
③ （清）刘宝楠撰，高流水点校：《论语正义》卷十八《卫灵公》，中华书局1990年版，第616页。

"信,德之厚也。忠,德之正也①。"忠、信不仅是内在德行厚实的根基,也是外在言行能否令人信服的依据。柳下惠担任士师,虽三次遭罢黜,却仍旧坚持以"直道而事人②""不以三公易其介③",绝不为谋得荣华富贵,便改易其坚定不拔的操守,这便是忠信的最具展现。能以忠信为进德修业之目标,就会坚定所学,言行才能毫不受外境影响,始终保持着庄重和威仪。

居业,金景芳先生说:"居,存而不失,永远保持。业,也是德,是表现在外面可见的德。合起来说,'居业',常常如此,不稍间断,也就是今日如此,明日亦如此之意。"④惕龙若能自觉地以进德修业为目标,言行自会完全以忠信为根基,言语便能真诚而信实。倘终身皆能坚定持守,就必可终其一身皆立于义;即便是已处在"重刚而不中,上不在天,下不在田"的危境,也能因惕龙的奋发、谦逊和警惕,使一切灾难皆转为无咎。

汉高祖三年(203年),刘邦被项羽困于荥阳,为了化解这场危机,陈平向刘邦提出反间计。刘邦便拨黄金四万斤,让陈平设法至楚军,"项王骨鲠之臣,亚父、钟离眜、龙且、周殷之属。"太史公曰:"项羽果意不信钟离眜等。"⑤从字面看来,似乎意味着范增等四人,皆已成功被离间。但汉高祖四年(202年)十月,韩信不顾郦食其已说服齐王投降,竟派大军突袭齐国历下(今山东济南),歼灭历下20万齐军,再攻占齐都临淄(今山东淄博市东北临淄故城)。齐王田广逃往高密

---

① 张涛译注:《孔子家语译注》卷三《弟子行第十二》,人民出版社2017年版,第122页。
② (清)刘宝楠撰,高流水点校:《论语正义》卷二十一《微子》,中华书局1990年版,第715页。
③ (清)焦循撰,沈文倬点校:《孟子正义》卷二十七《尽心上》,中华书局1987年版,第921页。
④ 金景芳、吕绍纲著,吕绍纲修订:《周易全解》修订本,《金景芳全集》第二册,上海古籍出版社2015年版,第585页。
⑤ 《史记》卷五十六《陈丞相世家》,中华书局1982年版,第2055页。

后（山东淄博），向项羽求援。齐、楚之间犹如唇亡齿寒，这场关乎楚国安危的极重要战役，项羽当然得选派最为信任的将领前往；十一月，项羽令龙且率20万大军救援齐国①。显然陈平的离间，并没影响到龙且在项羽心中的地位，否则事隔不到一年，离间之温尚存，项羽又岂能坚信龙且必毫无叛楚？又岂敢将这场关乎齐、楚存亡的最重要战役交托在龙且之手？龙且能不受陈平所反间，关键就在他是个"终日乾乾""忠信所以进德也，修辞立其诚所以居业也"的惕龙。因此，他才能在看似最危险的离间计中，不仅安全地脱离困境，还继续被项羽委以重任，这岂不是"君子终日乾乾，夕惕若，厉，无咎"的显著代表。

4.九四，或跃在渊，无咎

（1）处乾道变革之地，危难最巨

《乾卦》的六个爻，以九四的时位最为危险。其中原因，《文言》说得最为详尽：

> 九四重刚而不中，上不在天，下不在田，中不在人，故或之。或之者，疑之也，故无咎。②

九四是阳爻居阴位，不居中，也不当位，与九二、上九情况相似。但九四却是其中最为艰巨的，因九四已走到上卦，是"乾道乃革"③；既走向乾道的变革，就得以变革的态度去因应。

---

① （汉）司马迁："楚亦使龙且将，号称二十万，救齐。"《史记》卷九十二《淮阴侯列传》，中华书局1982年版，第2620页。
② （三国魏）王弼、（晋）韩康伯注，（唐）孔颖达等正义：《周易正义》卷一《乾》，（清）阮元校刻《十三经注疏》，中华书局1980年影印本，第17页。
③ （三国魏）王弼、（晋）韩康伯注，（唐）孔颖达等正义：《周易正义》卷一《乾》，（清）阮元校刻《十三经注疏》，中华书局1980年影印本，第16页。

九四与九三虽同居人位，但九三毕竟还在下卦，与地相连，安全性自然远比九四要高。九四居上卦最下，既无下卦可助援，还居九五、上九的天位之下，与九五仅一位之隔。九四不仅孤立无援，也最易遭九五猜忌，虽身居高位，但却是最困难重重。处于九四，究竟该继续跃升九五，抑或退回渊底（初九），全得自我深入地详细评估，故《文言》又曰："'或跃在渊'，自试也。"①

　　九二和九四虽也是阴居阳位，但九二在地，又居中，只要能谨守"庸言之信，庸行之谨，闲邪存其诚，善世而不伐，德博而化"，除了能否"利见大人"外，应当还不致招来祸患。毕竟九二仍处低位，龙德的要求远比九四要低，安全性自然也就更高。上九是亢龙，只要能知悔，便一定能出现转圜。

（2）进退无恒，更当进德修业

　　九四若不跃升至九五，就宜返回初九，重新潜藏深渊。只是这场变革实在太大，究竟当如何抉择，并非是着眼在外境，当以返回内心的修持为考虑。关于此，《乾·文言》已作了关键性的论述：

　　　　子曰："上下无常，非为邪也。进退无恒，非离群也。君子进德修业，欲及时也。"②

孔子明确地指出：进、退本来就不是个固定模式，但无论是进或退，都不能消极地离群索居，这才是天道所赋予大公无私的体现。意即选择或跃或潜，全取决于"进德修业"的公心，自我除了得继九三之后，更尽力地以忠信、立其诚进德修业外；即便是跃或潜，也当把进德修业的

---

① （三国魏）王弼、（晋）韩康伯注，（唐）孔颖达等正义：《周易正义》卷一《乾》，（清）阮元校刻《十三经注疏》，中华书局1980年影印本，第16页。
② （三国魏）王弼、（晋）韩康伯注，（唐）孔颖达等正义：《周易正义》卷一《乾》，（清）阮元校刻《十三经注疏》，中华书局1980年影印本，第16页。

成果，能更及时地身体力行，就定能形成风行草偃之效。毕竟能走到九四，光在"反复道也"和进德修业上，应当就得有相当的修持；纵然是潜，也必能在生活中散发着难以埋没的光彩。

孔子50岁才初次为官，但从政至第四年，却不得不选择离开鲁国政坛①。孔子的退，就是跃龙已选择要潜藏至初九，不再担任鲁国大夫，而是以平民之姿，领着弟子周游列国，以将他的仁政理念传扬于世。周游期间，孔子时遭隐着讥笑，但却仍坚持要做个"进退无恒，非离群"的君子；这正也符合了初九所要求："确乎其不可拔，潜龙也。"②

离开了楚国叶邑，孔子师徒便一直没找到渡口，途中却遇上了正在耰耕的长沮、桀溺。然透过这场际遇，却反倒让孔子更详细道尽，跃龙潜藏后所当更坚持的进德修业：

> 长沮桀溺耦而耕，孔子过之，使子路问津焉。长沮曰：夫执舆者为谁？子路曰：为孔丘。曰：是鲁孔丘与？曰：是也。曰：是知津矣！问于桀溺，桀溺曰：子为谁？曰：为仲由。曰：是鲁孔丘之徒与？对曰：然。曰：滔滔者，天下皆是也，而谁以易之？且而与其从辟人之士也，岂若从辟世之士哉！耰而不辍。子路行，以告。夫子怃然曰：鸟兽不可与同群，吾非斯人之徒与而谁与？天下有道，丘不与易也。③

长沮、桀溺认为当今这乱世，谁也逆转不了，孔子才会走到那儿皆

---

① 钱穆："齐归女乐在鲁定公十二年之冬，……孔子犹不欲急去，且待春祭，由于不送大夫祭肉，乃始行，此应在定公十三年。孔子自定公九年出仕，至是已四年。"《孔子传·孔子去鲁周游》，三联书店2002年版，第38页。

② （三国魏）王弼、（晋）韩康伯注，（唐）孔颖达等正义：《周易正义》卷一《乾》，（清）阮元校刻《十三经注疏》，中华书局1980年影印本，第15页。

③ （清）刘宝楠撰，高流水点校：《论语正义》卷二十一《微子》，中华书局1990年版，第720—723页。

处处碰壁；孔子既已如此博学，怎会看不清局势？竟还不肯止住，仍要再赶往下一目标。"是知津矣"乃意在强调，以孔子之才，周游了十多年，理当该知道怎么抉择了，何以还要再向他们打听过河的渡口。

长沮、桀溺显然也深知子路的真诚和厚实，才善意劝他，不如同他们一道隐世于此。子路返回后，将他们的对话禀告夫子，孔子听后则感慨地说：他是人而非鸟兽啊！当然得同人群居，岂可因乱世，便隐匿深林？天创生万物，本来就是"方以类聚，物以群分"①，即便在乱世，也不能弃绝天道。他甘冒一再被拒的艰难，也要坚毅地将大道传扬于世，诚如仪封人所言："天下无道也久矣，天将以夫子为木铎。"② 因此，孔子当然不会以成败来决定行事，他是以仁为己任，即便世局再乱，也绝不辟世，这也是在向世人示范，"君子进德修业，（当）欲（更）及时"。

5. 九五，飞龙在天，利见大人

（1）龙德成熟，大人造也

《乾卦》中出现不同的龙，是为表示处在每一个爻位，都当具备了列在那一时位的龙德；因为所持有的龙德，才是各龙能否在每一爻位，承担起天命所赋予的重责。走到九五，既是《乾卦》的主爻，也是龙德达到最高峰，飞龙终于可有所作为，便可成就小《象》所言："飞龙在天，大人造也。"③

大人将有何造也？《乾·文言》也有相当描述：

> 子曰："同声相应，同气相求，水流湿，火就燥，云从龙，风从虎，圣人作而万物睹。本乎天者亲上，本乎地者亲下，则各从

---

① （三国魏）王弼、（晋）韩康伯注，（唐）孔颖达等正义：《周易正义》卷七《系辞上》，（清）阮元校刻《十三经注疏》，中华书局1980年影印本，第76页。
② （清）刘宝楠撰，高流水点校：《论语正义》卷四《八佾》，中华书局1990年版，第133页。
③ （三国魏）王弼、（晋）韩康伯注，（唐）孔颖达等正义：《周易正义》卷一《乾》，（清）阮元校刻《十三经注疏》，中华书局1980年影印本，第15页。

其类也。"①

这段内容可从两方面来看：一、出现圣明的君主，不仅有志之士肯前来亲附，百姓也会不远千里，从四方聚集。此即："天下有道则见，无道则隐。""上好礼，则民莫敢不敬。上好义，则民莫敢不服。上好信，则民莫敢不用情。夫如是，则四方之民，襁负其子而至矣！"② 二、飞龙所当具备的，是与天、地等同的广博之德，便可使万物各从其类，也各自得着如天地所给予的丰盛滋养。

天地所以含德之厚，就在于从不谋一己私利，只为成就万物的生生不息。飞龙若要能有所作为，就当仿效天地，因飞龙已"位乎天德"③，就当得有与天地等同的龙德；使有志之士肯前来襄助，方能成就与天地合德的"元亨利贞"。

(2) 龙德具备，方能利见大人

九五与九二同样都出现"利见大人"，不同的是：九五是掌权的君位，需要各方志士，前来共成大事。九二则刚刚学成，怀抱满腹理想，正等待伯乐识得，好大显身手。九二与九五若能完全相应，便可"野无遗贤，万邦咸宁"④。

然想成为"利见大人"的飞龙，究竟得具备何种程度的龙德，孔子也有具体陈述：

---

① （三国魏）王弼、（晋）韩康伯注，（唐）孔颖达等正义：《周易正义》卷一《乾》，（清）阮元校刻《十三经注疏》，中华书局1980年影印本，第16页。
② （清）刘宝楠撰，高流水点校：《论语正义》卷九《泰伯》，卷十六《子路》，中华书局1990年版，第303、524页。
③ （三国魏）王弼、（晋）韩康伯注，（唐）孔颖达等正义：《周易正义》卷一《乾》，（清）阮元校刻《十三经注疏》，中华书局1980年影印本，第16页。
④ （旧题汉）孔安国传，（唐）孔颖达等正义：《尚书正义》卷四《大禹谟》，（清）阮元校刻《十三经注疏》，中华书局1980年影印本，第134页。

奠定人生的标杆

> 夫大人者，与天地合其德，与日月合其明，与四时合其序，与鬼神合其吉凶。先天而天弗违，后天而奉天时，天且弗违，而况于人乎？况于鬼神乎？①

"与天地合其德，与日月合其明，与四时合其序，与鬼神合其吉凶"，一言以蔽之，就是达到了"与道合一"的最圆满之境。《庄子·人间世》形容能达乎此者，便可"虚室生白""吉祥止止"。心已完全涵养至通透空明，不着一丝染污，任何福善之事，都会前来止息，"鬼神（亦）将来舍，而况人乎！"②连鬼神都争着想来亲附，有志之士，又岂会不愿前来，与飞龙共议大事。

(3) 再论利见大人

能具备飞龙之德，必须是每一时位当有的进德修业，君子皆已终日乾乾，自强不息的涵养了；否则纵然走到九五，处飞龙之位，却无飞龙之德，既难以"利见大人"，也更无法成就"元亨利贞"的大业。如此我们便能理解，龙德与否，才是实现《卦》辞"元亨利贞"的最重要关键。因此，孔子才会从初九开始，便一再强调龙德的重要，也自九三爻起，一再以"进德修业"申述"反复道也"。意即，本事即便再强，若欠缺龙德，也不可能使自己真成为一条龙。若根本成不了一条龙，即便已走到九五，也有多人来与己共事，也未必就是飞龙所当利见的大人；纵然谋事再多，也恐怕只是与"元亨利贞"更背道而驰。

九二《文言》已特别强调："利见大人，君德也。"这话可包含两层含义：一是九二的见龙若想得大人赏识，就必须是既已完成了潜龙时期当有的学养，也要在九二的时位上，更积极培养见龙之德。其二，见龙若想成就"善世而不伐，德博而化"，就必须是与具备龙德的大人

---

① （三国魏）王弼、（晋）韩康伯注，（唐）孔颖达等正义：《周易正义》卷一《乾》，（清）阮元校刻《十三经注疏》，中华书局1980年影印本，第17页。

② （清）郭庆藩撰，王孝鱼点校：《庄子集释·人间世》，中华书局2004年版，第150页。

合作；否则"善世、德博"便只能化为空谈，见龙的才德，也是无用武之地。

九二的见龙若已有了利见大人的龙德准备，到了更艰难的九三，才能由"知至至之"，朝"知终终之"的目标迈进。通过九三时位有惊无险的熬炼后，若仍继续坚守进德修业，九四的跃龙一旦飞到九五，才德才会扛得起飞龙所应担负的职责。由此可见，飞龙既是得由潜龙开始培植，也是自潜龙起，就当有的龙德准备；只是潜龙还未准备成熟，也还没浮出渊面，想利见大人，当然便只能在九二才出现。

九五飞龙所要利见的，乃是在九三、九四皆能充分发挥龙德的大人；既如此，为何九二的见龙，便已出现了"利见大人"？道理其实很简单，九二的见龙已浮出渊面，也开始将潜藏时期的学养逐步地运用出来。在田的见龙，是否已涵养足够的龙德，才是能否真视为"见龙"及成为九三、九四储备人选的关键。因此，即便处在九二，却少了"见龙"当有的龙德，九五飞龙便不必利见，也无须栽培，更不会去关注其日后的发展。

尧晚年最在意的，就是想先立好储备的接班人选，但每次咨询四方诸侯，他们却总以自身的政治利益为考虑，提出的人选才会相当不堪。尧大失所望，只得语重心长，以现今最严重的洪水泛滥为题，愿四方诸侯能对百姓心生怜悯。四方诸侯被尧给导正后，最终向尧提出，在民间有位"瞽子，父顽，母嚚、象傲。克谐，以孝烝烝，乂不格奸"[1]的舜。

舜为何会是最合适人选？因舜从来都是"善与人同，舍己从人，乐取于人以为善"[2]。朱熹注："（舜）善与人同，公天下之善而不为私也。"

---

[1] （旧题汉）孔安国传，（唐）孔颖达等正义：《尚书正义》卷二《尧典》，（清）阮元校刻《十三经注疏》，中华书局1980年影印本，第123页。
[2] （清）焦循撰，沈文倬点校：《孟子正义》卷七《公孙丑上》，中华书局1987年版，第240页。

原来舜从不张扬自己，一心所念只在成就天下，这正是天道的最主要精神，也是成就飞龙之德所最不可或缺的要素。欲治国、平天下，首要还得先修身和齐家；舜的父亲瞽叟，已昏聩到竟同后母和弟弟联合谋害自己，舜仍旧"终身慕父母"，并用良善和孝道感召了顽冥不化的亲人。"孝悌也者，其为仁之本与"①，对于只想杀害自己的家人，舜都能尽到孝悌之道了，又还有什么人，是他无法施与仁政的？

因此，无论何时，舜都能从他人身上找到典范来力行，既可鼓舞众人，也能增益自我的德性。于是："舜耕历山，历山之人皆让畔；渔雷泽，雷泽上人皆让居。陶河滨，河滨器皆不苦窳。一年而所居成聚，二年成邑，三年成都。"②舜只是下层贫民，顶多是个居九二的见龙，便已能做到"明明德，亲民"而"止于至善"；他早已具备飞龙之德，尧闻后岂能不倍感雀跃，当然得立即着手有秩序地试炼和培训。通过人伦之德的考验后，紧接着便把舜"纳于百揆，宾于四门""四门（皆）穆穆"，再"纳于大麓"，舜于"烈风雷雨（皆）弗迷"③，尧才终于安心地移交帝位。

显然舜是已先具备见龙的龙德，且他的龙德，与九五飞龙所欲找寻的大人完全相符；尧才会极有系统地安排舜接掌各项官职，并有计划地用各项困境磨炼他。于是舜便从九二的见龙，逐步在九三和九四间持续历练；考验了三年后，舜的各方表现，皆已符合跃升飞龙的龙德，尧才正式禅位。

6. 上九，亢龙有悔

（1）已脱离主爻，不可再有作为

《乾卦》上九已是阳爻居阴位，并不当位，亢龙就当褪下干预的积

---

① （清）刘宝楠撰，高流水点校：《论语正义》卷一《学而》，中华书局1990年版，第7页。
② 《史记》卷一《五帝本纪》，中华书局1982年版，第33—34页。
③ （旧题汉）孔安国传，（唐）孔颖达等正义：《尚书正义》卷三《舜典》，（清）阮元校刻《十三经注疏》，中华书局1980年影印本，第126页。

极度，否则定将势必有悔。为何如此？因：

> 贵而无位，高而无民，贤人在下位而无辅，是以动而有悔也。①

《易》以爻位愈高为尊，上九居上卦之最高，故为最贵。但上卦又以九五为居中且正，主爻在九五，居第六爻的上九，便成了"贵而无位"，其下已毫无贤人辅佐，自然不宜再有作为。

但亢龙毕竟才刚从握有大权的飞龙过渡而来，欲及时有悔，确实不易。孔子故而特别强调，走到亢龙，最需培植的就是圣人之智：

> "亢"之为言也，知进而不知退，知存而不知亡，知得而不知丧。其唯圣人乎，知进退存亡，而不失其正者，其唯圣人乎！②

圣人最重要的，便是能掌握应有的节度，使其持守中庸，才不致过与不及。走到上九，早已脱离天位的主爻，却仍不知收敛，当然就得面临"穷之灾也"。

（2）龙德有亏，故而有悔

《乾卦》六爻中，唯独上九是龙德不足，当然会走向"有悔"。"亢"是因"与时偕极"，发展到过头了，没给自己和他人留余地，自然要招来羞辱。

开创开元盛世的唐玄宗（685—762），后期因宠爱武惠妃和杨贵妃，才重用奸佞李林甫及杨国忠；又误信可用安禄山等塞外民族稳定边境，

---

① （三国魏）王弼、（晋）韩康伯注，（唐）孔颖达等正义：《周易正义》卷七《系辞上》，（清）阮元校刻《十三经注疏》，中华书局1980年影印本，第79—80页。

② （三国魏）王弼、（晋）韩康伯注，（唐）孔颖达等正义：《周易正义》卷一《乾》，（清）阮元校刻《十三经注疏》，中华书局1980年影印本，第17页。

便导致了长达八年的安史之乱。天宝十五年（756年），潼关失守，贼兵直逼长安，唐玄宗不得不仓促逃离，才刚离京至一百多里处的马嵬驿，士兵即哗变，砍杀了杨国忠，还逼唐玄宗立即赐死已专宠十多年的杨贵妃。太子李亨率部分禁军北趋灵武（今宁夏宁武西南），趁机即位，改元至德，是为唐肃宗，并遥尊唐玄宗为太上皇。乾元三年（760年）七月，唐玄宗被肃宗软禁于太极宫甘露殿，所亲信的高力士、陈玄礼等皆遭贬谪，致使他倍感孤寂忧郁，两年后终于驾崩于神龙殿，享年78岁。

唐玄宗因有飞龙之德，而被推上帝位；也因他的英武圣明，才开创出开元盛世。孰料天宝年间以后，龙德竟逐渐丧尽，致便李林甫、杨国忠等得以专权乱政。于是唐玄宗这条飞龙，便被迫朝上九的亢龙逼近。成了亢龙后，他却仍未知进退，致使与肃宗的关系更趋紧张，不仅遭软禁，还落入"贵而无位，高而无民，贤人在下而无辅"的更大困境。

7. 用九，见群龙无首，吉

（1）全为成就至纯至粹之天德

用九，是因《乾卦》的六爻皆是九，乃至纯至粹的天德。天德最大公无私，所欲成就的，也是最普及万物的大利，自然不会以专权为务，故小《象》曰："用九，天德不可为首也。"[1]

《文言》："乾元用九，乃见天则。"又"乾元用九，天下治也"[2]。孔子强调，《乾卦》的六条龙只能依时而动，绝不专权，为的就是要效法天道。只有遵循天道，才能"各正性命，保合大和"，这是"知周乎万物而道济天下"的最大龙德，也是君子得以成就"安土敦乎仁，故能爱"[3]的最主要关键。

---

[1] （三国魏）王弼、（晋）韩康伯注，（唐）孔颖达等正义：《周易正义》卷一《乾》，（清）阮元校刻《十三经注疏》，中华书局1980年影印本，第15页。

[2] （三国魏）王弼、（晋）韩康伯注，（唐）孔颖达等正义：《周易正义》卷一《乾》，（清）阮元校刻《十三经注疏》，中华书局1980年影印本，第16—17页。

[3] （三国魏）王弼、（晋）韩康伯注，（唐）孔颖达等正义：《周易正义》卷七《系辞上》，（清）阮元校刻《十三经注疏》，中华书局1980年影印本，第77页。

"见群龙无首"与《老子》"是以圣人处无为之事，行不言之教，万物作焉而不辞。生而不有，为而不恃，功成而弗居"①的理念颇为一致。《乾卦》所欲成就的，既是天德的"元亨利贞"，各龙便不能怀藏私心，当然也就不会争着强出头；这也是《乾卦》六爻，所以能现出六龙的最主要原因。

（2）依时位而见龙

《乾卦》虽有六个爻，但并不表示人人都得走完六爻。有人或只走到九二，还未"利见大人"，便已结束一生；此外，九五的飞龙与上九的亢龙，也非是人人都能经历的。因为每个人都有天命，天命赋予我们的职责在哪儿，我们的人生就该走到哪儿。但天命只是与生俱来的职责，不是权位；若因天命给予的时位，便骄矜纵容私欲，时位就不仅将成为凸显龙德不足的指标，个人也必会在该时位遭逢悔吝或灾难。

此外，"用九"全都是阳爻，强调的是积极、奋发和努力；"见群龙无首"则又主张不以那条龙为首。两者合并，便表示处在每一时位，就必须更积极努力，使自己能成为那一时位的龙。否则，潜龙龙德还未养成，便被推向九二，非但无法成为名副其实的见龙，连潜龙的龙德都还欠缺，又岂能"利见大人"？九三之君子，若无积极的"终日乾乾，夕惕若"，惕龙之龙德不足，肯定就要过失连连，也难逃严厉惩处。九四跃龙，虽身处高位，但却最孤立无援，还得时时遭九五顾忌；若无更及时的进德修业，跃龙恐怕还可能丧失立足之地。九五若不见飞龙之德，便已是天下无道，君子只能选择避世，又岂愿贡献所学？飞龙若不更约束自己，就必陷入"亢龙有悔"，而引来难堪和羞辱。总之，用九更强调的，当是具备应有的龙德。只有龙德足够，才能在每一时位，与天地参，而共同成就"元亨利贞"的循环。

---

① （三国魏）王弼注，楼宇烈校释：《老子道德经校释》，中华书局2009年版，第6页。

三、结　语

每个人来到世间，都是条正准备参赞天地化育的可塑之龙。即便落在不同处，环境也各异，但却都有着足以养成龙德的丰盛供应。只是，天命所趋，使各龙所能行完的时位有别，以致所欲养成的龙德，也各有差异。但无论如何，愿以龙德培养自身的，便能在人生的每一时位，既发挥所长，也能活出与"元亨利贞"同样的循环和丰盛。

"大公无私"是天道的最主要精神，也是造就"元亨利贞"的关键。因此，若想顶天立地地成就天道，就必须以"大公无私"作为培养龙德的惟一根基。这根基若在潜龙时期便建立，走至见龙，就必能被有飞龙之德的大人所利见；被大人见后，虽能行至九三，但却已脱离地位，肩负的职责更大，终日乾乾，丝毫不敢懈怠地进德修业，才会有惊无险地转厉为无咎。

九四是乾道的变革，跃龙已行至上卦，究竟当跃或当潜，全取决于自身的龙德，是否能符合所处时位的需求。若龙德不足，或天下已无道，跃龙非但不能继续跃升，还宜转至潜藏的渊底，或重新培养龙德，或在最无光环的处境，力行已积存的深厚龙德。总之，跃或潜绝不在个人得失，而是取决于能否助长"元亨利贞"的落实。

九五飞龙是得权势的君位，宜当集一切努力，利见有德的见龙，使其能在各项历练中，成为一"大公无私"，又具各项才艺的惕龙和跃龙。因此，飞龙的龙德，便成了能引领天下行于正道的关键。飞龙若不能居中且正，既利见不了有德的见龙，也会破坏了对九三、九四大人的遴选和培植。人及天位都乱套了，地位岂能不遭到波及？任何可塑之龙将会受其影响，或也不知，或被世道诱导，便偏离了"大公无私"的人生目标。这将会是对天道的最大损害，也使"元亨利贞"的美好循环，自此终止；更是对所有可塑之龙形成的最大残害。

飞龙一偏失龙德，就必然要走向"亢龙有悔"，因龙德已失，天命就当移除。因此，时位决不是各龙仰仗的权位，反倒是各龙当竭力落实龙德，以成就天命的重责指标。能坚守此信念，就必会在各时位更战战兢兢也更进德修业，使当有的龙德，能在己身确实彰显，以助长天道运行，才能使自身这条可塑之龙，既成就了对天地化育的参赞，也能在循环不已的天道中，同享"元亨利贞"的最大美好。

人才乃国运之根基，《乾卦》以九五为主爻，便是希望每条龙所奠定的人生目标，就当要以九五的飞龙为标杆。因唯有如此，才会用飞龙的眼界，为成就天德的目标，而在各时位善尽天职。于是每条龙，便会充分培植也充分发挥各时位当有的龙德，这是"见群龙无首"的最高体现，也是天道与人事能完全合而为一的圆满落实。

作者单位：台湾东吴大学

红山文化牛河梁遗址与易学*

张 珅　杨效雷

摘要：后世易学许多思想皆可溯源于远古。红山文化牛河梁遗址的主体设计反映了伏羲先天八卦图和易学阴阳交易观，牛河梁遗址的局部设计反映了易学阴阳分判观。此外，牛河梁遗址的三环石坛反映了易学天人观，16号地点4号墓反映了易学尚中观，而牛河梁遗址的女神庙和玉鳖对探索后世《归藏易》的渊源亦有意义。

关键词：易学　牛河梁遗址　红山文化

红山文化，距今大约5000至6000年，其地理位置坐落于燕山之北、大凌河与西辽河流域。20世纪80年代初，考古学者在辽西地区发现了牛河梁遗址。经测定，这是一个具有强烈宗教性质的祭祀场所。牛河梁遗址的许多发现均可以从易学角度进行诠释，这对探究我国易学的渊源提供了史前时代的重要证据。

---

* 本文系国家社科基金重大项目"八卷本《中国逻辑史》"（项目号：14ZDB013）、教育部人文社科重点研究基地重大项目"易学逻辑溯源及早期发展研究"（项目号：15JJD 720015）阶段性成果。

一、牛河梁遗址主体设计与伏羲先天八卦图

牛河梁遗址核心区域地理坐标北纬 41°20′，东经 119°30′。[①] 依据此地理信息和黄赤交角的变化规律，可以计算出牛河梁遗址地区夏至日出和冬至日落的方位角是东偏北、西偏南 33°。[②] 此角度与牛河梁遗址主体"东北—西南"的方位角 45°略有偏差，但与牛河梁遗址地区二至日日出日落的角度已然相当接近。东北方为夏至日出方向，西南方为冬至日落方向。

牛河梁 1 号地点位于遗址的核心区域，其中坐落着大型方坛和女神庙。该地点位于牛河梁主梁北山丘顶，地势较高，处于这一带红山文化地点分布的中心位置上。[③] 牛河梁 13 号地点，坐落着人工建造的圆形土石建筑。这座圆形建筑遗址，直径在 100 米上下，占地面积达万余平方米，土石并用，内夯土，外砌石，分界清楚，精心建造，突显出规格之高。[④] 以上两个地点分别构成牛河梁遗址主体东北方和西南方的核心。由此可以看出，牛河梁遗址的主体布局，符合"东北—西南"的走向。若将位于牛河梁遗址主脊之上的 1、2、3、4、5、10、11、12、13 号地点相连，则是一条 S 形曲线（图一）。

牛河梁遗址主体设计的 S 形曲线与伏羲先天八卦图的太极曲线不谋而合。东北、西南这两个夏至日出和冬至日落的方向，代表着先天伏

[①] 辽宁省考古文物研究所：《红河梁红山文化遗址发掘报告 1983—2003 年度》，文物出版社 2012 年版，第 1 页。

[②] 朱成杰、董婕：《牛河梁遗址的易学构架与黄帝〈归藏〉易传说》，《重庆文理学院学报》（社会科学版）2014 年第 3 期，第 29 页。

[③] 辽宁省文物考古研究所：《辽宁牛河梁红山文化"女神庙"与积石冢群发掘简报》，《文物》1986 年第 8 期，第 1 页。

[④] 朱成杰、董婕：《牛河梁遗址的设计理念与彝族历法的关联思考》，《重庆文理学院学报》（社会科学版）2013 年第 1 期，第 50 页。

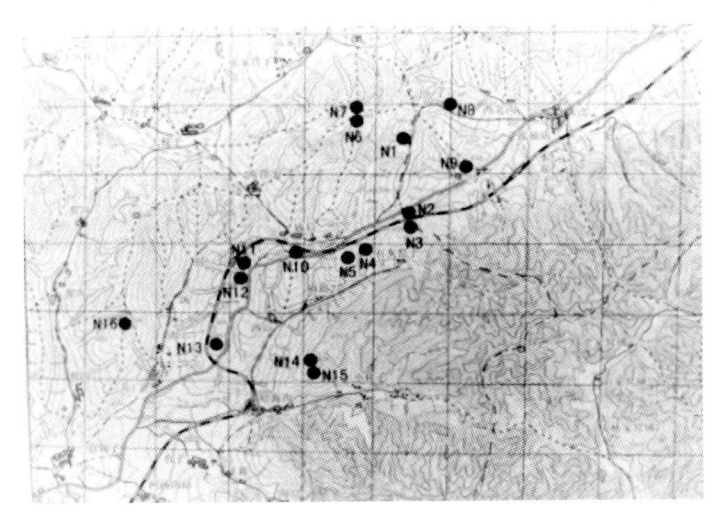

图一　牛河梁遗址核心区域

羲八卦图中的重要卦位——震和巽。

朱熹认为应将伏羲《易》、文王《易》、孔子《易》区别对待，其中《周易本义》九图中的先天四图，反映了伏羲之《易》。朱熹说："伏羲之易初无文字，只有一图以寓其象数，而天地万物之理、阴阳始终之变具焉。"① 在朱熹之前，人们普遍认为经传同体无异，因此以传解经也就成了自然而然的事情。朱熹的"三圣《易》"说提出后，"经传分观"说开始与传统的"以传解经"说分庭抗礼，堪称《周易》诠释史上的革命性事件。② 先天四图中的伏羲八卦方位图为易学研究的重要概念。

对于《周易》所蕴含的思想，文献中有如下记载。《周易·系辞上》："易有太极，是生两仪，两仪生四象，四象生八卦。"虞翻注："太极，太一也。分为天地，故'生两仪'也。四象，四时也。两仪，谓乾坤也。"③ 天文学家陈久金先生亦认为"四象八卦"对应于四时八

---

① （宋）朱熹撰：《答袁机仲》，收入朱杰人等主编《朱子全书》，上海古籍出版社、安徽教育出版社2002年版，第1665页。
② 杨效雷：《中国古代〈周易〉诠释史纲要》，中州古籍出版社2017年版，第208页。
③ （唐）李鼎祚撰，王丰先点校：《周易集解》卷十四《系辞上》，中华书局2016年版，第435页。

节。①《周易·说卦传》："天地定位，山泽通气，雷风相薄，水火不相射。"朱熹引邵雍之言，以伏羲先天八卦方位图解之云："邵子曰：'乾南，坤北，离东，坎西，震东北，兑东南，巽西南，艮西北。'"②

反观牛河梁遗址的主体设计布局，那条S形曲线正是伏羲先天八卦图中分割阴阳鱼的太极曲线，东北方夏至日出和西南方冬至日落的方向对应的正是震卦和巽卦。从震、巽二卦的卦象来看，震卦的二阴爻在上，一阳爻在下；巽卦二阳爻在上，一阴爻在下。震、巽二卦成反对之象，而东北、西南所对应的季节和日出、日落方位也正好相反。由此可见，牛河梁遗址的主体设计布局的确反映了伏羲先天八卦图的模式。

二、牛河梁遗址主体设计与易学阴阳交易观

如前所述，牛河梁遗址的主体设计是按照"东北—西南"的方位进行的。东北方最为重要的建筑是方丘，西南方最为重要的建筑是圜丘。中国人自古以来有以圆为天，以方为地的观念。《吕氏春秋》："天道圜，地道方。圣王法之，所以立上下。"③《太玄经》："天圜地方，极植中央。"④牛河梁遗址的圜丘和方丘应为红山文化先民祭天祀地之所。《周礼·春官·大司乐》："凡乐，圜钟为宫，黄钟为角，大蔟为徵，姑洗为羽，雷鼓雷鼗，孤竹之管，云和之琴瑟，云门之舞，冬日至，于地上之圜丘奏之，若乐六变，则天神皆降，可得而礼矣。凡乐，函钟为宫，大蔟为角，姑洗为徵，南吕为羽，灵鼓灵鼗，孙竹之管，空桑之琴瑟，咸池之舞，夏日至，于泽中之方丘奏之，若乐八变，则地示皆出，可得而礼

---

① 陈久金：《阴阳五行八卦起源新说》，《自然科学史研究》1986年第2期，第97—112页。
② 萧汉明：《〈周易本义〉导读》，齐鲁书社2003年版，第70页。
③ 许维遹撰，梁运华整理：《吕氏春秋集释》卷第三《季春纪·圜道》，中华书局2017年版，第78页。
④ （汉）扬雄撰，（宋）司马光集注，刘韶军点校：《太玄集注》卷第七《玄莹》，中华书局1998年版，第189页。

矣。"①反观牛河梁遗址，西南方为冬至日日落方向，这一天阴最盛，因而要以代表阳的祭天圜丘与之相配；东北方为夏至日出方向，这一天阳最盛，因而要以代表阴的祭地方丘与之相配。这体现了易学的阴阳交易观。

阴阳交易观是易学阴阳观的表现形式之一。阴阳对立统一的矛盾运动是万事万物发生发展变化的根本原因。简而言之，阴阳观的核心精神就是"一阴一阳之谓道"。"道"是指自然与人类社会存在、发展、变化的规律。"一阴一阳"包含两层意思，一是指阴阳之间的对待，二是指阴阳之间的流行。天地万物莫不有阴阳，莫不受一阴一阳的支配，而易道就是通贯天地万物的总规律。②《周易·咸卦·彖传》："天地感而万物化生。"《周易·归妹卦·彖传》："天地不交而万物不兴。"《周易·系辞下》："天地氤氲，万物化醇。"所以，天地不相交易，便不会产生万物，或是不利于万物的生长。阴阳交易则吉，反之则凶。

三、牛河梁遗址局部设计与易学阴阳分判观

牛河梁遗址早期发掘并编号的16个地点中，坐落于S形曲线上的5号地点的规模最大，体现的易学阴阳分判观也最为明显，下文将进一步详细论述。

5号地点下层积石冢阶段，在该地点东北和西南两个高点上，修建了两个积石冢，其形制简单。上层积石冢在修建之时，利用了下层积石冢的地势方位，在该处东北高点上修建了一个圆形积石冢，西南高点上修建了一个方形积石冢。其冢体隆起，用大石块砌筑多重冢界，砌筑十分规整，规模宏大，结构复杂。③由此可见，该地点在修建下层积石

---

① （汉）郑玄注，（唐）贾公彦疏：《周礼注疏》卷二十二《冢人》，（清）阮元校刻《十三经注疏》，中华书局1980年影印本，第789—790页。
② 余敦康：《周易现代解读》，中华书局2016年版，第325页。
③ 辽宁省文物考古研究所：《红河梁红山文化遗址发掘报告1983—2003年度》，文物出版社2012年版，第348—349页。

冢时已经有了"东北—西南"方位的设计理念，而上层积石冢的设计理念，又和牛河梁遗址主体的设计方位理念完全吻合。

5号地点处于牛河梁遗址群的中心地带，且该地点的中心大墓在牛河梁遗址的众多墓葬之中颇具规模，说明其意义十分重要。此外，5号地点的上层积石冢阶段出土了大量的祭祀陶器，均为泥质陶，以筒形器为主，密集地摆放排列在东北和西南的圜丘、方丘周围。① 由此可以看出，上层积石冢应为祭祀之地。通过前文的论证，圜丘为祭天之处，方丘为祭地之处，而东北方为牛河梁遗址地区夏至日出方向，西南方为冬至日落方向。天为阳，地为阴，以祭天的圜丘配以夏至日盛阳之时，又以祭地的方丘配以冬至日盛阴之时，这恰好诠释了易学的阴阳分判观。

易学阴阳观既重视阴阳交易，同时也强调阴阳分判，即阴阳各归其类。崔清田先生曾说："中国逻辑的主导推理类型是推类。这是因为推类是中国古代思想家广泛应用并给予极大关注的一种推理，是古代思想家深入研究的一种推理；同时，推类也是中国逻辑传统特殊性的重要体现。"② 同人卦《象》辞："同人，君子以类族辨物。"《周易·系辞上》："乾道成男，坤道成女。"又曰："方以类聚，物以群分。"在曾侯乙墓中，墓主男性居于东室，陪葬女性居于西室，东为阳，西为阴，也反映了易学阴阳分判观。③

四、牛河梁遗址三环石坛与易学天人观

牛河梁遗址2号地点的积石冢群中，编号Z3的三环石坛（见图二）

---

① 辽宁省文物考古研究所：《红河梁红山文化遗址发掘报告1983—2003年度》，文物出版社2012年版，第349页。
② 崔清田：《崔清田文集》，河南大学出版社2016年版，第152页。
③ 杨效雷、徐蝉菲、张金平：《〈周易〉阴阳观与洛阳汉代画像》，《天津师范大学学报》（社会科学版）2015年第2期，第96页。

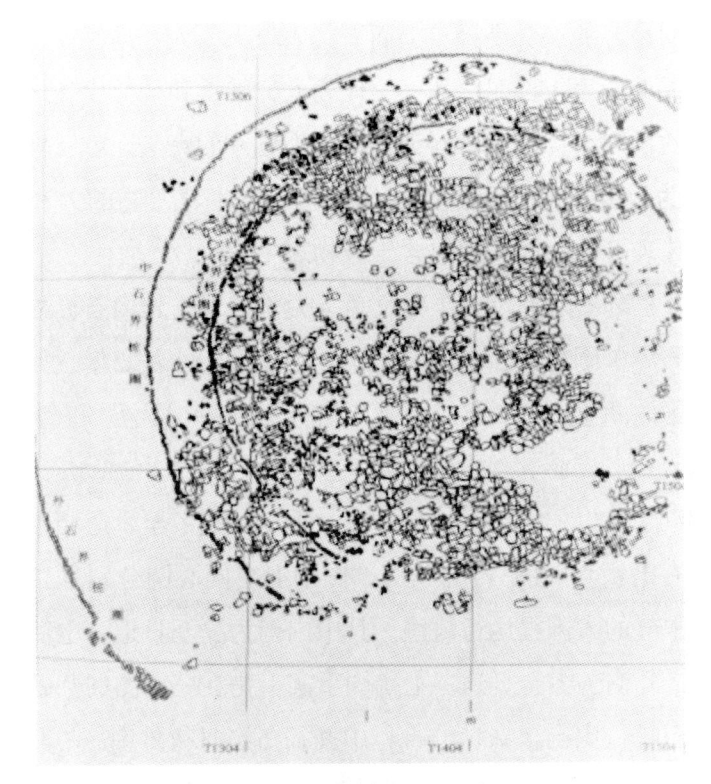

图二　牛河梁遗址三环石坛

形制、结构以及用料、砌筑方法均与诸积石冢差别甚大。该石坛坛上堆积可分三层：第一层为表土层，第二层为水成堆积土，第三层为黑色土。三层坛阶台每层都以排列的立石组成石界桩，形成由外、中、内共3周同心圆状石界桩圈框定的三层阶台，它们由外到内，渐有高起，共同构成祭坛的基础和轮廓。①

石坛由三层堆叠而成，且共分三圈，这点可从易学"三才之道"的角度进行诠释。《周易·系辞下》："《易》之为书也，广大悉备，有天道焉，有地道焉，有人道焉，兼三才而两之，故六。六者非它也，三才之

---

① 辽宁省文物考古研究所：《红河梁红山文化遗址发掘报告 1983—2003 年度》，文物出版社2012年版，第132页。

道也。"《周易》的三爻易卦自上而下代表着天、人、地三才；六爻易卦的上爻和五爻代表天，四爻和三爻代表人，二爻和初爻代表地。① 此外，六十四卦的排列结构，亦含有天、地、人三才的意义。乾、坤两卦取象天地是最为重要的，居于首位，代表着创化生育万物的天和地。其余六十二卦代表万物，而人则包含于万物之中。②

此外，三环石坛亦反映了天文盖天说。三环石坛内石界桩圈直径为11米，中石界桩圈直径为15.6米，外石界桩圈直径为22米。③ 不难发现，外圈直径为内圈直径的2倍。在《周髀算经》中，冬至日道直径恰好为夏至日道直径的二倍。《周髀算经》卷上之二："凡径二十三万八千里，此夏至日道之径也……凡径四十七万六千里，此冬至日道径也。"《周髀算经》中有七衡六间图（见图三），图中七个同心圆分别是二十四节气中十二个中气的太阳视运行轨迹。其中内衡为夏至日道，中衡为春分和秋分日道，外衡为冬至日道。七衡图事实上是在三衡图的基础上发展起来的。夏至日行内衡，春秋分日行中衡，冬至日行外衡。④ 冯时先生认为："牛河梁遗址三环石坛的拱式外形可以视作天穹的象征，而三个同心圆正可以理解为分别表示二分二至日的太阳运行轨道。"⑤ 因此，通过盖天论来解释三环石坛非常合适。

通过上文的分析可以看出，牛河梁遗址的三环石坛正是基于红山文化时期的先民对宇宙日趋深刻的认识而建成的，而这也正是易学天人合一观念的体现。

---

① 姚草鲜、杨效雷：《〈周易〉文化视野下的秦汉都城遗址》，张涛主编《周易文化研究》第七辑，社会科学文献出版社2015年版，第25页。
② 康学伟：《论〈周易〉的"天人合一"思想》，《社会科学战线》2008年第4期，第27页。
③ 辽宁省文物考古研究所：《红河梁红山文化遗址发掘报告1983—2003年度》，文物出版社2012年版，第132页。
④ 冯时：《中国古代物质文化史·天文历法卷》，开明出版社2013年版，第304页。
⑤ 冯时：《红山文化三环石坛的天文学研究——兼论中国最早的圆丘与方丘》，《北方文物》1993年第1期，第11页。

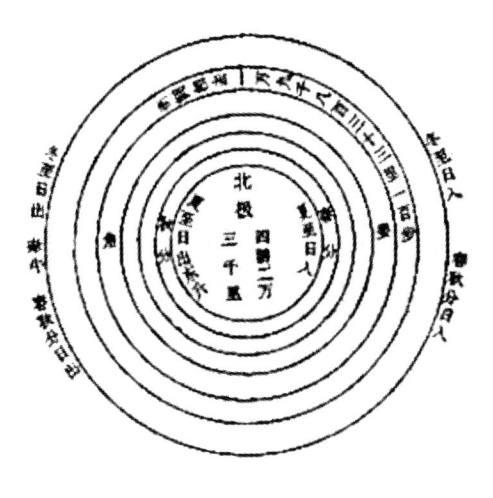

图三　七衡六间图

五、牛河梁遗址16号地点4号墓与易学尚中观

牛河梁遗址16号地点4号墓，墓圹南北长3.9米，东西宽3.1米，面积达12平方米，为16号地点中面积最大的墓葬。该墓开凿于最为坚硬的花岗片麻岩山体之上，墓圹口大底小，圹口距地表0.45米，距圹底4.68米，开凿难度巨大，其营造亦不同于其他的土坑墓或土圹墓。墓圹口及圹壁上均见有火烧痕迹，表明开凿墓圹的过程中，红山文化的先民们使用了较为先进的凿墓技术——水火并济，利用岩石热胀冷缩的物理特性，使得基岩松软或崩裂，便于开凿。① 开凿所产生的基岩碎石块填满了整个墓圹。这些石块大小比较均匀，一般为长约10—15厘米左右的方块状，甚为特殊。② 墓葬石棺的棺盖、四壁及棺底均用石灰岩

---

① 辽宁省文物考古研究所:《牛河梁第十六地点红山文化积石冢中心大墓发掘简报》，《文物》2008年第10期，第5页。

② 辽宁省文物考古研究所:《红河梁红山文化遗址发掘报告1983—2003年度》，文物出版社2012年版，第398页。

石板平铺叠砌，砌筑，用料极为讲究。①墓室内出土的玉器共6件，有凤1、斜口筒形器1、玉人1、镯1、环2件。②玉器用料讲究、体积大、规格高、种类齐全、雕刻精细，大部分经过抛光。既有象征巫者身份的斜口筒形器和玉人，又有代表权力的玉镯和玉环。以上内容，均表明墓主人生前在部族或氏族中享有尊崇的地位。此外，该墓葬位于牛河梁遗址最中心位置的山梁主脊之上，将规格如此之高的墓葬择中而建，这一考古文化现象，体现了易学尚中观。

"尚中"是易学的基本思想之一。惠栋曰："《易》道深矣，一言以蔽之曰：时、中。"③"尚中"思想主要体现在：得"中"则吉。《周易》六爻易卦，每卦二爻和五爻均居于中位，阳爻居二或五，称"刚中"，阴爻居二或五称"柔中"。"刚中""柔中"的爻辞大多为吉的征兆。此外，《易传》用中的现象也十分明显。《周易·乾卦·文言》："龙德而正中者也"，"刚健中正，纯粹精也"。《周易·坤卦·文言》："君子黄中通理。"凌家滩遗址凡是在中轴线上或是靠近中轴线的墓葬，在部族或氏族内均享有较高的身份地位。④这也是易学尚中观的体现。

六、牛河梁遗址女神庙、玉鳖与《归藏易》尚阴观

女神庙位于牛河梁遗址1号地点，庙址为南北向，北偏东20度，分为北多室和南单室两个部分。北多室为南北长、东西短、多室连为一

---

① 辽宁省文物考古研究所：《牛河梁第十六地点红山文化积石冢中心大墓发掘简报》，《文物》2008年第10期，第5页。
② 辽宁省文物考古研究所：《红河梁红山文化遗址发掘报告1983—2003年度》，文物出版社2012年版，第403页。
③ 惠栋撰，郑万耕点校：《周易述》（附《易汉学》《易例》），中华书局2007年版，第624页。
④ 杨效雷：《凌家滩文化与〈周易〉》，张涛主编《周易文化研究》第八辑，社会科学文献出版社2016年版，第201页。

体的结构,总体南北长 18 米,东西宽 9 米,最窄 2 米,平面略呈"十"字形。①人体塑像残件,如:头部、鼻、耳、手、肩、乳房等,均出土于北多室,而南单室并未发现任何人体塑像残件。由此可知,北多室应为供奉女神像之处。

张荣明先生在《中国文化的帝与宇宙生成原型》一文中,通过考证甲骨文与金文的"帝"字写法,论证了"十"字型或类"十"字型为"帝"字的本源,它应是古人心中一种绝对精神的向往。②将女神像供奉于"十"字型的北多室中,暗示了红山文化先民们心中的"帝"正是这些女神,也表明了红山文化时期的先民们对于女性祖先的一种崇拜。如苏秉琦先生所言:"女神庙塑像称为神也可以,但她是按真人塑造的,是有名有姓的具体人物,她是红山人的女祖。"③这种对于母性的崇拜,在牛河梁遗址出土的个别玉器上也有所体现。

牛河梁遗址 5 号地点 1 号冢中心大墓出土的两只玉鳖(见图四),分别位于墓主人左、右手部位。这两只玉鳖在出土之时,有攥起来使用的痕迹,且分雌雄,其应有重要的意义。鳖可以预报降雨,而古人认为降雨是阴阳相交的结果,这两只攥起来使用的玉鳖应为墓主人生前祈雨通神的法器。王国维在释"礼"(禮)字时认为,"禮"字为"象二玉在器之形",是为"以玉事神之器"。④由此不难看出,墓主人生前的身份应是巫。这对玉鳖被随葬于如此重要的地点,可见其具有重要的意义。鳖为水生动物,根据五行方位,水属北方,北方为阴,且为老阴。玉鳖共有两只,二为偶数,亦为阴。此外,这两只雌雄玉鳖,雌鳖长

---

① 辽宁省文物考古研究所:《红河梁红山文化遗址发掘报告 1983—2003 年度》,文物出版社 2012 年版,第 17 页。
② 张荣明:《中国文化的帝与宇宙生成原型》,《天津师范大学学报》(社会科学版)1997 年第 4 期,第 41 页。
③ 苏秉琦:《中华文明的新曙光》,《东南文化》1988 年第 5 期,第 1—7 页。
④ 王国维:《观堂集林》第一辑,中华书局 1959 年版,第 291 页。

9.4cm，宽 8.5cm，厚 2cm；雄鳖长 9cm，宽 7.7cm，厚 1.9cm。[①] 雌鳖体积明显大于雄鳖。这些现象，均表现出重视母性的特征。

牛河梁遗址的女神庙和玉鳖恰好诠释了《归藏易》重视母性、尚阴的思想理念。

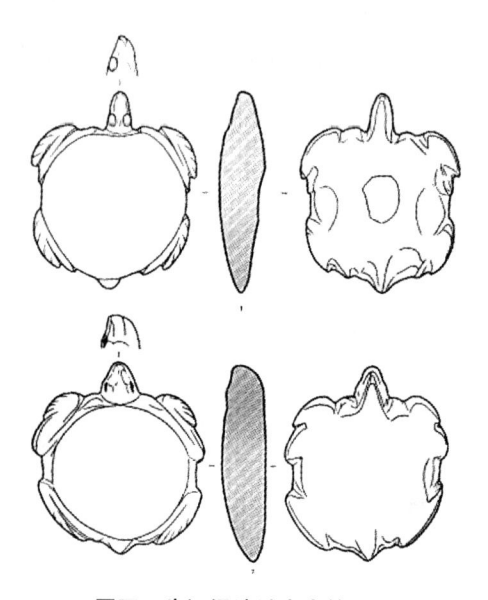

图四　牛河梁遗址出土的玉鳖

古有三易，除《连山易》和《周易》外，还有《归藏易》。《归藏易》中有《郑母经》一篇，廖名春先生认为王家台出土的秦简《归藏易》便是《郑母经》，"郑母"即"奠母"，即"尊母""帝母"，以母为尊，以母为主。[②] 笔者赞同此种说法。"郑"应读作"奠"。郭店简《性自命出》第 27 简"郑卫之乐"，"郑"即写作"奠"。《金文编》卷五《郑虢仲鼎》"郑"亦写作"奠"。而"奠"与"尊"通用。《仪礼·士丧礼》："脯醢醴酒，幂奠用功布。"郑玄注："古文奠为尊。""尊"又通"帝"。

[①] 辽宁省文物考古研究所：《红河梁红山文化遗址发掘报告 1983—2003 年度》，文物出版社 2012 年版，第 314 页。

[②] 廖名春：《王家台秦简〈归藏〉管窥》，《周易研究》2001 年第 2 期，第 13—19 页。

《周礼·春官·小史》："奠系世。"郑玄注："故书奠为帝。"由此可知，"郑母"即"奠母"，"奠母"即"尊母""帝母"，即以母为尊，以母为主。牛河梁遗址女神庙的"十"字型外观，符合《归藏易》"帝母""以母为尊""以母为主"的思想，雌鳖大于雄鳖符合《归藏易》尚阴的思想。案，《周礼》郑玄注："归藏者，万物莫不归而藏于其中。杜子春云：连山，宓戏。归藏，黄帝。"① 雷广臻先生认为："红山文化应与黄帝氏族有关。"② 因此，女神庙与玉鳖均反映出《归藏易》的尚阴思想绝非偶然。

七、总　结

牛河梁遗址从主体设计到局部设计再到遗迹和玉器，均体现出浓厚的易学思想。李学勤先生说："国学的主流是儒学，儒学的核心是经学，经学的冠冕是易学。"③ 我国许多考古遗址中都可看到后世易学的思想元素。对易学渊源的探讨是易学考古的任务之一。易学考古是我国考古学中的一个重要的分支。④ 易学考古在我国方兴未艾，期望此文可以对我国易学考古的发展有所帮助。

作者单位：天津师范大学

---

① （汉）郑玄注，（唐）贾公彦疏：《周记注疏》卷二十四《春官宗伯·大卜》，（清）阮元校刻《十三经注疏》，中华书局1980年影印本，第803页。
② 雷广臻：《红山文化与黄帝文化的关系》，《朝阳日报》2010年4月21日。
③ 李学勤：《经学的冠冕是易学》，《光明日报》2014年8月5日。
④ 蔡运章：《易学考古导论》，《中国文物报》2006年11月3日。

清华简《筮法》的特点及其文本归属*

谢炳军

摘要：劳罗互易、图文缠绕、爻亦有象、卦形丰富是清华简《筮法》之特色。学者或有牵合《卦位图》与《说卦传》两者之嫌，因两卦相互倒置，其渊源各异甚是明显；以图文缠绕形式问世的《筮法》于易学学术史上具有重大意义。清华简《筮法》系一部百姓日用之筮书，其贞问事项向民间日用下移，覆盖社会生活诸方面。筮人从王朝走向诸侯，又走向卿、大夫阶层，又走向士、庶民群体，使《筮法》兼备了官、民占筮通用之理论品质，而筮人地位的不断下移，又使《筮法》之重心趋向民间。

关键词：清华简 筮法 数字卦 筮数 八卦 易学史

清华简《筮法》是迄今为止所见最早的八卦占筮书，其载有战国时楚地之数字爻卦、占筮命辞、解筮辞以及占筮知识等等内容，于探究先秦八卦筮法意义颇大。学者或称清华简《筮法》理论体系尚待成熟[1]，

---

* 本文系中国博士后科学基金"六经认知视野下《易传》思想的生成"（项目编号：2017M610794）阶段性成果。

[1] 廖名春称《筮法》坎离颠倒，显得不成熟，远不如《说卦传》理论之系统、周延。从这一点看，其改造，出于《说卦传》的痕迹很明显（廖名春《清华简〈筮法〉篇与〈说卦传〉》，《文物》2013年第8期，第72页。）；张克宾认为《筮法》篇极有可能是战国中期糅合《归藏》、《周易》以及某些占验之术的产物，其占断方法有些杂乱，理论上不够成熟、完善（张克宾《论清华简〈筮法〉卦位图与四时吉凶》，《周易研究》2014年第2期，第12页。）。

如称其劳（坎）罗（离）颠倒。时贤的这些说法是合理的，而也应看到，劳（坎）罗（离）互易，在清华简《筮法》占例中是可以自圆其说的，并且以相关出土文献也可征之。若准此，则其正系清华简《筮法》理论之一特色。此外，图文缠绕、爻亦有象、卦形丰富亦是清华简《筮法》之特色。

一、清华简《筮法》特点

清华简《筮法》与《说卦传》一个很大的区别是，劳（坎）、罗（离）卦名、卦义内容等的不同。其第一个特点是：劳罗互易。

依清华简《筮法》（下文省称为《筮法》）卦位图，劳南罗北，其文谓"南方也，火也，赤色……北方也，水也，黑色"①。是与《说卦传》"离也者，明也，万物皆相见，南方之卦也……坎者，水也，正北方之卦也，劳卦也，万物之所归也，故曰劳乎坎"②者，立意互异。据此，学者或称卦位图改易、肇自《说卦传》的痕迹显然可见③；又或另有新解：简文以劳为火，在《说卦》中亦有明文可依，未为无据④。观上两说，可知学者有牵合《卦位图》与《说卦传》两者之嫌。因两说相互倒置，其渊源各异甚是明显：

其一，卦名歧异。《说卦传》以坎为北、离为南。学者多以"劳"

---

① 李学勤主编：《清华大学藏战国竹简》（肆），中西书局2013年版，第111页。
② （三国魏）王弼撰，楼宇烈校释：《周易注·系辞上》，中华书局2011年版，第381—382页。
③ 廖名春称："清华简《筮法》篇之所以坎离颠倒……完全是从劳、罗两卦的卦名之义出发的……而罔顾其本身也有'"南方也，火也……北方也，水也'之说，说明这种坎离颠倒的做法是不成熟的，远不如《说卦传》的理论系统、周延。"（廖名春《清华简〈筮法〉篇与〈说卦传〉》，《文物》2013年第8期，第72页。）
④ 王化平称"比如《说卦》云坎'为血卦，为赤'，而南方为赤（《筮法》亦云'南方也，火也，赤色也'），故以坎居南方为火也是有一定道理的。……《筮法》的安排重在四正卦的阴阳与其卦象的对应，坎为火，与其为阳卦相应；离为水，与其为阴卦相应。"（王化平《读清华简〈筮法〉随札》，《周易研究》2014年第3期，第75—76页。）

为"坎"、"罗"为"离"之同音假借或音近通假，此说其实尚待深究之①。秦简《归藏》之《坤卦》作《寡》，"寡曰不仁"②，"不仁"即"无仁义"之义，与秦简《归藏》同出之《日书》可证之，其云："十五日曰载，是胃望。以作百事大凶。风雨晶，日月宜饲，邦君更岁不朝，邦多廷狱作，民多寡，阳疾，亡人得战"③是望日若有风雨雷或日月亏蚀，不宜行百事，邦君换岁而不上朝理政，邦中讼案多，邦民多有不仁等等。《周易·坤象》云："地势坤，君子以厚德载物。"《易纬·坤凿度》云："坤德厚，坤有势，坤多利。"是"寡"和"坤"意义不悖。《郭氏传家易说·总论》云："《归藏》以坤为首，成汤黜夏命，造攻自鸣条之义也。"④是夏桀之不仁，成汤革其命，以"不仁"为戒及儆惩后代⑤，故首《归藏》以坤。是亦与后之学者以"尊母"⑥解"《归藏》首坤"分路。是同卦体、异卦名而致卦义各异之旁证。然则过分地牵合出土文献与传世文献，恐有所失⑦，当深考之。

其二，劳南罗北之说与《筮法》占例对应，吻合无间，足以自圆其说。⑧以坎卦为火，出土之葛陵简占例可印证之。此外，可参以旁

---

① 李守奎称："周易之坎卦简文作"劳"，亦见于辑本《归藏》，这就很难用假借说通，很可能就是不同易中卦的异称。"（李守奎《清华简〈筮法〉文字与文本特点略说》，《深圳大学学报》（人文社会科学版）2014年第1期，第61页。）
② 王明钦：《王家台秦墓竹简概述》，艾兰、邢文编《新出简帛研究》，文物出版社2004年版，第30页。
③ 王明钦：《王家台秦墓竹简概述》，艾兰、邢文编《新出简帛研究》，文物出版社2004年版，第47页。
④ （宋）郭雍撰：《郭氏传家易说》，中华书局1985年版，第1页。
⑤ 亦率系后之国君自称"寡人"以自警之缘由。
⑥ 廖名春：《王家台秦简〈归藏〉管窥》，《周易研究》2011年第2期，第15页。
⑦ 如蔡运章称："坤、寡的含义相通。《左传·成公十二年》说：'寡我襄公。'杜预注：'寡，弱也。'《周易·晋》：'裕无咎。'虞翻注：'坤弱为裕'"，后又称"'寡'有少德之义，……卦辞的中心内容是'不仁'。"（蔡运章《秦简〈寡〉〈天〉〈卷〉诸卦解诂》，《中原文物》2005年第1期，第43页。）
⑧ 梁韦弦称："水火之象实际是《说卦传》中的坎离之象，并非《筮法》的劳罗之象。"（梁韦弦《有关清华简〈筮法〉的几个问题》，《周易研究》2014年第4期，第20页。）是言甚确。

证。马王堆帛书《周易·易之义》云："天地定位，[山泽通气]，火水相射，雷风相薄。"① 是与《筮法》第二十五节"天干与卦"排序一致，与马王堆帛书《周易》以"乾（父）、艮（少男）、赣（中男）、震（长男）"，"川（母）、夺（少女）、罗（中女）、筭（长女）"② 排纂六十四卦之原则亦相同；《筮法》与帛书《周易》虽年代各自，但胥系楚地之易学文献，所以理论同源共用亦于理有协。准此，则"火水相射"之所以与《说卦传》"水火不相射"异向，乃源自卦位理论之差池。然则，劳（火）南、罗（水）北，《筮法》与帛书《周易》此说同源。此外，秦简《归藏》之《蜷卦》（案：今本《周易》之《既济卦》）可作参证，其云："《蜷》曰：昔者殷王贞卜亓邦尚毋有咎，而支占巫咸。巫咸占之曰：'不吉。蜷亓席投之亦谷，蜷在北为牝……'"③ 是殷王命巫咸筮问国祚，巫咸筮得《卷卦》，以为不吉利，坐席被收卷并被投弃入溪谷，《丽》位于北，为雌兽所害。《丽卦》系阴卦，"牝"则系《丽卦》之象，方位为北。准此，则出自楚地之秦简《归藏》亦以《丽》（罗）为北，然则《劳卦》便系之南。故《筮法》"劳南罗北"之言并非向壁虚造。

综上所述，《筮法》劳罗之理论未必源自《说卦传》，亦不必徒劳从《说卦传》中寻摘与卦位图一致之只言片语，以印证劳、罗之说的渊源有自。可以说，两者有一致之处，但并不宜轻易据此而推断卦位图之生成肇自对《说卦传》之改易，而两者是否系近亲之明证也尚需深入研究。

筮法的第二特点是：图文缠绕。

以整体观之，《筮法》系一篇图文缠绕的易学古文献。此体现出其重大的学术价值。它首次以实物之形式证明了最晚至战国之时，易图已行于世。孔子云："凤鸟不至，河不出图，吾已矣夫！"（《论语·子罕》）

---

① 张政烺：《马王堆帛书〈周易〉经传校读》，中华书局2012年版，第213页。
② 张政烺：《帛书〈六十四卦〉跋》，《文物》1984年第3期，第12—14页。
③ 王明钦：《王家台秦墓竹简概述》，艾兰、邢文编《新出简帛研究》，文物出版社2004年版，第32页。

《易·系辞上》:"河出图,洛出书,圣人则之。""河图洛书"之说聚讼纷争:妄从者神其本源,质疑者斥其乖谬。今幸际《筮法》之图的问世,或可让学人重审"河图洛书"说。易图文献,《汉书·艺文志》有著录,其云:"《古杂》八十篇,《杂灾异》三十五篇,《神输》五篇,图一。"①从《汉书·艺文志》易学文献篇数看,并未计易图文献,是"图一"系之《神输》,是以《神输》系有文有图之易学古文献。故此不啻可破学者《汉书·艺文志》易学篇数差池之疑惑,亦可作为宋代易学歧出之图书一派并非向壁虚构之佐证。

《筮法》之图有二:一系八卦方位图,标明四正和四隅;二系八卦人身图,标示八卦与人体之关系②。易图最外周左边有"东方也,木也,青色"一语,右边有"西方也,金也,白色"一语;易图上部有"南方也,火也,赤色也"一语,下部有"北方也,水也,黑色也"一语。此外,易图最外周角隅系以下文字"奚古胃之震?司雷,是古胃之震;奚古胃之劳?司树,是古胃之劳;奚古胃之兑?司收,是古胃之兑。奚古胃之罗?司藏,是古胃之罗"。是易图与简文缠绕,反映了《筮法》排纂者之独具匠心。值得指出的是,四正卦释文甚详,而四隅卦虽亦以八卦标示,然却未有一字所及,此既系受竹简篇幅所限,亦标明编者对四正卦意义之重视。而《易纬·乾凿度》则对八卦方位阐述甚详,其云:"震生物于东方,位在二月;巽散之于东南,位在四月;离长之于南方,位在五月;坤养之于西南方,位在六月;兑收之于西方,位在八月;乾制之于西北方,位在十月。坎藏之于北方,位在十一月。艮终始之于东北方,位在十二月。八卦之气终,则四正、四维之分明,生长收藏之道备。"③

---

① (汉)班固撰,(唐)颜师古注:《汉书》卷三十《艺文志》,中华书局1962年版,第1703页。
② 观《筮法》之人身图,可知其与《说卦传》略异,表征"目"之《罗》卦被移至腹下方,"目"缺对应之卦。
③ (汉)郑玄注:《易纬·乾凿度》,《文津阁四库全书》第53册,台湾商务印书馆1986年影印本,第867页。

两者相参，可究先秦易学与汉学乃系一脉相承。而《筮法》易图之劳罗互易，系表意形式之异途，非实质之分道。

笔者认为，以图文缠绕形式问世的《筮法》于易学学术史上具有重大意义：其一，它系易文献至晚于战国之时便以图文相合之形式行世的一个明证，由此观之，易之起源与图案之关系、八卦起源与天文地理之关系等等，诸问题皆可借易图之问世再做深探；其二，可证八卦方位、四正四时说至晚于战国时已成型，而"乾坤、震巽、劳罗、艮兑"并非先天卦位或此种卦位图已被弃而不用，后代因仍用之，如"1977年安徽阜阳出土的太乙九宫占漆盘，乃汉文帝前元十一年时物……盘上所刻文字与《灵枢经》的《九宫八风篇》完全符合"①，而《灵枢经》九宫八风图上南下北、左东右西之方位及四时②，亦同《筮法》易图。

《筮法》第三个特点是：爻亦有象。

爻有象，且简文直命以"肴"，说明至晚于公元前300年左右之战国时期③，占筮所得之"八、五、九、四"已被视为肴（爻），亦被赋以象，又由之而断占，生成了异于《三易》之占筮体系。

1. 爻之概念

学者或因"八、五、九、四"出现概率甚少，遽判其为筮数；又因"一、六"概率甚多，而遂定"一、六"为阴、阳爻④。李学勤称此

---

① 饶宗颐：《再谈马王堆帛书〈周易〉》，《饶宗颐二十世纪学术文集》卷四《经术、礼乐》，中国人民大学出版社2009年版，第84页。
② 姚春鹏译注：《九宫八风》，《黄帝内经·灵枢》，中华书局2010年版，第1414页。
③ 廖名春认为清华简的大致年代在公元前300年左右（《清华简〈筮法〉篇与〈说卦传〉》，《文物》2013年第8期，第72页）。
④ 廖名春称"一和六不是简单的七和六，已经上升为阳爻和阴爻了；而九、八、五、四则还是筮数，有其具体的特殊的意义（廖名春《清华简〈筮法〉篇与〈说卦传〉》，《文物》，2013年第8期，第70页）；林忠军称"这些赋予了特定意义的数字，是数而非爻，却承担了爻的职能（林忠军《清华简〈筮法〉筮占法探微》，《周易研究》，2014年第2期，第9页）；李尚实称"无论是一、六，还是八、五、九、四都不是可变的筮数"（李尚信《论清华简〈筮法〉的筮数系统及其相关问题》，《周易研究》，2013年第6期，第10页）。

六数皆爻①，其论甚确。可考之以《筮法》占例，如"生死"一节，"恶爻"系就五、九而言；"雠"一节，"杪爻"，乃对九、八而言；"肴（爻）象"一节，有"凡肴（爻）象"云云，《筮法》文本已著明文。学者或因一、六于占例中筮得概率高，又受《周易》术语阴爻、阳爻影响，是以判六、一为阴、阳爻。考之《周易》各《传》，阴爻、阳爻乃就天道、地道和人道变化而言，理论核心是变，如《系辞》言"爻者，言乎变者也"，具体而言，乃是卦象之运化，且爻是与解爻辞共生者，如《系辞》云："系辞焉以断其吉凶，是故谓之爻。"而较之爻是对变化的解释，《筮法》之肴是对筮得之数的称谓，侧重于占筮遇此肴时，其对占断结果之影响②，与《周易》爻之概念同名异义③。

2. 爻象之特色

《爻象》以"八、五、九、四"四数表示八卦之象，并以一数代表八卦几卦方可表征之象，如《说卦传》以巽为风，坎为水，兑为口舌，乾为首，震为足；《爻象》以八为风、水、言，以九为首、足；《说卦》动物之象，《爻象》仅以"九为大兽"四字概之。《爻象》无涉火、山、雷、泽四象；《爻象》有之、《说卦》卦象所无者，有八之爻象"飞鸟、肿胀、鱼、罐筒"，五之爻象"贵人、车、方、饥"，九之爻象"戒备、蛇、驼④"，四之爻象"鼓、肿、雪、露、霰"等等。

---

① 李学勤称"一是阳爻，六是阴爻，都是多见的常态；而同样相当阳爻的五、九，相当阴爻的四、八，则比较少见……五九和一同样是阳爻，四、八和六同样是阴爻，在若干占例中得到证实"（李学勤：《清华简〈筮法〉与数字卦问题》，《文物》2013年第8期，第68页。）。
② 如《爻象》云："凡肴，如大如小，作于上，外有咎；作于下，内有咎；上下皆作，邦有兵命，怪，风雨，日月有食。"
③ 王化平说："整理者认为第二十九节中的'肴'当读作'爻'，读音方面当然没有疑义，但从《周易》的角度看，应该是误用了'爻'的概念。"（王化平《读清华简〈筮法〉随札》，《周易研究》2014年第3期，第73页。）
④ 简文此字作"它"，整理者认为系衍文，笔者认为若释为驼亦可通，因蛇、驼、曲、弓皆有弯曲之形。

此外，相较《系辞》"齐小大者存乎卦""卦有小大"之说①，《筮法》言"肴如大如小"，肴所处之位，小者，则致吝于内或外；大者，则有兵命、天灾人祸。此外，从诸含有肴的占例看，"肴"有"混合体"之义，也即筮得之"对卦"混合了两个或两个以上的肴数，《筮法》第七节"雠"是其例证，兹不赘述。

3. 爻象之功能

四个数字所承之象或表征之意义，《筮法》占例足征之。爻象之功能，主要体现在其与数字卦之吉凶、失得、悔吝、祟等关系密切，如"死生"节，数字卦体卦有九、五，故解筮辞云"恶爻处之，今焉死"②；又如"得"之末节"八、五、九、四"依四季之顺序现于占例，故解筮辞侧重强调其是"得"之关键所系，若易之以它数，结果则异。此外，《爻象》简文亦以八、五、九、四为序行文。以"得"末节考之，四数与四季对应，《爻象》亦云"四为雪，为霰"与冬季气候同，《筮法》亦有"四季吉凶"一节，故四数与四季相应，或有更深之内蕴，篇幅所限，亦无赘述。

综上所述，《筮法》的特质之一是其爻有象；与《说卦传》以八经卦为象之载体者异辙，《筮法》以"八、五、九、四"承载象；《筮法》之"肴"《周易》之爻概念歧异，不可混为一谈；爻象于数字爻"对卦"占筮结果影响显著，当予以关注。

《筮法》的四个特点是：卦形丰富。

今本《周易》八卦和六十四卦皆以阴、阳两爻构成，在卦的构形上较之《筮法》数字卦，显得单一，而《筮法》数字卦由"一、六、八、五、九、四"六数构成，呈现出卦的多样性和表意的丰富性。《筮法》第二十六节"祟"足证之，其云：

---

① （三国魏）王弼撰，楼宇烈校释：《周易注·系辞上》，中华书局2011年版，第343页。
② 李学勤主编：《清华大学藏战国竹简》（肆），中西书局2013年版，第79页。

乾崇：纯、五，祖① 宗；九乃山；肴乃父之不葬死②。暮纯乃室中，乃父。

坤崇：门、行。乃母。八乃婚以死，乃西祭。四乃缢者。

艮崇：隶。九乃㝩纯。五乃㮅䩉。

兑崇：女子大面端吓死、长女为妾而死

劳崇：风、长殇。五，伏剑者。九，牡㝩。四，缢者。弋（一）五，乃辜者。

罗崇：热、溺者。四，缢者。一四一五，长女殇。二五夹四，辜者。

震崇：日出，东方。食日，监天。昃日，天。莫日，雨师。五，乃狂者。九，乃户。

巽崇：字殇。五、八乃巫。九，拉、擤子。四，非狂乃缢者。

乾祟，若仅以《周易》阳爻标示，必不能尽表其内涵，而《筮法》以"一一一""五五五"表示祖宗，以"九九九"表示山祟，三者混合，是父死之不葬。一、五、九构成不同的数字卦，又各有其含意。是构形之不同，卦之表意亦异，可证数字卦与《周易》筮法体系之歧异。《筮法》数字卦构形之丰富和表意之多样性，于《祟》占例俯拾皆是，足可征之。

二、清华简《筮法》的文本归属

我们认为，清华简《筮法》系一部理论周延、体系条畅的八卦占筮法。《筮法》理论周延性主要体现在两个方面：一方面是筮书与情景性

---

① 整理者释读为"灭"，笔者从李守奎释读作"祖"。（参李守奎《清华简〈筮法〉文字与文本特点略说》，《深圳大学学报》（人文社会科学版）2014年第1期，第59页。）

② 李学勤主编：《清华大学藏战国竹简》（肆），中西书局2013年版，第115页。

筮例，筮书概括性、原理性一枝独秀；另一方面是《筮法》于天星观、包山、葛陵等诸楚简占例具有理论适用性，较之秦简《归藏》占例，更彰显出原理性和概括性。《筮法》体系条畅性主要表现于三点：一是以命辞贯通《筮法》，使《筮法》文脉粲然；二是以简易之占筮方法条贯《筮法》，使《筮法》具备条分缕析之特征；三是《筮法》操演简易，层次分明等等。① 推原所及，八卦筮法于重卦之前，必行世已久，发展至清华简《筮法》时，八卦筮法虽未为断港绝潢，然已为贵族阶层弃而不用，其所用者乃重卦筮法。然则清华简《筮法》所施用对象为社会中、下阶层，《筮法》已成为百姓日用之筮书②。

（一）《筮法》命辞覆盖广泛，切于民用

易占根萌于古民欲占事知来，欲使人谋合于鬼谋，欲幽赞于神明而逆数。简而言之，易占目的乃推究天、地、人之道而明所得之象的启示。卦象于民用最早体现在与狩猎、捕鱼勾连，故八卦的雏形与民用密切相关，故若言八卦的第一个卦系《罗卦》或《离卦》，亦不为游谈无根。然则《筮法》推阐天道、地道及人道乃系其本色。

简文第三十节有"十七命"，其云：

> 凡十七命：曰果，曰至，曰享，曰死生，曰得，曰见，曰瘳，曰咎，曰男女，曰雨，曰取，曰战，曰成，曰行，曰雠，曰雩，曰祟③。

---

① 谢炳军：《清华简〈筮法〉理论性与体系性新探》，《理论月刊》2015年第6期，第52页。
② 《周易·系辞上》云："百姓日用而不知，故君子之道鲜矣"。本文所指"百姓日用之学"是指与周王朝官方三易之学相对之易占体系，从狭义上说，主要是指用于社会群体结构中中、下层阶层的易占体系。
③ 李学勤主编：《清华大学藏战国竹简》（肆），中西书局2013年版，第122页。

考见简文，筮例之排纂并未依"十七命"命辞次序延展，是编撰者独具匠心的构思与创制，透露出《筮法》编撰的时代气息。生、死、病作为人间一个永恒的课题，被置于《筮法》贞问之首位，果、至、享被置后；娶妻、雠、男女置于战、成、军旅之前。据此，百姓日常生活的疑难困惑成为贞问的主题，《筮法》在更宽阔的稽疑空间"决犹豫"①、为人们趋利避害提供预见。此等风格之易占与殷商的占筮体系，以及《周易》筮法所揭示之邦国政治稽疑常态分途异辙：《筮法》贞问事项向民间日用下移。

溯流而观，《筮法》移于民间日用系易之原生态。清儒连斗山云："易为卜筮之书，乃圣人吉凶与民同患，欲人趋吉避凶也。其事原为日用平常之事，其理即为日用平常之理，乃百姓可以与能者。"②《筮法》亦系筮人施用御百姓日用之筮典。

殷商确有易占早为殷墟出土的易卦材料所推定③，传世文献对之亦有所印证。占筮之命辞，《洪范·稽疑》有之，系箕子之言，其云："择建立卜筮人，乃命卜筮，曰雨，曰霁，曰蒙，曰驿，曰克，曰贞，曰悔④，凡七。"⑤是禹之时或殷商之时已建有卜筮稽疑机制，《尚书正义》卷四《大禹谟》载：

---

① 《礼记·曲例上》云："卜筮者，……使民决嫌疑、定犹豫也，故曰，疑而筮之。"
② （清）连斗山：《周易辨画》，《文渊阁四库全书》第53册，台湾商务印书馆1986年影印本，第2—3页。
③ 可参张亚初，刘雨《从商周八卦数字符号谈筮法的几个问题》（见《考古》1981年第2期，第154—163页。），饶宗颐《殷代易卦及有关占卜诸问题》（见《文史》第20辑，中华书局1983年版，第1—14页）等文。
④ 《传》云："[前]五者卜筮之常法；[后二者]内卦曰贞，外卦曰悔。"根据文理，笔者认为下文是据上文所"命"展开的，贞、悔与前五者应同类，皆为命辞，并且卜、筮皆从"七命"，理亦同三易的"八命"。
⑤ （旧题汉）孔安国传，（唐）孔颖达等正义：《尚书正义》卷十二《洪范》，（清）阮元校刻《十三经注疏》，中华书局1980年影印本，第191页。

清华简《筮法》的特点及其文本归属

禹曰："枚卜功臣，惟吉之从。"帝曰："禹，官占，惟先蔽志，昆命于元龟。朕志先定，询谋佥同，鬼神其依，龟筮协从，卜不习吉。"

据此，可知早在舜禹之时业经建立有卜筮之官，形成了官占体制。

殷因仍夏易，箕子告知周武王：贞问气候状况是国家政治稽疑的常态。气候变迁成为上天向人间发出评判治乱的信号，是以《诗·雅》录有反映气候变迁与邦国治乱、运势对应关系之诗不鲜。此外，气候因素对农事、行军、祭祀等邦国生活各方面均有显著之影响，故占筮的主体于箕子看来当与占候相连。据此，殷商易占命辞标显国家阶层之稽疑内容，离百姓日用的距离尚远。然值得关注的是，雨、霁两个命辞，《筮法》有之，此意味着《筮法》命辞对商代易占有所承继。

《归藏》亡佚已久，幸藉王家台秦简《归藏》的出土，尚可览其崖略。发掘简报称秦简《归藏》占断"多采用古史中的占筮之例。其中涉及的古史人物有黄帝、炎帝、穆天子、共王、武王、夸王、羿等，还有羿射日、武王伐殷之事"①，是秦简《归藏》占例内容所展示者亦系国家层面之稽疑仪式、程式及体系。

寻传本《归藏》《周易》稽疑仪式的线索，《周礼·大卜》命辞和《左传》《国语》所载的二十二则筮占资料仍可资考见。《周礼·大卜》所载占筮命辞有八，其云："以邦事作龟之《八命》：一曰征，二曰象，三曰与，四曰谋，五曰果，六曰至，七曰雨，八曰瘳。以八命者赞《三兆》《三易》《三梦》之占，以观国家之吉凶，以诏救政。"②其中，果、至、雨、瘳，同《筮法》命辞，是《筮法》命辞对《三易》命辞借

---

① 刘德银：《江陵王家台15号秦墓》，《文物》1995年第1期，第40—41页。
② （汉）郑玄注，（唐）贾公彦疏：《周记注疏》卷二十四《春官宗伯·大卜》，（清）阮元校刻《十三经注疏》，中华书局1980年影印本，第803页。

鉴和吸收之明证。然《筮法》此四者所属占例未见"国家吉凶""救政"之信息；征、象、与、谋，作为《三易》命辞，既体现《三易》于国家政治稽疑体系间之重要地位，又表明筮人在职官体系中扮演着不可或缺之角色。

征、象、与、谋，此四者《筮法》命辞无之，主因在于《筮法》施用之主体并非邦国或上层贵族阶层。《筮法》已向民间普通占问事项倾斜。此是作为卜筮之书的《筮法》必经之途。阜阳汉简《周易》可资参证。较之哲学化、经学化之《周易》，作为卜筮之用的阜阳汉简《周易》，贞问事项亦覆盖社会生活诸方面，如"晴雨、田渔、征战、事君、求官、行旅、出亡、嫁娶、疾病等等"。① 此外，《筮法》占断方法简易明切而文辞质实，体现出便捷之特质，亦与民间筮典日用需要吻合，梁韦弦称"筮书追求的是得出占问结果的快捷性，却已失去了如马王堆帛书《易传》中孔子所说的'观其德义'的作用，是一种更纯粹的占筮书"②，所言甚确。《筮法》以周延的理论体、条达之体系、短悍精微之解筮辞，为民间筮人提供可资玩习、参考之筮典，西汉之"隐士之说"或根萌于此，如《筮法》第二十五节"天干与卦"以乾配甲、壬，以坤配乙癸，以艮配丙，以兑配丁，以劳配戊，以罗配己，以震配庚，以巽配辛等论，与《京氏易传》所载吻合无间。③《汉书》载："成帝时，刘向校书，考《易》说，以为诸《易》家说皆祖田何、杨叔元、丁将军，大谊略同，唯京氏为异，党焦延寿，独得隐士之说。"④ 是京氏吸纳了行于民间之筮书，是以其易说彰显异质。

---

① 阜阳汉简整理组等：《阜阳汉简简介》，《文物》1983年第2期，第22页。
② 梁韦弦：《有关清华简〈筮法〉的几个问题》，《周易研究》2014年第4期，第23页。
③ （汉）京房：《京氏易传》，《四库提要著录丛书子部》第21册，北京出版社2011年版，第111页。
④ （汉）班固撰，（唐）颜师古注：《汉书》卷八十八《儒林传》，中华书局1962年版，第3601页。

综上所述，《筮法》施用社会生活面甚广，推阐天道、地道及人道，切于民用，已然成为筮人日常玩习、参考之八卦占断范本。

（二）《筮法》行于民间：民间占筮传统与筮人身份的下移

民间以筮法断犹豫、推吉凶的记载，首见于《诗·卫风·氓》与《诗·小雅·杕杜》两诗：前者是民间少女筮断婚嫁吉凶，其云"尔卜尔筮，体无咎言"；后者是士兵之妻贞问从军丈夫之归期，其云"卜筮偕止，会言近止"。据此，至少说明至晚于春秋中叶，占筮已流布于民间，成为百姓日用、占卜吉凶、悔亡之方式。然则占筮必有一个成型的筮法体系与之相配。经笔者考究，发现《筮法》命辞、干支、四时、方位等知识与民间日用之《日书》所据，同源共用。显然，战国时期活跃着日者们的身影[1]，汉初有楚人司马季主为人卜筮于长安东市（见《史记·日者列传》），以时日剖判吉凶祸福之学亦曾在战国时的楚地流行。择日术行于民间，子弹库《帛书》、九店楚简、睡虎地、放马滩、王家台秦简等《日书》之出土，足见我国古代择日术起源早[2]，是以《日书》理论体系条畅，内容切于百姓日常事务。江陵九店56号墓出土的《日书》可作为显证。九店《日书》占辞内容涉及娶妻嫁女、生子、祭祀、年成、行水、纳室、出入货、征战、逃亡、出行、田猎、饮食、制衣、冠、入人民、见人、攻解等等[3]，与《筮法》命辞相关者有娶妻、生子、出入货、征战、出行、见人、攻解，此表明《筮法》命辞吸纳了流行于民间的《日书》之养分，此亦是两者走向趋同之主因。不止于此，走向百姓日用之《周易》亦系殊途同归，阜阳汉简《周易》"占卜事项吉凶的卜辞为今本和帛书所不见，反而与睡虎地和放马滩秦简《日书》所占

---

[1] 《墨子·贵义》载有墨子与日者帝杀黑龙之日宜不宜向北适齐的辩论。
[2] 王明钦：《王家台秦墓竹简概述》，艾兰、邢文编《新出简帛研究》，文物出版社2004年版，第26—49页。
[3] 胡平生、李天虹：《长江流域出土简牍与研究》，湖北教育出版社2004年版，第79—80页。

卜的语辞类似"①，可资参照。

以《左传》《国语》所载《周易》筮例，足见《周易》筮法之应用情况。史官、卜人、筮人作为佐助贵族阶层"决犹豫"之职官，在春秋战国时代人神易位之思想环境下，其身份地位走低，加之私学的勃兴和盛美、智谋文化之高扬，策士奔走各国，宣扬各自的政治策略、纵横权谋，是以鬼谋走向了人谋。然则益加削弱了筮人之社会地位，筮人服务的对象从王族、贵族位移至下层官员阶层，甚至走向没落，流离于民间，以占筮占日为业。战国楚简易筮材料的出土可资为证。

新蔡葛陵墓墓主平夜君成系封君，相当楚之上卿；包山2号墓墓主官职系上大夫；望山简楚简1号墓墓主官职系下大夫。此表明筮人服务的对象已经从贵族阶层逐渐下移，筮人的地位亦已非昔可比。九店楚简56号墓的墓主身份当系"庶人"中有文化者或"士"中的没落者，其职业或与占卜有关②。准此，楚地之筮人（此处所指筮人是广义的筮人，系以占筮为职业者）。至晚在战国中、晚期已经活跃于社会的各个阶层。

从王朝走向诸侯，又走向卿、大夫阶层，又走向士、庶民群体，《筮法》兼备了官、民占筮通用之理论品质，而筮人地位的不断下移，又使《筮法》之重心趋向民间。陈仁仁称"从占主、占者与所占内容看，《易》之为卜筮书有一个从太卜所掌、王室封君所用，到民间日用的下移过程。其内容对社会生活的涉及面在不断扩展。"③是言甚当。如"祟"一节，仅载有五祀中的四祀：室中（中溜）、门、行、户。此四祀属于小祀，依简文，其所祭对象有祖宗、父母、男奴、缢者、女奴、伏剑者、辜者、烧死者、溺毙者、雨师、狂者、难产而殇者、巫人以及中

---

① 韩自强：《阜阳汉简〈周易〉研究》，上海古籍出版社2004年版，第46页。
② 湖北省文物考古研究所，北京大学中文系编：《九店楚简》，中华书局2000年版，第163页。
③ 陈仁仁：《战国楚竹书〈周易〉研究》，武汉大学出版社2010年版，第36页。

溜、门、行、户等等。《礼记·祭法》云:"诸侯为国立五祀,曰司命,曰中溜,曰国门,曰国行,曰公厉;诸侯自为立五祀①,大夫立三祀,曰族厉,曰门,曰行。适士立二祀,曰门,曰行。庶士、庶人立一祀,或立户,或立灶。"②据此,楚上层社会所祭之"司命""公厉""族厉"和"灶"未见于"祟"之祭祀。章太炎云:"《祭法》所言,则楚制也。楚制,大夫三祀,减于《曲礼》《王制》之大夫五祀者,七国时,大夫之称,庳于春秋。若秦爵二十级始至彻侯,然五级已称大夫……楚之大夫,复庳于秦。"③章氏指出战国楚国大夫地位并不高,故楚之大夫三祀,是以《筮法》服务之对象,大夫之地位亦不高。又男奴、缢者、女奴、伏剑者、辜者、烧死者、溺毙者,难产而殇者等皆属于厉鬼,但其生前身份地位却无"公厉""族厉"之高上,可见"祟"一节之制撰动机倾向了民间。

综上所述,战国时期,筮人社会地位的不断下移,筮官的失业,迫使筮人从庙堂走向江湖,而民间亦有占筮之传统及大量的贞问诉求,一部筮典便于传统八卦占筮法的基础上应运而生。

结　论

清华简《筮法》与《归藏》《周易》等六十四重卦筮法体系分途异辙,保留了古朴的八卦占筮体系以及楚地特有的劳(坎)南罗(离)北、甚为丰富的数字卦形制;《筮法》以图文缠绕的方式面世,是《易》起源与图有颇大渊源的一个旁证。然则《筮法》对八卦乃至《三易》的

---

① 杨华根据传世文献和楚地简牍材料,认为"春秋至汉代,'五祀'崇拜曾在楚地广泛流行"。(杨华《"五祀"祭祷与楚汉文化的继承》,《江汉论坛》2004年第9期,第95—101页。)

② 孙希旦:《礼记集解》,中华书局1989年版,第1202页。

③ 章太炎:《大夫五祀三祀辩》,《章太炎全集》(四),上海人民出版社1985年版,第30页。

起源问题的探究具有重要的意义。

《筮法》命辞制撰之动机趋向了百姓日用；《筮法》占例内容亦倾向百姓日常事务。然则伴随着筮人阶层身份和社会地位之走低，以及民间贞问之需求，吸收流行于世之"对卦"占筮方式，又借鉴、共享行于民间占断系统之知识，《筮法》最终以百姓日用之筮典的面貌行于世，彰显出异于《三易》筮法之特质。

作者单位：北京师范大学

秦汉术数视域中的象数易学定位及作用探析

谭德贵　宁俊伟

摘要：秦汉时期是术数发展的重要阶段，其中，象数易学在汉代得到了长足的发展，奠定了象数易学在易学史上的地位。本文所要探讨的是关于这一时间段中象数易学的定位，以及在社会中的作用等问题。

关键词：汉代　象数易学　术数　作用　地位

秦汉时期是古代易学发展的重要时期，由于它上承战国时期百家争鸣之余绪，下接魏晋玄学之义理易学，成为一个易学发展的关键时期。而关于易学的性质与定位，在《尚书·洪范》中说得很清楚："稽疑。择建立卜筮人，乃命卜筮。"[①] 国家有疑问，则由掌管卜筮的官员进行占卜，以此来决疑。其性质应该是与鬼神沟通、了解天意的一种技术和手段；而筮人的定位则是国君决策的一个重要的咨询机构。

春秋战国时期社会进步，经济文化进一步发展，在这一时期孔子的儒家思想渐进地改变了易学的传统，诸子百家中的易学思考也逐渐地哲理化，探求易学中的哲学思想成为一种学问的取向。但在这一时期，易

---

① （旧题汉）孔安国传，（唐）孔颖达等正义：《尚书正义》卷十二《洪范》，（清）阮元校刻《十三经注疏》，中华书局1980年影印本，第191页。

学卜筮的功能依然是其得以流行最主要的原因。这一现象直到秦代焚书至两汉时期,易学基本被认为是卜筮吉凶的一种实用技能,属于数术中的一种。其作用为直接地以数前知,揣摩天意,判别吉凶,趋利避害。

一、秦汉术数的界定及易学的定位

术数在传统文化中的定义,一般被认为是以某种方法对于国家及人自身的祸福进行推测及趋避的技术。这是一类内容庞杂的神秘技术,其共同的特点是基本同《易经》有某种直接或间接的关系,这一点在先秦时期诸多典籍中均有记载。

1.《史记》《汉书》中关于术数的记载

司马迁在《史记·龟策列传》写道:"自古圣王将建国受命,兴动事业,何尝不宝卜筮以助善。唐虞以上,不可记已。自三代之兴,各据祯祥。涂山之兆从而夏启世,飞燕之卜顺故殷兴,百谷之筮吉故周王。王者决定诸疑,参以卜筮,断以蓍龟,不易之道也。"[1]

作为一部旨在"究天人之际,通古今之变,成一家之言"的史书,司马迁认为古代的圣王在承受天命建立自己国家之时,是没有不尊用卜筮来助成其善事的,在唐虞之上无法认定,但是夏商周三代是各有其卜筮的吉兆的,涂山之兆而有夏;飞燕之吉方兴殷;而百谷之筮吉成就周,由此看来,在决定关系到天下兴亡的国家大事时,"王者决定诸疑,参以卜筮,断以蓍龟,不易之道也"。[2] 上天的旨意是最重要的,而这种旨意又是通过卜筮的方式来传达给地上君王的。这在三代是一种最为正常的方式,是当时政治生活中的常识。

---

[1]《史记》卷一二八《龟策列传》,中华书局1982年版,第3223页。
[2]《史记》卷一二八《龟策列传》,中华书局1982年版,第3223页。

秦汉术数视域中的象数易学定位及作用探析

至秦之时，秦始皇关于术数的记载在《史记》中也有多处，可以看出，秦始皇在这一问题上同以前的周王室基本持相同的态度，以至于在他决定天下政策时也大受术数影响：

> 始皇推终始五德之传，以为周得火德，秦代周德，从所不胜。方今水德之始，改年始，朝贺皆自十月朔。衣服旄旌节旗皆上黑。数以六为纪，符、法冠皆六寸，而舆六尺，六尺为步，乘六马。更名河曰德水，以为水德之始。刚毅戾深，事皆决于法，刻削毋仁恩和义，然后合五德之数。于是急法，久者不赦。①

从上面的记述可以看出，当秦得国之后，在决定治国方略及仪礼内容时，无不受到术数的影响，他自认为是继承水德，而一切的行为思想就尽力来实践之，首先，从仪礼上来，"朝贺皆自十月朔"。第二，在服装礼器等方面遵从水数而用六。第三，在统治实践上，采用水之特性，以严苛待人，实践水德遂成为统治天下的思想基础。如果说在他没有统一天下之时，尚不至于因此而使民离心离德，但在统一之后，实行术数合理的严苛待人，则终于激变民众，而有陈涉、吴广之揭竿而起。由此也可以窥见术数对于秦代政治介入之深。

在同书中记载：

> 三十六年，……秋，使者从关东夜过华阴平舒道，有人持璧遮使者曰："为吾遗滈池君。"因言曰："今年祖龙死。"使者问其故，因忽不见，置其璧去。使者奉璧具以闻。始皇默然良久，曰："山鬼固不过知一岁事也。"退言曰："祖龙者，人之先也。"使御府视璧，乃二十八年行渡江所沈璧也。于是始皇卜之，卦得游徙

---

① 《史记》卷六《秦始皇本纪》，中华书局1982年版，第237—238页。

吉。迁北河榆中三万家。拜爵一级。①

书中所载这次非常事件中，不能知道一只失而复得的玉璧对于秦始皇来说意味着什么，这不是可以通过知识或理性来进行考察的，于是，秦始皇还是运用卜筮的手段探求天意，在得到卦象之后，立即依卦而行，表现出对于上天的顺从与敬畏，希望以此来博得上天的欢心而受到庇佑。

还有同传中在三十七年时，因梦中与海神之战，又召博士为之解梦的记载。

通过以上的史实我们可以看出，在决疑问神的手段上，与易学有关的卜筮只是其中的备选之一，在术数庞大的前知手段中，易学卜筮只是相对重要的方法。

在《汉书·艺文志》中，把术数分为六种：

> 数术者，皆明堂羲和史卜之职也。史官之废久矣，其书既不能具，虽有其书而无其人。《易》曰："苟非其人，道不虚行。"……故因旧书以序数术为六种。②

《汉书·艺文志》所载术数分为六种：

天文	天文者，序二十八宿，步五星日月，以纪吉凶之象，圣王所以参政也。《易》曰："观乎天文，以察时变。"然星事殒悍，非湛密者弗能由也。夫观景以谴形，非明王亦不能服听也。以不能由之臣，谏不能听之王，此所以两有患也。

---

① 《史记》卷六《秦始皇本纪》，中华书局1982年版，第259页。
② （汉）班固撰，（唐）颜师古注：《汉书》卷三十《艺文志》，中华书局1962年版，第1775页。

续表

历谱	历谱者，序四时之位，正分至之节，会日月五星之辰，以考寒暑杀生之实。故圣王必正历数，以定三统服色之制，又以探知五星日月之会。凶阨之患，吉隆之喜，其术皆出焉。此圣人知命之术也，非天下之至材，其孰与焉。道之乱也，患出于小人而强欲知天道者，坏大以为小，削远以为近，是以道术破碎而难知也。
五行	五行者，五常之形气也。《书》云"初一曰五行，次二曰羞用五事"，言进用五事以顺五行也。貌、言、视、听、思心失，而五行之序乱，五星之变作，皆出于律历之数而分为一者也。其法亦起五德终始，推其极则无不至。而小数家因此以为吉凶，而行于世，浸以相乱。
蓍龟	蓍龟者，圣人之所用也。《书》曰："女则有大疑，谋及卜筮。"《易》曰："定天下之吉凶，成天下之亹亹者，莫善于蓍龟。""是故君子将有为也，将有行也，问焉而以言，其受命也如向，无有远近幽深，遂知来物。非天下之至精，其孰能与于此！"及至衰世，解于齐戒，而娄烦卜筮，神明不应。故筮渎不告，《易》以为忌；龟厌不告，《诗》以为刺。
杂占	杂占者，纪百事之象，候善恶之征。《易》曰："占事知来。"众占非一，而梦为大，故周有其官。而《诗》载熊罴虺蛇众鱼旐旟之梦，著明大人之占，以考吉凶，盖参卜筮。《春秋》之说妖也，曰："人之所忌，其气炎以取之，妖由人兴也。人失常则妖兴，人无衅焉，妖不自作。"故曰："德胜不祥，义厌不惠。"桑谷共生，大戊以兴。鸲雉登鼎，武丁为宗。然惑者不稽诸躬，而忌妖之见，是以《诗》刺"召彼故老，讯之占梦"，伤其舍本而忧末，不能胜凶咎也。
形法	形法者，大举九州之势以立城郭室舍形，人及六畜骨法之度数、器物之形容以求其声气贵贱吉凶。犹律有长短，而各征其声，非有鬼神，数自然也。然形与气相首尾，亦有有其形而无其气，有其气而无其形，此精微之独异也。

由以上六种术数来看，我们得知，关于前知的方法并不是只有卜筮一途，但整个术数系统之中，易学的影响是隐现可见的。在术数的体系之内，卜筮是非常重要的，这一点从它的来历及作用可以看出，对于"蓍龟"的定位："《书》曰：女则有大疑，谋及卜筮。""《易》曰：定天下之吉凶，成天下之亹亹者，莫善于蓍龟。"表明了其为"圣人之所用"的地位。

2. 秦代焚书与《易经》的独存

秦禁书的缘由是因为天下底定之后，在国家治理方式的选择上，李

141

斯认为"五帝不相复，三代不相袭，各以治，非其相反，时变异也"，时世变异，不可以墨守成规，在秦始皇创立前所未有的业绩时，当有全新的不同于过去的治理方法。同时，又由于儒家知识分子的法古干政，建议秦始皇"请史官非秦记皆烧之。非博士官所职，天下敢有藏《诗》、《书》、百家语者，悉诣守、尉杂烧之。……所不去者，医药卜筮种树之书"。[①] 这次建议被秦始皇所采纳，由此引起对我国古代文化的一次浩劫，大批的先秦典籍被焚毁，造成了不可估量的损失。

对于这次的焚书，我们通过对上文分析可知，焚书针对的是三种类型的图书：一是各国史书，二是儒家经典，三是其余百家学说。这就是说，此次的焚书是主要针对各国史书和儒家诗书，同时波及其余各家学说。由此设想，如果当时孔子的易学思想有很大的影响，达到了可以改变人们对于《易经》的看法，并把它归入儒家典籍之类，那么《易经》不被焚烧是不可想象的。

所以，象数易学当时的存在，并非是属于一家一派的特有典籍，这一点从诸子的论著中可以看到。它是由于某种程度上有着准宗教的地位，这在当时是任何的学术所不能替代的。在没有进行足够哲理化之前，这种沟通天地的技术始终被所有人所需要，由此而奠定了不可动摇的神圣地位。

二、秦汉象数易学的作用

1. 揣摩天意，判别吉凶

《汉书》对于杂占的定义是："《易》曰：'占事知来。'"可知，对于未来的不可知的探求，以《易》卜为工具进行判断，是当时一般知识阶层的共识。

[①] 《史记》卷六《秦始皇本纪》，中华书局1982年版，第255页。

贾谊在他著名的《鹏鸟赋》中记载了鹏鸟入屋后他最直接的反应,"异物来萃兮,私怪其故。发书占之兮,谶言其度",作为一位在政治上不得意而"谪居长沙",生活环境糟糕,心情郁闷,且"以为寿不得长",面对这样一只像猫头鹰的鹏鸟,突然飞进房屋,贾谊本能地认为"异物"入室,必有异事发生,当然地要发书占之。在获知"野鸟入室兮,主人将去"的结果后,便开始揣摩天意,是吉是凶。

2. 以数前知,趋利避害

在《汉书·儒林传》中,对于易学的前知能力,有特别的记载。可以说儒林传中所载群儒的故事中,只有易学传承是有特别含义的。具体说来,就是除却《易》的传承,其余所有的传承故事,如《诗》《书》等均为人与人之间发生的,是有迹可循并且是理性的;但是,在对于《易》传承中所有描述基本不是理性的描述,而是充满了一种由数而获前知的神秘。如下两则:

梁丘贺:

> (在宣帝时)会八月饮酎,行祠孝昭庙,先驱旄头剑挺堕坠,首垂泥中,刃乡乘舆车,马惊。于是召贺筮之,有兵谋,不吉。上还,使有司侍祠。是时霍氏外孙代郡太守任宣坐谋反诛,宣子章为公车丞,亡在渭城界中,夜玄服入庙,居郎间,执戟立庙门,待上至,欲为逆。发觉,伏诛。①

高相之事:

> 高相,沛人也。治《易》与费公同时,其学亦亡章句,专说阴阳灾异,自言出于丁将军。传至相,相授子康及兰陵毋将永。

---

① (汉)班固撰,(唐)颜师古注:《汉书》卷八十八《儒林传》,中华书局1962年版,第3600页。

> 康以明《易》为郎，永至豫章都尉。及王莽居摄，东郡太守翟谊谋举兵诛莽，事未发，康候知东郡有兵，私语门人，门人上书言之。后数月，翟谊兵起，莽召问，对受师高康。莽恶之，以为惑众，斩康。①

梁丘贺在通过对于坠剑于泥的事件进行卜筮之后，得知有刺客在预谋行刺，于是在这样的天示之下开始抓捕，果然发现有蓄谋已久的一次行刺计划正在被实施中；而高相之易也不讲章句，"专说阴阳灾异"，终于他的儿子高康因为卜筮得到东郡太守翟谊谋划起兵杀王莽之事而引来了杀身之祸。

由此可知，在秦汉时期，卜筮作为一种被普遍应用的前知工具，广泛地被用来揣摩天意，以求得到上天意旨的确切指向，进而采取有效的方法来趋吉避凶，通过上述事例，人们认为《易》卜可以基本准确获知天意是不言而喻的。

三、结　论

"及秦禁学，《易》为筮卜之书，独不禁，故传受者不绝也。"② 如果《易》不在被禁之列，可以肯定一点，在当时普遍的认识中，《易》是卜筮专书，而不涉及其他，当然也就不是儒家所独有的。

关于秦汉时期象数易的地位：

孔子称"蓍之德圆而神，卦之德方以智"。又曰："君子将有行也，问焉而以言，其受命而向。""是以禹之得皋陶，文王之取吕尚，皆兆告

---

① （汉）班固撰，（唐）颜师古注：《汉书》卷八十八《儒林传》，中华书局1962年版，第3602页。
② （汉）班固撰，（唐）颜师古注：《汉书》卷八十八《儒林传》，中华书局1962年版，第3597页。

其象，卜底其思，以成其吉。……圣人甚重卜筮，然不疑之事，亦不问也。甚敬祭祀，非礼之祈，亦不为也。"①

我们通过这样的描述，可以判断，当时象数易学具有准宗教的地位，在世俗化进程不为人察觉的时代里，这样的工具是同国家政权紧紧联系的，甚至在国家大政方针的制定上，也可以发现它所存在的痕迹。而那些不能参与政治决策的学问，如《诗》《书》等则在某种程度上成为意识形态的一种装饰和点缀，而在私人生活方面，象数易学虽然已经不再有力量牵手三代宗法性宗教而提供所有的生活意义，但是，它依然还是能够为当时的人们提供一种统一的世界观。由于它崇高的属性，在当时的社会生活中依然获得神圣的地位。

关于秦汉时期象数易的作用：

1. 一个人的行为是他选择的结果。当秦始皇将卜筮之书同医药种树之书并列于不焚烧之书行列时，他已经认定卜筮之书对于他及他的国家是有益的，《周易》不会同其他的百家著作一样给他带来统治上的问题。同时由秦始皇自己卜筮的记录也可以得知，这也是他自己决疑、祈请天意的主要手段之一。所以，不焚乃是秦始皇经过深思熟虑所得出的结论，另一方面也反衬出《周易》在当时社会中的真实的面目。《易传》及孔子的学说并无大规模的流传，而后世的追述失实使得这一基本事实发生了偏移。

2. 在局限条件下的利益最大化是社会运行基本的原则之一。由于中国传统社会是一个静态的农业社会，对外的交流不像古代希腊那样便利。古代的地中海世界由于交通便利，商业发达，各民族思想文化与技术的交流频繁，各种信仰宗教及前知系统活跃于不同的族群之间。对于古代的中国来说，在前知手段上基本无从对外交流，只能坚守本土所产生的易学卜筮。

---

① （东汉）王符：《潜夫论》卷六《卜列》，中华书局1985年版，第295页。

虽然，我们由孔子所说"百占而七十当"可知，也许他对于这样的结果表现出了自己的困惑，甚至可能是对于这样的预知体系的一种遗憾，并认为这是一种有局限性的前知手段。但是，在中国古代社会中，没有产生第二种可以与之并列而被人关注的预知体系。

这一点在贾谊发书占卜之后也被表现出来，虽然他知道《易》卜的结果是"野鸟入室兮，主人将去"。但也并不能更加具体地知道详细的信息，只能请问于鹏鸟"予去何之？吉乎告我，凶言其灾。淹速之度兮，语予其期"。由此也可以看出，至汉代时，士人眼中的象数易学的局限性及其不完满性。

所以，在这样一个封闭的大受局限的条件下，如果不能脱离当时人类认识世界的客观的历史阶段，那么，保留这样的卜筮手段，亦是使自己利益最大化的理性选择。毕竟，对于天意的揣摩以及求得上天的庇佑，这样的沟通工具是不能缺席的。

作者单位：中国社会科学院　山西大学

清代易学家传略

陈祖武

摘要：有清二百余年，经学繁兴，学者辈出，其中易学家亦多矣，言行著作散见于各种公私记载。今将叶衍兰先生祖孙合著《清代学者象传》未录之易学家，折衷荟萃，勒为一编，上启孙奇逢，下迄廖平，共网罗十七则，述其家世生平、学术源流、撰述著录。所撰各家小传，严格裁缀史籍，贯穿成文，篇幅统以千字左右，使用浅近语体文，以与叶氏《象传》相接。薪火相传，后先一脉，缅想前徽，庸助读书知人论世。

关键词：清代 易学家 传略

孙奇逢

孙奇逢，字启泰，号钟元，晚号岁寒老人，学者以其晚年所居尊为夏峰先生，河北容城人。明万历二十八年，举乡试，年仅十七。后累上春官，连遭颠踬。天启间，宦寺祸国，朝政大坏。先生挺身而出，与同郡鹿正、张果倡议醵金，营救善类，时有"范阳三烈士"之目。崇祯中，朱明王朝风雨飘摇，先生忧国忧民，屡屡在乡组织义勇，抗御清军袭扰，乡邦父老赖以保全。明亡清兴，顺治元年九月，清地方当局举荐人才，奉旨敦促就道，先生推病坚辞。二年三月，再荐，奉旨送内院考试，依旧以老病不出。三年，家园遭清廷圈占，举家含恨南徙。背井离乡，艰苦备尝。七年四月，抵达河南辉县苏门山，水色山光，相映成趣，百泉一区，尤称名胜，乃昔日孙登，邵雍诸高士隐居讲学之所在。九年，友人以苏门山夏峰田庐相赠。自此，先生视夏峰若故里，聚族而居，终老于斯。

定居夏峰，先生已届古稀之年。迄于逝世，二十余年间，先生潜心易学，超然物外，与四方求学者讲论于兼山草堂中。先生之学，原本陆九渊、王阳明，兼采程颐、朱熹。大旨以慎独为宗，以体认天理为要，以日用伦常为实际，力倡躬行实践。尝谓："文成之良知，紫阳之格物，原非有异，两贤之大旨固未尝不合。"盛倡："陆王乃紫阳之益友忠臣，有相成而无相悖。"力主合朱王学术于一堂，大声疾呼："我辈今日，要真实为紫阳、为阳明，非求之紫阳、阳明也，各从自心自性上打起全副精神，随各人之时势身分，做得满足无遗憾，方无愧紫阳与阳明。"顺治及康熙初叶，先生超然门户，合会朱王，以笃实躬行之为学风尚，领袖一方学术坛坫，卓然清初北学之开派宗师。夏峰门下，弟子云集。汤斌、耿介，以清廷儒臣而为入室高足；内黄知县张沐，服膺先生学行，率一县僚属士绅赴行馆受学；魏裔介、魏象枢、崔蔚林、许三礼诸内外官员，亦多有书札问学。一时南北名儒，若黄宗羲、顾炎武、傅山、张尔岐诸家，皆尊先生为老师耆宿。流寓扬州之四川学人费密，年近五十，远道追随，洵称一时学术佳话。

康熙十四年四月，先生在夏峰病逝，年九十有二。所著有《理学宗传》《圣学录》《中州人物考》《畿辅人物考》《甲申大难录》《取节录》《两大案录》《四书近指》《书经近指》《读易大旨》《日谱》《夏峰集》等。其中，尤以《理学宗传》二十六卷之结撰，历时最久，影响最大。顺治七年，书稿初成，弟子高鐈携往浙东，送请倪元瓒等审订。康熙六年，刊行于世。十二年，远寄浙东黄宗羲，南北呼应而有其后《明儒学案》之问世。道光八年，从祀文庙。

王夫之

王夫之，字而农，号姜斋，自署一瓠道人、双髻外史等，晚年隐居衡阳石船山，学者以其所居尊为船山先生，湖南衡阳人。明崇祯十五年秋，举武昌乡试。翌年正月，迫于内外交困，明廷将会试延期。明亡，清军南下。顺治五年十月，先生在衡山起兵抗清。兵败，南下广东肇庆。七年三月，抵广西梧州，官南明永历政权行人司行人。时南明朝廷权臣倾轧，善类灰心，先生位卑上疏，几遭不测。八年正月，潜归故里，退伏幽栖，俟曙而鸣。之后数年，先生改姓易名，身着瑶装，转徙于零陵、郴州、耒阳、常宁间。茹苦含辛，秉笔著述，相继撰为《周易外传》《老子衍》《黄书》诸稿。十四年四月，永历君臣西遁，湖南战火渐熄。先生始得返乡，潜心治学。其后十余年间，再成《尚书引义》《读四书大全说》《春秋家说》《春秋世论》《续春秋左氏传博议》《永历实录》《箨史》诸书。

康熙十二年冬，吴三桂倡乱滇中。明年二月，陷湖南全境。吴军所至，蓄发易衣冠，笼络明遗民。先生步出书斋，连年奔波于衡阳、湘乡、长沙、湘阴、岳州、萍乡间，与原南明旧臣蒙正发、张永明等时有往还。历时三年余，目睹清、吴双方军力消长，康熙十六年，先生决意归隐，著书终老。十七年闰三月，吴三桂穷途末路，称帝衡阳。事前，派员敦请草拟《劝进表》，为先生断然拒绝。答曰："某本亡国遗臣，扶倾无力，抱憾天壤。国破以来，苟且食息，偷活人间，不祥极矣。今汝亦安用此不祥之人为？"从此远避石船山，深居简出，专意著述。迄于逝世。十余年间，再成传世力作多部。其中，尤以《张子正蒙注》一书，光大张载学说，继往开来，最称不朽。先生有云："张子之学，上承孔孟之志，下救来兹之失，如皎日丽天，无幽不烛。圣人复起，未有能易焉者也。"

康熙三十年，先生撰《船山记》成，逝世前夕，自题墓石云："有明遗臣，行人王夫之，字而农，葬于此。其左则其继配襄阳郑氏之所祔也。自为铭曰：抱刘越石之孤愤，而命无从致；希张横渠之正学，而力不能企。幸全归于兹丘，因衔恤以永世。"复告诫哲嗣王敔道："墓石可不作，徇汝兄弟为之，止此不可增损一字。"二十一年卒，年七十有四。先生一生著述宏富，博及经史百家。除前述诸书外，尚有《礼记章句》《读通鉴论》《宋论》《姜斋诗文集》等，多达七十种、三百余卷。惟隐居深山，世所罕知。乾隆年间修《四库全书》，仅著录经部之作数种。道咸以降，始有《船山遗书》之汇刻。光绪三十三年，从祀文庙。

胡　渭

胡渭，初名渭生，字朏明，号东樵，浙江德清人。曾祖友信，明隆庆二年进士，官广东顺德知县。父公角，天启四年举人。先生年十二而孤，随母避乱山谷间。十五为县学生，试高等，充增广生。屡赴乡试不售，乃入太学。尝馆大学士冯溥邸。笃志精义，尤精于舆地之学。康熙二十八年，昆山徐乾学被劾去职，诏允携《一统志》书局自随。先生应聘南行，入徐氏洞庭山书局任分纂，因得纵观天下郡国之书。先生素习《禹贡》，谓汉唐二孔氏，宋蔡氏，于地理多疏舛。如"三江"，当主郑康成说，庾仲初之言不可从；"浮于淮、泗，达于河"，"河"当从《说文》作"菏"，"荥波既猪"，"波"当从郑康成本作"播"；梁州之"黑水"，与导川之"黑水"，不可混而为一。乃博稽载藉及古今经解，考其同异而折衷之，依经为训，章别句从，著《禹贡锥指》。全书凡二十卷，为图四十七篇，于九州山川形势，郡国分合同异，道里远近夷险，讨论详明。两宋以降，注《禹贡》者数十家，精核典赡，此为之冠。汉唐以来，河道迁徙，虽非《禹贡》之旧，要为民生国计所系。故于《导河》一章，备考历代决溢改流之迹，且为图以表之。先生留心经济，异于迂儒不通时务者远矣。

先生究心《易》学，历有年所。尝谓："《诗》《书》《礼》《春秋》皆不可无图，唯《易》无所用图，六十四卦二体六爻之画，即其图也。八卦之次序方位，则乾坤三索，出《震》齐《巽》二章尽之矣，安得有先后天之别？《河图》之象，自古无传，何从拟议？《洛书》之文，见于《洪范》，五行九宫，初不为《易》而设。"本此而著《易图明辨》十卷。全书引据旧文，参证比勘，允称穷溯本始，源流厘然。乾隆间修《四库全书》，全文著录，首肯先生正本清源之功。评为："视所作《禹贡锥指》，尤为有功于经学。"先生又著《洪范正论》五卷，大旨以禹之治水本于九畴，故首言鲧堙洪水，继言禹乃嗣兴，终言天乃锡禹。则《洪范》为体，而《禹贡》为用，互相推阐，其义乃彰。全书排比文献，辩证旧说，所论一轨于理，汉儒附会之谈，宋儒变乱之论，皆得廓清。所著《大学翼真》七卷，言"格物致知之义，释在《邦畿》章内，本无阙文，无待于补"。洵称实事求是，卓然有得。

康熙四十四年首春，《禹贡锥指》经儒臣进程内廷，圣祖览而嘉之。三月南巡，驻跸吴郡。先生撰《平成颂》一篇献诸行在，有诏嘉奖，召至南书房直庐，赐馔及书扇，御书"耆年笃学"四大字赐之，儒者咸以为荣。康熙五十三年卒，年八十有二。

乔　莱

乔莱，字子静，号石林，江苏宝应人。父可聘，明天启二年进士，官河南道御史，以廉直闻，入清不仕，年过八十，望重东南。先生承家学，自幼英敏绝伦。康熙二年，举乡试。六年，成进士，除内阁中书舍人。十一年，充顺天乡试同考官。寻以父老请归终养，丁忧居丧尽礼，服除补原官。十七年，诏举博学鸿儒，列名荐牍。明年，召试体仁阁，赋诗居一等，改授翰林院编修，纂修《明史》。史馆初设东安门内，肩舆不得进，先生体肥，窘于步趋，骑骡一头，晨入申出，考稽典籍。退朝辄考证史事，诗文酬唱，同馆有持异说者，审其本末而匡正之，不与之争也。念崇祯朝乏实录，与同馆四人先撰长编，以兹讨论。二十年，三藩乱平。翌年二月，补行乡试，主考广西，称得士。还京，充实录馆纂修官。二十四年，再试词臣，圣祖悦先生作，赞曰："乔莱学问优长，文章古雅。"爰命充日讲起居注官。寻迁左春坊左中允，纂修《三朝典训》，进翰林院侍讲，再进侍读。

会河工告急，海口浚河之议起。淮阳郡县濒漕河者，旧有堤以捍水。河臣靳辅设减水坝泄水东流，致灌民田庐，被其灾者七邑。台臣有请浚海口出积水者，靳辅上言浚海口不便，请于邵伯、高邮间，置闸泄水，复筑长堤抵海口，以东所泄之水，使水势高于海口，则趋海自速。下廷臣议，多是河臣言。先生乃集淮扬士大夫于寓所，慷慨言曰："今日之事，当以死争之，功名不足顾，身家不足惜矣！"十一月二十一日，先生入直起居注。圣祖于懋勤殿召见大臣，问河工事，先生奏曰："从于成龙议，则工易成，百姓有利无害。若从靳辅议，则工难成，百姓田庐坟墓伤损必多。且堤高一丈五尺，束水一丈，比民间屋檐更高，伏秋时一旦溃决，为害不浅矣。"圣祖问："此尔一人意见耶？"先生对："淮扬人所见皆与臣同。"翌日，复合户科给事中刘国黻等十人，上《束水注海四不可》议。圣祖纳其言，河臣议乃寝。先生以词臣议河工而为时所称，吏部尚书李之芳曰："知仁勇先生兼之矣！"户部尚书梁清标谓："江淮之间，可谓有人！"然先生亦因之遭忌，身陷门户政争。二十六年，中蜚语落职。

罢官还乡，治废圃曰纵棹园，垒石疏池，小舟往来，读《易》其中。先生工诗文，少从王士禛游，士禛称其使粤诗奇秀峭拔。古文师汪琬，琬极推之。晚年潜心读《易》，杂采宋元诸家《易》说，推求古今治乱得失，成《易俟》十八卷。三十三年春，奉旨入京居住。先生在京键户读《易》，居数月，病作而逝，年五十有三。所著有《易俟》《宝应志》及《应制集》《使粤集》《归田集》等。

李 塨

　　李塨,字刚主,号恕谷,河北蠡县人。先生自幼秉承庭训,学文习武。康熙十六年,入县学。十八年,服膺颜元先生实行、实习、实用之学,朝夕追随,学礼问业。尝谓:"咫尺习斋,天成我也,二传其学,是自弃弃天矣。"二十九年,举顺天乡试。三十四年,幕游浙江,拜谒萧山毛奇龄,问乐律、经学、音韵。时阎若璩撰《尚书古文疏证》,力斥晚出《古文尚书》为伪托。奇龄持论易趣,撰《古文尚书冤词》相驳诘。先生以奇龄说为是,昌言:"今人驳《尚书》不已,因驳《系辞》,驳《系辞》不已,因驳《中庸》,不至扬矢周、孔不止。此圣道人心大患,岂能坐视不言!"三十八年秋,北归。翌年春,入京会试,复遭败绩。时值《明史》《会典》《一统志》诸书相继开馆,四方名士荟萃京城,朝廷显宦多邀集才俊,附庸风雅。先生落第留京,刑部尚书吴涵、礼部侍郎徐秉义,乃至大学士王掞、王士禛等,皆慕名相请,吴、徐且出资刊先生所著《大学辨业》《圣经学规纂》《论学》诸书。

　　康熙四十年,《大学辨业》在京刊行。书中,先生本颜元之教,释"格物致知"为学习礼乐兵农。略谓:"《周礼》大司徒,以乡三物教万民而宾兴之。一曰六德,智仁圣义忠和;二曰六行,孝友睦姻任恤;三曰六艺,礼乐射御书数。此物字,正格物之物,古圣学也。"甬上大儒万斯同时客京城,欣然为之撰序,赞为:"得古人失传之旨,而卓识深诣为不可及。"万先生在京中素有讲会,显宦张罗,廷臣环座。一日会讲绍宁会馆,公请万先生讲郊社礼。斯同登坛,推荐先生于听众曰:"此蠡李先生也,负圣学正传,非余敢望。今且后郊社,请先言李先生学,以为求道者路。"大兴王源以辞章名世,闻先生言颜元习行经济之学,乃尽弃旧学,师从颜元,成先生之诤友。四十三年九月,颜元病故博野，先生兼程奔丧，哭祭云："使塨克济，幸则得时而驾，举正学于中天，挽斯世于虞夏。即不得志，亦拟周流吸引，鼓吹大道，使人才蔚起，圣道不磨。"五十六年，援例选授知县，先生见行道无望，请改教职。翌年，莅任通州，仅两月余，即以亲老身病，辞官还乡。

先生晚年，课徒授业，抱病著述。早年追随颜元，一如其师，无意著述。尝谓："纸上之阅历多，则世事之阅历少；笔墨之精神多，则经济之精神少。"逮至暮年，学随世变，乃云："苟有用我，天清地宁，经正邪除，安用著述立言哉？正谓道不得行，故不得已而喋喋耳。"雍正十一年，病逝乡里，年七十有五。所著有《周易传注》《筮考》《郊社考辨》《论语传注》《大学传注》《中庸传注》《传注问》《李氏学乐录》《小学稽业》《大学辨业》《圣经学规纂》《论学》《拟太平策》《恕谷后集》等。

任启运

任启运，字翼圣，号钓台，江苏宜兴人。少读《孟子》，至卒章，辄哽咽，大惧道统无传。家贫，无藏书，从人借阅。夜乏膏火，持书就月，至移墙不辍。事父母以孝闻。雍正元年，举乡试，年已五十有四。十一年，计偕至都，适世宗问及精通性理之学者，尚书张照以先生名上。特诏廷试，以"太极似何物"对，进呈御览，得旨嘉奖。会成进士，遂于胪唱前一日引见，特授翰林院检讨，在阿哥书房行走。世宗尝问以"朝闻夕死"之旨，先生对以"生死一理，未知生，焉知死"。世宗曰："此是贤人分上事，未到圣人地位。从此作去，久自知之。"逾年抱疾，赐药赐医。越月谢恩，特旨绕廊而进，面谕："知汝非尧舜不敢以陈于王前。"再四慰安，务令自爱，令侍臣扶掖以出，且遥望之。高宗登极，仍命在书房行走，署日讲起居注官。寻擢中允。乾隆四年，迁侍讲，晋侍讲学士。七年，擢都察院左佥都御史。八年，充《三礼》馆副总裁，寻升宗人府府丞。

先生学宗朱子，尝谓诸经已有朱子传，独未及《礼经》，乃著《四献祼馈食礼》三卷。以《仪礼》特牲、少牢馈食礼皆士礼，因据《三礼》及他传记之有关王礼者推之，不得于经，则求诸注疏以补之，书凡五篇，一曰《祭统》，二曰《吉蠲》，三曰《朝践》，四曰《正祭》，五曰《绎祭》。其名则取《周礼》"以四献祼享先王""以馈食享先王"之文，较之黄榦所续祭礼，更为精密。又著《宫室考》十三卷，于李如圭《释宫》之外，别为类次，曰门、曰观、曰朝、曰庙、曰寝、曰墅、曰宁、曰等威、曰名物、曰门大小广狭、曰明堂、曰方明、曰辟雍，考据颇称精核。《仪礼》一经，久成绝学，先生研究钩贯，不愧穷经之目。又著《礼记章句》十卷，以《大学》《中庸》朱子既成章句，则《曲礼》以下四十七篇，皆可厘为章句。但所传篇次，序列纷错，爰仿郑康成序《仪礼》例，更其前后，并为四十二篇。其有关伦纪之大，而为秦、汉、元、明轻变易者，则众著其说，以俟后之论礼者酌取。外有《周易洗心》九卷，《四书约指》十九卷，《孝经章句》十卷，以及《夏小正注》《竹书纪年考》《逸书补》《孟子时事考》《清芬楼文集》等书。

先生勤苦著述，老而弥笃。年七十有二，犹书自责语曰："孔、曾、思、孟，实为汝师，日面命汝，汝顽不知，痛自惩责，涕泗涟洏。呜呼老矣，瞑目为期。"及总裁《三礼》馆，夙愿得遂，因尽发中秘所藏，平心参订，目营手写，漏下二十刻而不辍。论必本天道，酌人情，务求合朱子遗意。而心神并耗，竟以是终。乾隆九年，卒于京中赐第，年七十有五。

惠周惕

惠周惕，原名恕，字而行，后改周惕，字元龙，号砚溪，自署红豆主人，江苏吴县人。父有声，号朴庵，明贡生，以晚明乱，遂不就乡举，入清，弃诸生，隐居不出，以九经教授乡里，惟与同里徐枋交厚。

先生少禀家学，开敏殊常，劬学苦读，坐立不辍。九岁，通九经章句。年十余，暗记《三史》，为古文议论英颖。每读《史》《汉》、唐宋之文，爱其文笔驰骋，锐意效仿。十三，学赋诗，天然去雕饰。最善五言，往往得佳句，传诵一时。年方总角，已得徐枋先生目为"伟器"。甫弱冠，即以古文词名世。一日，先生执少作《东篱草》，问业于徐枋，徐先生欣然撰序，以学勉之。嘱先生日事于学，以厚养其气，益充其才，则其所就未可量也。先生终身不忘师恩，尝辑徐先生手教十七通为一册，书其后云："予于是册，不独溯先生之风流，且于人世盛衰聚散之外，戚戚焉有桑梓霜露之悲也已。"后又受业同郡汪琬，十数年门墙洒扫，教益至深。汪先生卒，先生撰《书尧峰文钞》后曰："先生之学，无所不通，而其指以《六经》为归。然后浸淫乎《史》《汉》，反复乎欧、曾，折衷乎紫阳，立言命意，皆有所本。即一字一句，其根底本有所自来，非余小子所能窥见万一者。"

既壮，补邑诸生。中年以还，困于衣食，奔走四方。渡江绝淮，溯河入济，历鲁卫齐赵以抵京师。广交南北魁人杰士，学与日进。康熙十四年，中江南乡试副榜。十七年，荐举博学鸿儒，以丁外艰不与试。二十九年，举顺天乡试第十名。三十年，中会试第六名，殿试二甲第七名，选翰林院庶吉士。三十三年，散馆，以不谙满文改官密云县知县。

先生邃于经学，为文章有矩度，诗兼唐宋，自出新意。惠氏一门，经学传家。先生秉承庭训，通经绩学，恪守"以经解经"之教，治《易》《诗》《三礼》《春秋》而启新路。子士奇张大父说，遍治群经。至孙栋注《易汉学》，高扬汉帜，卓然成家。四世传经，史册褒美。康熙三十四年冬，先生就读书治学，有家书教士奇诸子曰："读书有法，古人云博闻强记，又云不守章句，二者似乎相反而实相成。惟能博闻强记，前后贯穿，烂熟于胸中，而后能领其意于章句之外。否则生生疏疏，恍恍惚惚，才掩卷便尔忘却，安有新机相引哉？惟读之熟，思之深，则古人之书皆为我物，唯我所用矣。"先生告诫士奇兄弟："读书宜在少年，不可不勉。每日先读本经，次及五经，次及史。功贵不断，不贵多。"三十六年闰三月，卒于官舍，年五十有七。所著有《易传》《师说》《三礼问》《春秋问》及《砚溪诗文集》等。

惠　栋

惠栋，字定宇，号松崖，江苏吴县人。曾祖有声、祖周惕、父士奇，三世传经，笃守古义。先生少承家学，稽古不怠，经史百家，道释二藏，无不广涉博览。康熙五十五年，入吴江县学，后改补元和县学博士弟子员。五十九年冬，随父宦居广东，与一方俊彦讲论文艺，学问大进。雍正四年冬，先生父任满还京，翌年五月，以奏对不称旨，罚修镇江城垣。九年，产尽停工罢官。先生连年奔忙于苏州、镇江间，饥寒困顿，甚于寒素，惟藉馆谷自给。高宗即位，先生父喜获复职。乾隆四年，父以老病归。六年以后，先生连丁父母忧，家境大坏，犹沉潜经学，闭门读易，声出户外。

惠氏一门，以表彰汉儒易说为家学。先生曾祖有声，尝悯汉学之不存也，取李鼎祚《易解》所载，参众说而为之传。晚明天启、崇祯间，书稿遭乱散佚，以其说口授周惕。周惕传士奇，遂有《易说》六卷之问世。先生承父祖未竟之业，梳理两汉经师易学源流。乾隆九年，《易汉学》初稿成。是年秋，出应乡试，因逾越《四书章句集注》，援引《汉书》立论，横遭斥黜。之后，先生息意进取，甘贫甘淡，潜心课徒著述。既造就江声、余萧客诸高足，亦撰成《古文尚书考》《左传补注》《汉书补注》等多种著述。十四年，先生发愿总结父祖经说及多年治易心得，开始结撰《周易述》。同年十一月，高宗颁谕，责成内外大员荐举研精经学之绩学宿儒。翌年，先生以"博通经文，学有渊源"，为两江总督黄廷桂、陕甘总督尹继善列名荐牍。先生就此致书尹氏鸣谢，专意表彰汉学云："栋四世咸通汉学，以汉犹近古，去圣未远故也。《诗》

《礼》毛、郑，《公羊》何休，传注具存。《尚书》《左传》，伪孔氏全采马、王，杜元凯根本贾、服。惟《周易》一经，汉学全非。"十六年，因江苏地方大吏未能如期送呈先生经学著述，以致失去遴选资格，先生怅然而归。十九年，应两淮盐运使卢见曾聘，入扬州卢氏幕府。其后数年间，先生助卢氏整理刊行《雅雨堂藏书》，补刻朱彝尊著《经义考》，潜心著述，传播汉学。先生接武顾炎武"读《九经》自考文始，考文自知音始"之教，力倡训诂明则古经明。尝谓："汉人通经有家法，故有《五经》师。训诂之学皆师所口授，其后乃著竹帛。所以汉经师之说立于学官，与经并行。五经出于屋壁，多古字古言，非经师不能辨。经之义存乎训，识字审音，乃知其义。是故古训不可改也。经师不可废也。"二十二年，休宁戴震幕游扬州，执经问难，以师礼事先生，且张大先生说，扬出"放训明则古经明"之著名主张。

乾隆二十三年春，病笃辞归，《周易述》未克卒业而逝世，年六十有二。所著除前述诸书外，尚有《九经古义》《渔洋山人精华录训纂》《九曜斋笔记》《松崖笔记》《松崖文钞》等。乾嘉史坛大家钱大昕撰先生传，称："汉学之绝者千有五百余年，至是而粲然复彰矣！"

庄存与

庄存与，字方耕，号养恬，江南武进人。父柱，康熙五十九年举人，考授内阁中书，雍正五年进士，官大兴知县，累官至浙江温处兵备道。先生幼秉庭训，五岁就塾读书。雍正八年随父宦居大兴。会京师地震，险遭不测。后从舅氏钱枝起问学，力探经文，兼治性理百家。乾隆九年，举顺天乡试。十年，以一甲二名进士授翰林院编修，旋乞假南归。十一年，返京，入庶吉士馆。十三年五月，散馆，考列二等。高宗谕曰："历科进士，殿试一甲第一名即授为修撰，二名、三名即授为编修，全散馆时，并无所更易。伊等恃己授职，遂自甘怠忽，学业转荒。

即如今年散馆，修撰钱维城考列清书三等，编修庄存与考列汉书二等之末，其不留心学问，已可概见。"寻以先生平时尚留心经学，著再教习三年。十六年五月引见，仍授编修。

会高宗诏举经学，令儒臣纂修《春秋直解》，屡屡表彰汉儒董仲舒。十七年六月，以董仲舒"天人三策"为题，考试翰林院、詹事诸儒臣于正大光明殿。先生素习董子《春秋》，且于原文"册曰"以下四条，谙熟在胸，一字不遗。高宗大为嘉叹，即擢先生侍讲，入直南书房。其后三十余年间，先生由侍讲累官至内阁学士兼礼部侍郎，历任湖北、湖南、直隶、山东、河南诸省学政及乡会试正副主考。乾隆中叶以降名儒邵晋涵、孔广森等，皆为先生所识拔。自乾隆三十三年起，供职上书房十余年，授高宗十一子成亲王永瑆经史。

先生一生治经学，且早年为学之始，即得益于阎若璩《尚书古文疏证》。然不取一时儒臣"重写二十八篇于学官"之议，主张荟萃《六经》《四子》，穷源入微，择善而从，一以"实用"为依归。尝谓："古籍坠焉十之八，颇藉伪书存者十之二。《大禹谟》废，人心道心之旨、杀不辜宁失不经之诫亡矣；《太甲》废，俭德永固之训坠矣；《仲虺之诰》废，谓人莫己若之诫失矣；《说命》废，股肱良臣启沃之谊丧矣；《旅獒》废，不宝异物、贱用物之诫亡矣；《冏命》废，左右前后皆正人之美失矣。今数言幸而存，皆圣人之真言。"因此，先生之治经，不专为汉宋笺注之学，而独得先圣微言大义于语言文字之外。晚晴今文经学兴，遂推先生为道夫先路之宗师。

乾隆五十一年正月，先生以年力就衰，致仕还乡。五十三年十月，病卒故里，年七十正。先生学贯六艺，阐抉奥旨，于群经皆有论著。所著计有《易说》《尚书既见》《尚书说》《毛诗说》《周官记》《周官说》《春秋正辞》《乐说》《算法约言》《味经斋文稿》等，共七十七卷。其中专论经学诸书，于道光间汇为《味经斋遗书》刊行。论者谓先生以学术自任，开天下知古今之故，百年一人而已矣。

焦 循

焦循，字理堂，一字里堂，晚号里堂老人，江苏扬州甘泉人。曾祖源、祖镜、父葱，世传易学。葱兼得岳家王氏说《易》之法，先生少颖异，初为诸生，攻举子业，习诗古文。既壮，雅尚经术，与阮元齐名。乾隆末、嘉庆初，元督学山东、浙江，俱招先生往游。嘉庆六年，举乡试，年已三十有九。翌年，入都会试，落第而归。不堪举业蹉跎，自北绝意仕进，托疾不出。蛰居于所葺雕菰楼中，潜心著述，课徒授业。尝叹曰："家虽贫，幸蔬果不乏，天之疾我，福我也。吾老于此矣！"

先生博闻强记，识力精卓。每得一书，无论隐奥平衍，必究其源，以故经史、历算、声音、训诂，无所不精。年十四，随父学《易》，父问"密云不雨，自我西郊"二语，何以既见于《小畜》，又复见之《小过》？先生反复其故不可得。年十七，与同郡顾凤毛订交。凤毛传其父九苞经学，先生为之叹服，始治《毛诗》，乾隆五十二年，凤毛以家藏《梅氏丛书》相赠，谓："君善苦思，可卒业于是也。"迄于嘉庆六年，十余年间，先生由钻研梅文鼎遗著入手，究心古法，会通中西，相继撰成《释弧》三卷、《释轮》二卷、《释椭》一卷、《加减乘除释》八卷、《天元一释》二卷、《开方通释》一卷，后汇为《里堂学算记》刊行。嘉庆七年之后，决意专力治《易》。自十五年起，更摒除一切外务，潜心结撰《易学三书》，即《易通释》二十卷、《易图略》八卷、《易章句》十二卷。先生之于易学，辛勤耕耘数十年。始究程颐、朱熹，渐探服虔、郑玄，自汉魏至元明，迄于当代惠栋、张惠言诸家，凡说《易》之书，皆摘其精要，记录于册。然后以先前究心历算之所得，以数之比例，求《易》之比例。与之同时，又将文字训诂中之假借、转注诸法引入易学，终于摆落汉宋，自成一家。嘉庆二十年，《三书》中之最后一部《易章句》脱稿，先生已然年逾半百。

先生之学，会通汉宋，实事求是。力倡"证之以实而运之于虚"之治经方法，主张"博览众说，各得其意，而以我之精神气血临之"。尝谓："经学之道，亦因乎时。汉初，值秦废书，儒者各持其师之学。守之既久，必会而通。故郑氏注经，多违旧说。有明三百年，率以八股为业，汉儒旧说，束诸高阁。国初，经学萌芽，以渐而大备。近时数十年来，江南千余里中，虽幼学鄙儒，无不知有许郑者。所患习为虚声，不能深造而有得。盖古学未兴，道在存其学；古学大兴，道在求其通，前之弊患乎不学，后之弊患乎不思。证之以实而运之于虚，庶几学经之道也。"本之而治群经，遂成一代通儒。嘉庆二十五年卒，年五十有八。所著尚有《孟子正义》《六经补疏》《书义丛钞》《毛诗地理释》《论语通释》《里堂道听录》《雕菰楼文集》等。

端木国瑚

端木国瑚，字子彝，一字井伯，号鹤田，晚号太鹤山人，浙江青田人。青田故有鹤，而山以鹤名，先生生而神貌肖之。少有异禀，七岁入塾，数月辄尽诵同学所读书。年十二，或假以《尚书》，四日即成诵。阮元督学浙江，嘉庆二年至处州，以《青田画虎赋》试诸生，喜得先生文。归与署按察使秦瀛曰："此青田鹤也。"乃檄之来杭州，读书敷文书院。学使署西园有定香亭，阮元令先生赋之，赋成，海内传诵焉。元因之有句云："谁是齐梁作赋才，定香亭上碧莲开。栝州酒监秦怀海，招得青田白鹤来。"

嘉庆三年秋，先生举浙江乡试，旋公车赴京。四年春，初上春官，阮元以户部侍郎任副考官，与主考朱珪皆欲拔先生于贡士之中，惜未得如愿。之后，先生叠经会试而不第。嘉庆十三年，遂援例大挑知县，乞改教职，任浙江归安教谕。先生乐任教职，清介绝俗，未尝妄受一钱，贫士有志者，辄分俸助之。道光十年春，宣宗改卜陵寝，令廷臣通晓堪舆之人。那彦成、恩禧以先生所著《地理元文注》进呈。宣宗问近臣知先生否，大学士曹振镛对曰："此浙江名士，臣久闻其名。"五月，宣宗谕军机大臣等："朕闻浙江归安县教谕端木国瑚通晓堪舆，著刘彬士即传该员到省，饬令来京，务于中秋前后赶到。将此谕令知之。"先生接谕，殊出意表，惊呼："吾竟以方技名乎？"深悔不当治堪舆家言。后有诗记曰："儒官行且老，读《易》白蘋洲。帝有万年虑，臣无一日谋。诏书行驿马，祖道出江鸥。期及长安日，黄山禁树秋。旌召虞人贱，轮征处士虚。才疏违世用，力薄诣公车。帝重苍生问，臣轻黄石书。何时塞明诏，归守卞山庐。"帝陵工竣，先生以相万年吉地有功，将以知县用。因先生无意就县令职，乃特授内阁中书，加六品秩。

道光十三年春，先生在京郊晤云贵总督、协办大学士阮元，酹酒朱珪墓园。三月，元将陛辞，宣宗诏之入会闱，录异才三数人。先生适在其选，遂以三甲成进士，仍以知县改请归中书。先生好学深思，通王人之奥，旁及阴阳术数，尤深于《易》。同时龚自珍治经有声，傲睨一切，尝与先生论《易》，叹为闻所未闻。朝鲜使臣入贡，通问致殷勤曰："君所为定香亭赋，东国人已传诵，请讲《易》。"先生为发挥旁通之旨，皆餍心而去。先生以能诗名，风调清丽，自成一家。道光十七年卒，年六十有五。所著有《周易指》《周易葬说》《太鹤山人诗集》《太鹤山人文集》等。

丁 晏

丁晏，字俭卿，号柘唐，晚号石亭居士，江苏山阳人。先生自幼体羸，少而清癯，以读书养气，日益强固。性嗜读书，见典籍即详阅，默识心通。年未弱冠，《九经》咸可成诵。嘉庆十七年，补博士弟子员，年方十九。十八年，阮元督漕运，举观风试，以汉《易》十五家发策。先生条对万余言，且有专条驳策题。时江藩主讲丽正书院，激赏之，称先生摭群籍之精，阐汉《易》之奥，好学深思，屈指当世。二十年，补廪膳生。二十四年，取列江苏优贡第三名。翌年，入都朝考，取二等第一名。道光元年，举江南乡试。后屡上春官不第，应聘历主阜宁、盐城、淮关之观海、表海、文律诸书院讲席。鸦片战火起，二十三年，以团练义勇，保卫乡里功，奉旨加内阁中书衔。二十四年，大挑二等，以教谕用。二十八年，以修淮安城捐输功，议叙中书，奉旨赏加内阁侍读衔。咸丰三年，太平军入南京，淮安人心惶惶。先生经画守御，积劳卧病。旋以事为人所劾，奉旨遣戍。幸变卖家产，捐缴台费，部议免行。九年，应聘主丽正书院讲席。十一年，叙守城劳绩，赏戴花翎，并加三品衔。同治三年，再赏二品封典。九年，应聘总纂《山阳县志》。十一年，以入学年届周甲，重宴泮林。

先生治经一生，会通汉宋，扫出门户。尝著《读经说》，谓："汉学、宋学，不可分门户之见。汉儒正其诂，诂定而义显。宋儒析其理，理明而诂精。"其为学守有恒古训，治一书毕，方治他书，不见异思迁，不偶作中辍。本之而遍治群经，于《易》述程子之传，撰《周易述传》二卷。于《孝经》集唐玄宗、宋司马光、范祖禹之注，撰《孝经述注》一卷。于《尚书》以顾炎武云《伪古文》雅密，非梅赜所能为，考之《家语后序》及《释文》《正义》诸书，而断为王肃所作。谓："肃雅才好博，好作伪以难郑君。郑君之学昌明于汉，肃为《古文孔传》以驾其上，后儒遂误信之，千数百年莫能发其覆。近世惠栋、王鸣盛颇疑肃作，而未能畅明其旨。"故特著论以申辩之，撰《尚书余论》二卷。又正胡渭《禹贡锥指》疏失并补其未备，撰《禹贡锥指正误》一卷、《禹贡集释》三卷。生平笃好郑学，于《诗笺》《礼注》研讨尤深。著有《毛郑诗释》四卷、《郑氏诗谱考证》一卷、《诗考补注补遗》三卷、《三礼释注》八卷。又辑《郑康成年谱》。取康成《六艺论》，署其堂曰六艺，以申仰止之思。

先生兼擅史学，著有《马班陈范四史余论》五卷。又熟谙《通鉴》，于温公所论断尤研玩弗置，以故经世优裕，凡堤工、赈务、浚河、通渠、修城、守御，均有功于乡里。光绪元年卒，终年八十有二。所著书四十七种，汇为《颐志斋丛书》刊行。另有后人所辑《颐志斋文集》《诗集》等。

俞　樾

俞樾，字荫甫，号曲园，浙江德清人。先生儿时驽钝，四岁，父以乡居僻野，林、樾二子不能从师问学，乃迁居仁和之临平镇，依外家以居。十岁，读书孙氏砚贻楼，师从中表戴贻仲问举业。年十四，侍父读书毗陵汪氏家馆。年十六，补县学生。道光二十四年，举乡试，时年二十有四。三十年，成进士，入翰林院为庶吉士。时曾国藩以礼部侍郎充朝考阅卷大臣，见先生覆试诗首句云："花落春仍在"，喜谓："咏落花而无衰飒意，与小宋《落花》诗意相类。"乃言于同官，拔置第一。先生受知曾氏自此始。后以"春在堂"名一生著述汇编，志知遇也。咸丰二年，散馆，授编修，以博物闳览，称于辇下名辈。五年八月，简任河南学政。在官二年，为御史曹登镛劾，以出题割裂经典革职。八年，南归，侨寓苏州，时年三十有八。

先生既返初服，读高邮王念孙、引之父子《广雅疏证》《读书杂志》《经传释词》《经义述闻》，服膺其说，由小学入而治群经。尝谓："治经之道，大要有三，正句读，审字义，通古文假借。三者之中，通假借为尤要。"于是接武《经义述闻》，结撰《群经平议》。同治三年，书成。又谓："圣人之道俱在于经，而周秦两汉诸子之书，亦各有所得。然诸子之书文词奥衍，且多古文假借字，颠倒错乱，读者难之。"乃步趋《读书杂志》，援《群经平议》例，再成《诸子平议》。又以周秦两汉至于今远矣，执今人寻行数墨之文法，而读诸家书，执今日传刻之书，而以为古人之真本，此疑义之所日滋。因刺取群经诸子，复撰《古书疑义举例》。全书为例八十有八，每条各举古书数事，以使读者习知其例，有所据依，则小变《经传释词》之例而推衍之。逮光绪初，所撰《曲园杂纂》《俞楼杂纂》《茶香室经说》诸书出，析疑振滞，学与年进，皆嘉惠一时学林。先生尝总办浙江书局，建议江浙扬鄂四局分刻《二十四史》，又于浙局精刻《子书二十二种》，海内称为善本。先生中年以后，勤于著述，笃老不倦，每竟一岁，皆有写定之书刊行，卷帙繁富，几于等身。

先生居林下四十余年，历主苏州紫阳、上海求志、德清清溪、归安龙湖诸书院讲席。尤以掌教杭州诂经精舍，自同治七年迄光绪二十四年，达三十一年之久，为历来所未有。两浙之士，承闻训迪，蔚为通材者，不可胜数。章太炎先生即挺生其间之大儒。光绪二十九年，举乡重逢，浙中大吏以重宴鹿鸣请。得旨复编修原官，有"早入词林，殚心著述，教迪后进，人望允孚"之谕。光绪三十二年十二月，卒于苏州寓庐，享年八十有六。所著除前述诸书外，尚有《第一楼丛书》《茶香室从钞》《春在堂杂文》《宾萌集》《春在堂诗编》等，总题《春在堂全书》，凡五百余卷。

黄以周

黄以周，字元同，号儆季，晚号哉生，浙江定海人。父式三，岁贡生，博综群经，敦品力学，以诚孝望重一方。先生性孝友，四岁丧母，长而追思不已，事继母如所生。少传父学，与兄以愚、以巽及从兄以恭作经课，相互砥砺。道光二十六年，补诸生，时年十九。同治初，督学吴存义试宁波，以《明堂考》命题。先生据《隋书·宇文恺传》，谓："《考工记》'夏后氏世室，堂修二七'，'二'为衍文。"存义深赏之。尝居浙城，闻兵警，先生独研索经义，积十书夜，而知《孟子》夏五十、殷七十、周百亩之异，乃在步尺，而非井疆，自谓足破二千年之疑难。

同治九年，荐优贡生，旋举乡试。明年会试，选誊录，期满当得知县，不就。光绪六年，大挑二等，以教职用，历署遂昌、海盐、于潜训导，补分水训导。九年，江苏学政黄体芳创南菁书院于江阴，聘先生主持讲席。督课经史古学，成就甚众。十四年，以浙江学政瞿鸿机荐，赐内阁中书衔。十六年，复以浙江学政潘衍桐荐，奉旨升用教授，旋补处州府教授。先生以年届七旬不就。

先生一生以明经传道为己任，会通汉宋，实事求是。尝谓："《六经》之外无所谓道，六书之外无所谓学。故欲谭道者先通经，欲通经者先识字。离故训以谈经而经晦，离经以谈道而道晦。"力主："去汉学之琐碎而取其大，绝宋学之空虚而核诸实。"先生读《汉书艺文志》，就《孝经》《尔雅》共编一家撰文云："凡解经之书，自古分二例，一宗故训，一论大义。宗故训者，其说必精，而拘者为之，则凝滞章句，破碎大道。论大义者，其趣必博，而荡者为之，则离经空谈，违失本真。博其趣如《孝经》，精其说如《尔雅》，解经乃无流弊。《汉志》合而编之，乃所以示汉世读经之法。惜今之所讲汉学、讲宋学者，分道扬镳，皆未喻斯意。"先生本之以治群经，尤精《三礼》，因守顾炎武"经学即理学"之训，以追讨孔门之博文约礼。初读秦蕙田《五礼通考》，病其书言吉礼好难郑玄说，军礼又太阿康成意，因著《礼说略》。自咸丰十年起，乃仿戴君《石渠奏议》、许君《五经异义》，精心结撰《礼书通故》，历时十九年，书稿成。全书一百卷，博学详说，体大思精，于光绪十九年刊行，允称集三百年礼学大成之作。

先生晚年，表彰诸子，沟通孔孟，专意兴复礼学。昌言："挽汉宋之末流者，其惟礼学耶？文章非礼则淫哇，政事非礼则杂霸，义理非礼则虚无。礼学废，故国乱而民荡。"光绪二十四年，先生去江阴返乡。二十五年十月病逝，年七十有二。所著除前述诸书外，尚有《十翼后录》《读书小记》《经训比义》《子思子辑解》《古文世本》《黄帝内经集注》《傲季杂著》等。

王闿运

王闿运，初名开运，字纫秋，一字壬秋，五十后改字壬甫，号湘绮，湖南湘潭人。先生六岁失怙，少小鲁钝，日诵不及百言，又不能尽解，每为同塾嗤笑。乃刻苦励学，经史词章，昕夕不辍。昕所习者，不成诵不食，夕所诵者，不得解不寝。年十八，肄业长沙城南书院，泛观博览，诗文日进。十九，补县学生，自是始知通经致用，非仅诂训词章而已。咸丰元年，与长沙李寿蓉、攸县龙汝霖、武冈邓辅纶、邓绎诸友结兰林词社，有"湘中五子"之目。会太平军破广西，入两湖，三湘洞庭，烽烟四起，以致乡试届期，迁延不得举行。时曾国藩以丁忧侍郎组建湘军，先生一度出入军幕。后虽未追随征战赣皖，然军政大计，每有赞画，博学多识，通达时事，声名不胫而走。

咸丰七年秋，湖南补行二年、五年两科乡试，先生中式第五名举人。九年，入京会试不第。适值友人龙汝霖客权臣肃顺家馆，李寿蓉亦以主事供职户部，二人皆为肃顺所赏，先生因之而成肃邸上宾。肃顺失势，宾客星散，先生踉跄归。同治三年十月，至金陵，访两江总督曾国藩。国藩未报而招之饮，先生笑曰："相国以我为餔啜来乎？"即束装行，国藩追谢不及。先生此行，原拟取道金陵，循淮沂而入京，以应来春会试。十一月至齐河，冰合船胶，大雪五尺，慨乎遭际，决计归困，遂于翌年定居衡阳石门。同治十年春，复出北游，再挫礼闱。光绪二年，山居毁于洪水，先生举家迁长沙，筑湘绮楼为新居。

光绪四年，应四川总督丁宝桢聘，主讲成都尊经书院。历时八载，成就一方人才甚众。十二年归，先主长沙思贤讲舍，复移衡州东洲讲席。先生晚年，讲学东洲日久，作育人才，振兴文教，于湘中学术影响甚大。光绪三十四年，经湖南巡抚岑春蓂荐，授官翰林院检讨。宣统三年，乡举周甲，再加翰林院侍讲衔。民国初建，三年，应袁世凯请，尝一至京，领清史馆事，旋归。

先生一生为学甚勤，以"有恒之学，惟在钞书"为宗旨，自弱冠迄耄耋，钞校笺注，寒暑不辍。其学博涉多通，一归经术。治经主"先通文理"，尝谓："文通而经通，章句之学通，然后可以言训诂、义理。"又谓："读《易》当先知一字有无数用法，读《尚书》当先断句，读《诗》当知男女歌咏不足以颁学宫、对君父，一洗三陋乃可言礼。"先生于诗词骈散，在在当行，自负大才，遨游公卿大吏间，既以之得盛名，亦因之招訾议而被目为"无行文人"。民国五年卒，年八十有五。所著除群经、诸子笺注外，尚有《湘军志》《湘绮楼文集》《诗集》《日记》《词钞》等。

皮锡瑞

皮锡瑞，字鹿门，一字麓云，湖南善化人。先生所居曰师伏堂，故学者称师伏先生。父树棠，以同治元年举人出任教职，后改官浙江宣平知县，爱才劝学，雅好儒术。先生幼承庭训，好学覃思。同治二年，补县学生员。越年食廪饩，年方十六。十二年，举拔贡。翌年，侍父宦浙。光绪三年，助父重修《宣平县志》。八年，举顺天乡试。十一年，母卒，父乞病解职，先生侍父扶母榇返湘。屡赴礼闱不第，十五年，考取内阁中书，引见不记名。是年冬，父卒，奔丧归。先生既困于甲科，遂潜心讲学著述。十六年，主湖南桂阳州龙潭书院讲席。后二年，移主江西南昌经训书院。江右故宗宋学，偏重性理，自先生掌教，朴学治经，申明西汉微言大义，教人以经学当守家法，词章必宗家数，一方高才俊秀，咸集先生门下。先后七年，学风丕变。

甲午战败，国势阽危，朝野倡言变法自强。光绪二十三年八月，先生回湘。会湘抚陈宝箴行新政，建时务学堂，设湘报馆，聘梁启超任学堂总教习，熊希龄、谭嗣同等董报馆事。先生与新政中人诗文唱和，多所往还。二十四年正月，湘中南学会成立，受聘学长。二月初一，先生登坛宣讲，谓："今开立南学会，原与诸公讲明大义，共求切磋之益。学非一段所能尽，亦非一说所能该，先在读书穷理，务其大者远者，将圣贤义蕴，了然于胸中。古今事变，中外形势，亦须讲明切究，方为有体有用之学。"迄于四月初三，先生悯乱忧时，力主变法，演讲凡十二次。闻者共鸣，洒然动容。八月，百日维新事败，新法悉废，党祸酷烈。二十五年二月，先生被诬以"离经叛道，于康有为之学心悦诚服"，奉庭寄革举人，交地方官管束。二十八年四日，应聘创办善化小学堂。十一月，奉旨开复举人，仍加察看。翌年四月，应聘北上天津，纂修《长芦盐法志》。七月，志书未成，先生即以"非可自由出入之人"，为湘抚赵尔巽电令促归。返乡之后，历任高等学堂、师范馆、中路师范、长沙府中学堂讲习。三湘硕学，咸出其门。

先生之学自辞章入，诗词骈散，在在当行。中年以后，受湘中前辈王闿运影响，转而治经。初治《尚书》，服膺伏生，宗今文家说，先后撰成《尚书大传疏证》《今文尚书考证》《古文尚书疏证辩正》《古文尚书冤词评议》等。后兼治郑玄经说，又成《孝经郑注疏》《郑志疏证》《六艺论疏证》《王制笺》等。晚年通贯群经，卓然睿识，再成《经学历史》《经学通论》。光绪三十四年卒，年五十有九。所著除前述诸书外，尚有《师伏堂骈文》《师伏堂诗草》《师伏堂词》《南学会讲义》等。

廖 平

廖平，初名登廷，字旭陵，后改名平，字季平，初号四益，继改四译，晚更五译、六译，四川井研人。先生幼贫困，不能学。家故有茗肆，先生偶将壶涴客衣，遭诟詈而大耻之。欲从塾师读，力不能举束修，乃从沟浍间捕鱼三尾以进，师悦而教之。暮归，每立檐前灯下，借光以读。同治十三年，补诸生。光绪二年，食廪饩。时张之洞督学四川，见先生文卷而奇之，遂拔置高等，选送所创尊经书院肄业。五年，举乡试。会湘潭王闿运先生来主尊经讲席，先生追随治经，谨守今文家法，与绵竹杨锐、汉州张祥龄诸同窗并称"尊经五少年"。十五年，会试中式，贡士复试名列四等，罚停殿试一科。翌年，成进士，奉旨以知县即用。后以亲老乞改教职，官龙安府教授。历署射洪训导，绥定府教授，尊经书院襄校，嘉定九峰书院、资州艺风书院、安岳凤山书院院长。晚清改书院为学堂，先后执教成都优级师范高等学堂、法政学堂、客籍学堂、补习学府、成都府中学堂、成都县中学堂、存古学堂。民国二年，以读音统一会代表赴京师。返川，任国学专门学校校长十年，并兼高等师范华西大学教授。民国十三年，回乡，遂不复出。

先生之学，尊孔崇经，根深底柢厚。尝谓："为学须善变，十年一大变，三年一小变。每变愈上，不可限量。"一生治经，由信而疑，凡历六变。初由辨群经今古文学之异同入手，结撰《今古学考》，析礼制与文字为二事，明关键乃在礼制。断言："今古异同，端在制度、师说，不指文字。"继之再撰《古学考》，尊今抑古，斥刘歆杜撰，谓："刘歆以前，实无古学派。"光绪十五年，先生秉持治经心得而南游粤东，康有为来晤。几经辩难，有为乃服膺先生之论，尽弃其旧说，遂有其后《新学伪经考》《孔子改制考》二书之结撰。戊戌以后，先生逾越今古，以《周礼》《王制》为大小二统言大同。谓："《周礼》为皇帝书，与《王制》大小不同，一内一外，两得其所。"其后受佛学影响，以内外天人论学。谓："《尚书》《春秋》乃人学，《诗》《易》则遨游六合外而为天学。"且称："即道释之学，亦为经学博士之大宗矣。"至此而愈变愈奇，汪洋恣意，难得解人。先是张之洞闻先生尊今抑古之说，惊为"风疾马良，去道愈远"。光绪二十九年，又以"离经叛道"被揭参去官。宣统元年，再以治经"穿凿附会"立褫教育之权。惟章太炎称先生之分别经今古文"确然不易"，刘师培则径称"魏晋以来未之有也"。

民国二十一年春，先生手订一生著述目录，题为《六译馆丛书》，凡一百四十三种。不顾年高，启程赴成都，拟校勘讹误，醵资刊行。六月，病卒道途，年八十有一。一生著述宏富，汇为《六译馆丛书》刊行。

作者单位：中国社会科学院

贾谊易学简论

于成宝

摘要：贾谊是西汉前期重要的思想家，他的易学思想不可忽视。贾谊易学的渊源，当与汉初楚地的帛书易学派有着密切的关系。就贾谊《新书》引用《易说》的情况来看，他认为《周易》从性质上说，体现了德与占的统一；从义理上看，体现了天与人的统一；从道术上看，体现了智与圣的统一，这说明贾谊对《周易》有着深刻的理解。贾谊易学在易学史乃至经学史都有一定的价值和地位。

关键词：贾谊 易学 渊源 内容 意义

贾谊是西汉前期重要的思想家、政论家，也是一位博通古今的儒学大师。他所倡导的仁以爱民、礼以尊君、法以专制的政治思想，对于中国古代"大一统"政治体制的构建，发挥了积极的作用，产生了深远的影响。从贾谊的学术思想来看，其虽不以易学为中心，却对易学有着一定的造诣。《史记·日者列传》记载："宋忠为中大夫，贾谊为博士，同日俱出洗沐，相从论议，诵《易》先王圣人之道术，究遍人情，相视而叹。贾谊曰：'吾闻古之圣人，不居朝廷，必在卜医之中。今吾已见三公九卿朝士大夫，皆可知矣。试之卜数以观采。'"[1] 可见贾谊对

---

[1] 《史记》卷一百二十七《日者列传》，中华书局1982年版，第3215—3216页。

于《周易》，实有着浓厚的兴趣。徐复观指出："《新书》中引用《诗》与《易》，皆妥帖而不泛。《礼篇》释《诗》的《驺虞》，释《易》之'亢龙''潜龙'，皆可存古义。"① 关于贾谊易学的研究，张涛先生有首倡之功，其在《秦汉易学思想研究》一书中专门就贾谊的易学思想与成就进行了分析和总结，着重阐释了《周易》的变易思想、忧患意识、中正太和的观念和重德精神对于贾谊思想与政治实践的影响，并从易学思想史的角度指出了贾谊易学在汉代正统官方易学构建进程中的意义。② 此外，于梁在其硕士学位论文《汉初易学初探》中，亦曾论及贾谊易学。③ 笔者不揣浅陋，兹在各位前贤研究的基础上，就贾谊易学做一初步的探讨，以充实汉初易学研究的内容。不妥之处，敬请方家教正。

一、贾谊易学的渊源分析

贾谊虽是一位儒学大师，却兼综诸子百家之学，道家、法家、纵横家和杂家等思想，在贾谊奏疏或论著中都有着一定的体现。从贾谊《新书》中主要反映其哲学思想的《道术》《六术》《道德说》等篇来看，其以道家本源论、本体论为依据，构建了以"道、德、性、神、明、命"为内容的"六理"说，并以之统贯"六法""六行""六艺""六律""六亲""六美"等，从而搭建起了贾谊儒道相融的哲学思想的框架。④ 而关于贾谊构建"六理"说的资源借鉴，庞朴、李学勤等学者指出，贾谊当参考了马王堆帛书《五行》篇、郭店竹简《五行》《六德》

---

① 徐复观：《两汉思想史》第 2 卷，华东师范大学出版社 2001 年版，第 76 页。
② 张涛：《秦汉易学思想研究》，中华书局 2005 年版，第 52—58 页。
③ 于梁：《汉初易学初探》，硕士学位论文，曲阜师范大学，2012 年，第 32—37 页。
④ 潘铭基：《论贾谊"用六"思想之渊源——兼论〈六术〉〈道德说〉之成篇年代》，《诸子学刊》2017 年第 1 期第 14 辑，第 161—183 页。

等篇。① 如此看来，贾谊的学术思想，当有着浓厚的楚地儒学的渊源。按照《汉书·贾谊传》的记载，贾谊于汉文帝四年至七年（前176—前173年）被外放为长沙王太傅，在长沙呆了约三年之久；大概正是在这段时间里，贾谊系统接受了楚地学术的熏陶，并初步形成了他的哲学思想。

就贾谊易学的渊源来看，与楚地易学也是有着较深的关系。《新书·容经》：

> 龙也者，人主之辟也。亢龙往而不返，故《易》曰"有悔"。悔者，凶也。潜龙入而不能出，故曰"勿用"。勿用者，不可也。龙之神也，其惟兹龙乎？能与细细，能与巨巨，能与高高，能与下下。吾故曰：龙变无常，能幽能章。故圣人者，在小不宝，在大不宛；狎而不能作，习而不能顺；姚不慴，卒不妄；饶裕不赢，迫不自丧；明是审非，察中居宜。此之谓有威仪。②

《容经》篇的这段易说，依次解释了《乾卦》"上九""初九"和"九五"的爻辞，与《彖》《象》《文言》对《乾卦》爻辞的解释有明显的不同。这段易说的一个突出的特点，就是强调龙为帝王之喻、变化之极、圣者之象、威仪之容，具有神秘无比的神性。这种关于"龙"的描述，不见于通行本《易传》，在马王堆帛书《易传》中却能找到相近之处，帛书《二三子问》：

> 二三子问曰：易屡称于龙，龙之德何如？孔子曰：龙大矣。龙形迁，假宾于帝，见神圣之德也。高尚行乎星辰日月而不眺，能

---

① 庞朴：《帛书五行篇研究》，齐鲁书社1980年版，第13—14页；李学勤：《郭店楚简〈六德〉的文献学意义》，载武汉大学中国文化研究院编《郭店楚简国际学术研讨会论文集》，湖北人民出版社2000年版，第17—21页。

② 阎振益、钟夏：《新书校注》，中华书局2000年版，第230页。

阳也。下纶穷深渊之渊而不沫，能阴也。上则风雨奉之，下纶则有天下之□，□乎深渊，则鱼蛟先后之，水流之物莫不随从。陵处，则雷神养之，风雨避向，鸟守弗干。曰：龙大矣。龙既能云变，有能蛇变，有能鱼变，飞鸟正虫，唯所欲化，而不失本形，神能之至也。□□□□□□□□□焉有弗能察也。知者不能察其变，辩者不能察其美，至巧不能象其文。明目弗能察视也，□□焉，化巨虫，神贵之容也，天下之贵物也。曰：龙大矣。龙之驯德也，日称□□□其易□□□□，爵之曰君子。戒事敬命，精白柔和，而不讳贤，爵之曰夫子。或大或小，其方一也。至周□也，而名之曰君子，兼黄常近之矣，尊威精白坚强，行之不可挠也，不习近之矣。①

《二三子问》中的这段易说，也是依次描述了"龙"为天子之喻、神圣之德、变化之极、神能之至、尊威之仪，在阐述思路和用词上与《容经》的易说有着很强的一致性。由之，我们可以推断贾谊的易学渊源，当与马王堆帛书易学派有着紧密的关系。

贾谊易学深受楚地易学的影响，从贾谊的人生经历来看，也是合情合理的。前面已述，贾谊为博士时就对易学占卜有兴趣，并曾为此拜访专门以卜筮为业的黄老学者司马季主，与他进行过学术讨论，并完全折服于对方。按《史记·日者列传》对司马季主的记载："夫司马季主者，楚贤大夫，游学长安，通《易经》，术黄帝、老子，博闻远见。"② 可知司马季主是楚地人，他的易学自然是楚地易学。贾谊是否跟司马季主学习过易学，或未可知，但贾谊由之对楚地易学产生兴趣却是很自然的，而贬谪长沙期间，正好为他学习楚地易学创造了条件。

---

① 连劭名：《帛书〈周易〉疏证》，中华书局2012年版，第203—207页。
② 《史记》卷一百二十七《日者列传》，中华书局1982年版，第3221页。

二、贾谊《新书》引《易》分析

1.《易》之书：德与占的统一

贾谊对《书》《诗》《易》《春秋》《礼》《乐》六部经典分别下过定义，于此我们可以看出贾谊对《周易》一书性质的理解。《新书·道德说》：

> 《书》者，著德之理于竹帛而陈之令人观焉，以著所从事，故曰"《书》者，此之著者也"。《诗》者，志德之理而明其指，令人缘之以自成也，故曰"《诗》者，此之志者也"。《易》者，察人之循德之理与弗循而占其吉凶，故曰"《易》者，此之占者也"。《春秋》者，守往事之合德之理与不合而纪其成败，以为来事师法，故曰"《春秋》者，此之纪者也"。《礼》者，体德理而为之节文，成人事，故曰"《礼》者，此之体者也"。《乐》者，《书》《诗》《易》《春秋》《礼》五者之道备，则合于德矣。合则欢然大乐矣，故曰"《乐》者，此之乐者也"。[1]

贾谊说"《易》者，察人之循德之理与弗循而占其吉凶"之语，就是认为《易》是"德"与"占"相统一之书。按照一般的理解，《论语·子路》中记载孔子对《周易》恒卦九三爻辞"不恒其德，或承之羞"的评论是"不占而已"，说明孔子并不认同《周易》占筮的功能。马王堆帛书《易传》的出土，使我们更加全面地看到了孔子易学的面貌。帛书《要》：

> 子赣曰：夫子亦信其筮乎？子曰：吾百占而七十当，唯周梁山之占也，亦必从其多者而已矣。子曰：《易》，我后其祝卜矣，我观

---

[1] 阎振益、钟夏：《新书校注》，中华书局2000年版，第327—328页。

其德义耳也。幽赞而达乎数,明数而达乎德,有仁[守]者而义行之耳。赞而不达于数,则其为之巫。数而不达于德,则其为之史。史巫之筮,向之而未也,始之而非也。后世之士疑丘者,或以易乎?吾求其德而已。吾与史筮同涂而殊归者也。君子德行焉求福,故祭祀而寡也。仁义焉求吉,故卜筮而希也。祝巫卜筮其后乎?①

可见,孔子对于《周易》,首要之义是"观其德义",孔子也并不排斥占卜,孔子自谓"百占而七十当";但孔子说得很清楚,他是通过"占"而达乎"数",通过明"数"而达乎"德",占是为了验德、求德,以此指导人生更好的实践与生活。林忠军先生指出:"为改变《周易》文本性质,孔子确立见仁见知的解释学原则,提出了'后亓卜筮、观亓德义'易学解释方法,以此出发,由对于卜筮的解释转向德性的解释,最终实现了以德行求福和以仁义求吉的易学解释目标。"②从帛书《要》篇孔子的这段易说来看,可知贾谊对《周易》性质"察人之循德之理与弗循而占其吉凶"的理解,正是秉承了帛书易学派的易学观点。

2.《易》之理:天与人的统一

前面已述,贾谊认为《周易》一书,是用以考察人对于"德之理"是否遵循并由之得到的吉凶祸福的结果。"德"是什么?按照贾谊的理解,德相当于《老子》中的"有",《新书·道德说》曰:"诸生者,皆生于德之所生",又曰:"六理、六美,德之所以生阴阳、天地、人与万物也"。③阴阳、天地、人与万物,皆在德之中,而贾谊所谓的六理"道、德、性、神、明、命"是其共同的尺度。正是从这种思想出发,贾谊认为,《易》之理,体现了天与人的统一,人当法天而行。《新书·容经》:

---

① 连劭名:《帛书〈周易〉疏证》,中华书局2012年版,第409页。
② 林忠军:《从帛书〈易传〉看孔子易学解释及其转向》,《北京大学学报》(哲学社会科学版)2007年第3期,第86—91页。
③ 阎振益、钟夏:《新书校注》,中华书局2000年版,第324—325页。

> 古之为路舆也，盖圆以象天，二十八橑以象列宿，轸方以象地，三十辐以象月。故仰则观天文，俯则察地理，前视则睹鸾和之声，侧视则听四时之运。此舆教之道也。①

贾谊的这段话，当受到《系辞下传》的影响：

> 古者包牺氏之王天下也，仰则观象于天，俯则观法于地，观鸟兽之文，与地之宜，近取诸身，远取诸物，于是始作八卦，以通神明之德，以类万物之情。②

《系辞》作者以为易卦的创制，是观察、取法天地之象、万物之情的结果，贾谊承着《系辞》的思路，认为路舆的创制，也是取法天地之象的结果，并由之形成了"舆教之道"。《新书·胎教》：

> 《易》曰："正其本而万物理，失之毫厘，差以千里。"故君子慎始。《春秋》之元，《诗》之《关雎》，《礼》之《冠》《婚》，《易》之《乾》《坤》，皆慎始敬终云尔。③

《胎教》篇所引用的易说，也见于《礼记·经解》："《易》曰：'君子慎始。差若毫厘，缪以千里。'"④ 当是战国秦汉间出现的易说。这里，贾谊引用当时流行的《易说》，并以《周易》六十四卦以乾坤两卦为首说明君子慎始之理。最能体现贾谊天人合一的易学思想的，当属其对于

---

① 阎振益、钟夏：《新书校注》，中华书局2000年版，第230页。
② （三国魏）王弼、（晋）韩康伯注，（唐）孔颖达等正义：《周易正义》卷八《系辞下》，（清）阮元校刻《十三经注疏》，中华书局1980年影印本，第86页。
③ 阎振益、钟夏：《新书校注》，中华书局2000年版，第390页。
④ （汉）郑玄注，（唐）孔颖达等正义：《礼记正义》卷五十《经解》，（清）阮元校刻《十三经注疏》，中华书局1980年影印本，第1611页。

"悬弧"之礼的解说,《新书·胎教》：

> 为王太子悬弧之礼义。东方之弧以梧,梧者,东方之草,春木也;其牲以鸡,鸡者,东方之牲也。南方之弧以柳,柳者,南方之草,夏木也;其牲以狗,狗者,南方之牲也。中央之弧以桑,桑者,中央之木也;其牲以牛,牛者,中央之牲也。西方之弧以棘,棘者,西方之草也,秋木也;其牲以羊,羊者,西方之牲也。北方之弧以枣,枣者,北方之草,冬木也;其牲以彘,彘者,北方之牲也。五弧五分矢,东方射东方,南方射南方,中央高射,西方射西方,北方射北方,皆三射。其四弧具,其馀各二分矢,悬诸国四通门之左;中央之弧亦具,馀二分矢,悬诸社稷门之左。①

"悬弧"是先秦两汉的一种风俗,家中生男,则于门左挂弓一张,后因称生男为悬弧。《胎教》篇所述的是王太子的悬弧之礼,于东、南、中、西、北五方祭以五种不同的牲畜,以五种不同木质的弧各射三矢,每张弧配余下二矢悬诸四方城门和社稷门,以示王天下之意。王太子的悬弧之礼,不见于他书的记载,或是贾谊采撷数术之书撰写而成。其中值得注意的是贾谊以五行思想为基础构建的自然图式：

东：梧、鸡；南：柳、狗；中：桑、牛；西：棘、羊；北：枣、彘。

五牲与五方相配之说,不见于先秦其他文献,但在形成于战国中后期的《易传》中可以找到依据。按《说卦》"帝出乎震"章,东、南、西、北四方所配之卦分别是震、离、兑、坎四卦,《说卦》曰："坎为豕","兑为羊",是北方、西方所配之畜,可以在《说卦》中找到直接

---

① 王洲明、徐超：《贾谊集校注》,人民文学出版社1996年版,第390—391页。

的依据；中央在五行上配土，《说卦》曰"地也，万物皆致养焉，故曰致役乎坤"，又曰"坤为牛"，是中央所配之畜，也与《说卦》的八卦取象相合。唯以鸡配东方、狗配南方，与《说卦》八卦方位说不符，《说卦》曰"巽为鸡""艮为狗"，二者的方位分别是东南和东北。如何解释这种不符？笔者认为，这当是战国秦汉间易学与其他方术相融合的一种尝试。就"悬弧"之礼所用做牺牲的五种动物来说，皆属于古代六牲，《周礼·地官·牧人》："掌牧六牲，而阜蕃其物，以共祭祀之牲牷。"（郑玄注："六牲谓牛、马、羊、豕、犬、鸡。"）[1] 按《说卦》"乾为马""乾为天"，故在五方与六牲的搭配上，可以将马排除出来，那么问题就转化为五牲与五方如何相配，其中牛、羊、豕三牲在《说卦》中都有明确的方位归属，那么就只需考虑鸡犬与东、南方的匹配问题，按照古代"鸡司晨"的风俗，晨为白昼之起点，日出东方，这与"帝出乎震"的始点意义是相合的，故以鸡配东方。对于犬而言，它的功能之一是为人警戒、守卫，按《说卦》"离为目""为戈兵"，故离卦也有警戒、战斗之义，这大概是以犬配南方的原因所在。

总之，贾谊在撰述王太子的悬弧之礼时，很明显运用了易学的象数学说，其目的是为了说明，对于王太子的抚养、教育，当与天地之道完全一致。这从一个侧面说明：自从《说卦》构建起八卦时位说的宇宙框架之后，以易卦为框架与其他数术相融合，构建以表达易学天道观为目的的宇宙图式之路便开启了。刘大钧先生指出："卦气"说渊源久远，"古人经过'仰观''俯察'，对天地万物随节气变化的规律有了认识之后建构了易学的象数义理合一模式，象数含蕴着义理，义理脱胎于象数，这是易学乃至易学哲学的独特学术理路与特殊阐述方式"。[2] 贾谊《胎教》中所述的悬弧之礼，堪为卦气说早期运用的一个范例。

---

[1] （汉）郑玄注，（唐）贾公彦疏：《周记注疏》卷十三《地官司徒·牧人》，（清）阮元校刻《十三经注疏》，中华书局1980年影印本，第723页。
[2] 刘大钧：《"卦气"溯源》，《中国社会科学》2000年第5期，第122—129页。

3.《易》之术：智与圣的统一

贾谊特别重视"道术"，《新书》中专门有《道术》篇以阐述"道"与"术"：

> 道者所道接物也，其本者谓之虚，其末者谓之术。虚者，言其精微也，平素而无设诸也；术也者，所从制物也，动静之数也。凡此皆道也……术者，接物之队。凡权重者心谨于事，令行者必谨于言，则过败鲜矣。此术之接物之道也者。其为原无屈，其应变无极，故圣人尊之。①

可见，就贾谊的思想来说，讲求明道而尚术，他深受战国时期《易传》或《易说》的影响，认为"术"，对于人主圣君来讲就是治理天下之道术，对于智者贤才来说就是修身行事之道术。《易》之术，体现了一种智或圣的法则。如"同类相感"之术，《文言》曰：

> 子曰："同声相应，同气相求；水流湿，火就燥；云从龙，风从虎；圣人作而万物睹；本乎天者亲上，本乎地者亲下，则各从其类也。"②

贾谊对此有明显的借鉴，《新书·胎教》：

> 文王请除炮烙之刑而殷民徙，汤去张网者之三面而二垂至，越王不颓旧冢而吴人服，以其所为顺于人也。故同声则处异而相应，意和则未见而相亲，贤者立于本朝，而天下之士相率而趋之。③

---

① 阎振益、钟夏：《新书校注》，中华书局2000年版，第302—303页。
② （三国魏）王弼、（晋）韩康伯注，（唐）孔颖达等正义：《周易正义》卷一《乾》，（清）阮元校刻《十三经注疏》，中华书局1980年影印本，第16页。
③ 阎振益、钟夏：《新书校注》，中华书局2000年版，第392页。

此处所言"同声相应""意和相亲",天下人以类相感、相察之术,明显是受了《说卦》感应理论的影响。文中后面还叙述了管仲同声于鲍叔牙,以证明贤者同声于贤者;叙述了姜太公同声于微子、比干,以证明圣人同声于圣人,可见贾谊认为,《易》之术,既体现了智,又体现了圣,是智与圣的统一。《新书·春秋》:

> 故爱出者爱反,福往者福来。《易》曰:"鸣鹤在阴,其子和之。"其此之谓乎!故曰:"天子有道,守在四夷;诸侯有道,守在四邻。"①

这里引用了《中孚·九二》爻辞,以说明同类相感之理。

再如"慎言慎行"的处世观。《系辞上传》强调君子要慎言行,曰:

> 言行,君子之枢机。枢机之发,荣辱之主也;言行,君子之所以动天地也,可不慎乎?②

这对贾谊也有很深的影响,《新书·大政上》:

> 夫一出而不可反者,言也;一见而不可得掩者,行也。故夫言与行者,知愚之表也,贤不肖之别也。是以智者慎言慎行,以为身福;愚者易言易行,以为身灾。故君子言必可行也,然后言之;行必可言也,然后行之。呜呼!戒之哉!戒之哉!行之者在身,命之者在人,此福灾之本也。③

---

① 阎振益、钟夏:《新书校注》,中华书局2000年版,第248页。
② (三国魏)王弼、(晋)韩康伯注,(唐)孔颖达等正义:《周易正义》卷七《系辞上》,(清)阮元校刻《十三经注疏》,中华书局1980年影印本,第79页。
③ 阎振益、钟夏:《新书校注》,中华书局2000年版,第340页。

贾谊的"智者慎言慎行，以为身福；愚者易言易行，以为身灾"之语，不正是对《系辞》"言行，荣辱之主也"的诠释吗？《易》之术，正是智者当选择的立身行事的法则。

再如"慎微慎积"的立身行事法则。《系辞下传》强调君子要谨小慎微，警惕平常之所"积"：

> 善不积不足以成名，恶不积不足以灭身。小人以小善为无益而弗为也，以小恶为无伤而弗去也，故恶积而不可掩，罪大而不可解。①

贾谊《新书》中有《审微》篇，对《系辞》的思想有所发挥：

> 善不可谓小而无益，不善不可谓小而无伤。非以小善为一足以利天下，小不善为一足以乱国家也。当夫轻始而傲微，则其流而令于大乱，是故子民者谨焉。②

将"小善""小恶"上升到治国理民的高度。关于"积"的思想，贾谊更是有着深刻的认识，《汉书·贾谊传》载贾谊奏疏曰：

> 安者非一日之安也，危者非一日之危也，皆以积渐然，不可不察也。人主之所积，在其取舍。以礼义治之者，积礼义；以刑罚治之者，积刑罚。③

---

① （三国魏）王弼、（晋）韩康伯注，（唐）孔颖达等正义：《周易正义》卷八《系辞下》，（清）阮元校刻《十三经注疏》，中华书局1980年影印本，第88页。
② 阎振益、钟夏：《新书校注》，中华书局2000年版，第73页。
③ （汉）班固撰，（唐）颜师古注：《汉书》卷四十八《贾谊传》，中华书局1962年版，第2253页。

贾谊提出，天下的安危治平与否，就是一个平时"积渐"的结果，积礼义得礼义之天下，积刑罚则得刑罚之天下。

三、贾谊易学的时代意义

贾谊虽不以易学闻名于世，易学在贾谊的学术思想中所占的分量也并不大，但却是不可或缺的。贾谊易学的时代意义，可以从以下两个方面予以简略的总结：

第一，从易学史的角度看，《新书》中所引《易说》，或不见于《易传》，或与《易传》有一定的差异，这说明西汉初年流行着多种解《易》的文献，成书于战国时期的《易传》七种十篇在易学的范围内还没有取得绝对权威的地位，这也从一个侧面说明了当时比较自由的学术氛围。另外，就贾谊易学对宇宙图式的构建来看，说明卦气思想及其学说，有着相当悠久的历史渊源。

第二，从经学史的角度看，贾谊数次称引六艺（指"六经"），皆以《书》《诗》《易》《春秋》《礼》《乐》为序，这与战国晚期《庄子》中以《诗》《书》《礼》《乐》《易》《春秋》为序的六经顺序明显不同。联系《新书·道德说》中对六艺的定义来看，它体现了贾谊以六艺依次为"著德"→"志德"→"察德"→"守德"→"体德"→"乐德"的经学教化观，由之也与贾谊《新书·六术》篇以"仁、义、礼、智、圣、乐"为人之"六行"的观念相合。贾谊《新书》中的六艺之序，反映了西汉初年人们对易学功用和地位的新认识。

作者单位：山东科技大学

论元代蒙古族学者保巴易学的象数学特点*

黄 鸣

摘要：本文探讨元代著名蒙古族学者保巴易学的象数学特点。保巴的易学被后人认为是义理学派的代表，但其易学的分析方法，多为象数学方法，也因此而具有鲜明的象数学特点。本文从卦变说，卦例说，飞伏、互体、肖体、似体与取象，反对、五行、方位与辟卦等五个方面讨论了保巴易学的象数学特点，以彰显保巴易学的象数学特质。

关键词：保巴 易学 象数 特点

保巴是元代著名的蒙古族学者，著有《周易原旨》与《易源奥义》二书，[①]是元代皇族皆予以尊重的本族学者。后世学术界亦颇为推重，认为其易理深邃，义理精深，尤以其《易源奥义》所提出的以太极为基础的先天图式为重。一般认为，保巴的思想属于对宋儒义理学的继承，如《四库全书总目》曰："宝巴说《易》，并根柢宋儒，阐发义理，无一字涉京、焦谶纬之说"。[②]唐城认为保巴"其哲学思想继承了宋代理学

---

* 本文系国家社会科学基金一般项目"辽金元文学地理地图集"，（项目编号：17BZW103）阶段性成果。

① （元）保巴撰，陈少彤点校：《周易原旨·易源奥义》，中华书局2009年版。
② （清）永瑢等：《四库全书总目》，中华书局1965年版，第23页。

最基本的思想原则"。① 所以，将保巴视为义理派易学家，自古至今皆然。然而元人经学，以朱学为旨归。对《易》的研究，亦本于朱熹《周易本义》。《本义》论《易》，兼重象数，这种学术取径，也影响到元人。保巴亦难以例外。四库馆臣以"无一字涉京、焦谶纬之说"来总结保巴易学，有偏颇之处。事实上，保巴易学颇重象数，具体体现在其另一部易著《周易原旨》中，如他在论及《谦卦》六四《小象》"不违则也"之"则"时说："'则'，意谓象数也者，义理寓焉。且以数而言之，按卦例，阳大阴小，举其大而兼其小。故以阳数言之，一即三，三即九，九即一，故曰'乾元用九，乃见天则'"。② 这里他有着明确地将义理寓于象数的思想，并以象数当于"天则"。可见他对象数以及象数学方法的重视。

保巴在论《既济》之九五"东邻杀牛，不如西邻之禴祭，实受其福"时，曾引象数学派著作以断之，其曰："见诸家之解，其取义不一，疑惑不已。检阅诸经，得见浙西道院畚材袁先生《观易外篇》内，本于羲皇先天八卦图位，离东坎西之象，详其所以烛见。"③ 其后保巴即以先天八卦之位来解释此爻，亦可见保巴对于象数易学，实际上是多有吸取的。其易学是具有象数学特点的。象数学的方法贯穿他对于易理进行分析的始终，试观以下这段分析：

> 君子体而用之：震为竹，其体下实上虚，有筐象，所谓承筐也。又"上六"阴为虚，无实也。兑羊为金，刲羊也。坎为血，"三""四"复位，则坎毁无血也。妇职助祭，则以筐实蘋藻之属，诸侯卿大夫皆亲割牲取血以祭。今无实无血，是夫妇之礼不成而祭礼无主，此约婚不终而无攸利矣。（此卦元自泰来，"三""四"

---

① 唐城：《保巴的哲学思想与元代理学的发展》，《集美大学学报》2008年第3期，第24页。
② （元）保巴撰，陈少彤点校：《周易原旨·易源奥义》，中华书局2009年版，第47页。
③ （元）保巴撰，陈少彤点校：《周易原旨·易源奥义》，中华书局2009年版，第206页。

交而成归妹，即乾坤交也。互体见坎，坎有血象。"三""四"复位则坎毁，所以无血也。）①

这段分析，虽有义理的阐发，但其分析的方法，是立足于取象、互体、卦变、五行等象数学方法之上的，这是保巴进行易理分析的典型方法。由此可见，保巴易学虽多从人事经验出发谈论政治伦理等问题，但其进行易学分析的主要方式，则还是象数的方法。

对保巴易学象数派的特点，李秋丽曾注意到其使用了卦主、互体、卦变、似体等象数学方法，但她主要关注的，还是保巴作为"义理易学家"的特点。② 为此，本文试为总结与归纳保巴《周易原旨》书中的象数学方法特点，以为治元代易学史者提供一些从前为人所忽视的基础性资料。

一、卦变说

保巴论《易》，特重卦变。其书中屡见以卦变阐说卦理者。他说："卦例，本卦而凡言他卦者，皆用卦变。所以外卦变之尽为困，变困则四不正，故吝。"③ 又说："本卦内见他卦之名者，必于卦变取之。"又说："卦例，前见本卦，内见他卦之字样者，必取卦变。"又说："以卦变言，本卦内见它卦之字样者，用卦变也。"又说："凡言自何卦而来者，其义取于《象传》也。"又说："《系辞》云卦变之例：'上下无常，刚柔相易，不可作典要。'凡卦中有它卦之名者，用卦变也。"④ 同一方法，在书中

---

① （元）保巴撰，陈少彤点校：《周易原旨·易源奥义》，中华书局2009年版，第176页。
② 李秋丽：《论保巴解〈易〉思想理路》，《周易研究》2011年第6期。
③ （元）保巴撰，陈少彤点校：《周易原旨·易源奥义》，中华书局2009年版，第15页。
④ （元）保巴撰，陈少彤点校：《周易原旨·易源奥义》，中华书局2009年版，第33、58、179、181、189页。

前后强调6次之多，真可谓反复申说，不厌其烦，由此可见卦变说在他的易学方法中的重要性。

卦变是《周易》象数方法之一。通过卦爻的刚柔变易，由本卦翻成变卦，从而为卦意的判读增加更多的可能性和参照物。在汉代象数易中，以虞翻的卦变义最精。今人潘雨廷氏归纳虞氏易卦变通则有四："一、一阴一阳卦及反复不衰卦中，除乾坤外之六卦皆来自乾坤。二、二阴二阳卦除可从二卦来者，皆从临观遁大壮来。三、可从二卦之二阴二阳卦，皆来自反复不衰卦。四、三阴三阳卦皆来自泰否。"①保巴的卦变说，凡言某卦从某卦来者，皆与这些条例暗合。

按保巴在《周易原旨》一书中，以卦变说卦理者凡40处，所涉及的卦有《乾卦》《屯卦》《蒙卦》《小畜卦》《泰卦》《同人卦》《谦卦》《随卦》《观卦》《噬嗑卦》《贲卦》《剥卦》《无妄卦》《大畜卦》《颐卦》《咸卦》《恒卦》《晋卦》《明夷卦》《解卦》《损卦》《益卦》《姤卦》《渐卦》《归妹卦》《丰卦》《旅卦》《兑卦》《涣卦》《节卦》等。保巴用卦变，一是如虞氏易所言某卦从某卦来，以明其卦变之源；二则是揭示卦爻的刚柔相易引起卦变，立足于此进行具体分析。以下分述之。

保巴言及某卦从某卦来者甚多，有20处，其中符合虞氏卦变通例者19处，符合第一条者如："以变卦言，'云行雨施'，坎象；'大明终始'，离象"。②按《坎》《离》均为反复不衰之卦，其皆出于乾坤，故《乾·彖》中有坎离之象。

符合第二条者如（按语为笔者所加，下同）：

屯䷂自观䷓来。观之初柔交上九之刚，故为水雷也。（案：《观卦》初六与上九刚柔互易，得《屯卦》）

---

① 潘雨廷著，张文江整理：《周易虞氏易象释》，《潘雨廷著作集》伍，上海古籍出版社2016年版，第505页。
② （元）保巴撰，陈少彤点校：《周易原旨·易源奥义》，中华书局2009年版，第3页。

以卦变言,卦自遁䷠来。内卦"初九"与"六三"刚柔相易,见天雷,故名"无妄"䷘。(案:《遁卦》九三与初六刚柔互易,得《无妄卦》)

以卦变言,此卦(大畜䷙)自大壮䷡来,外卦上下刚柔相易,故"刚上而尚贤也"。(案:《大壮卦》上六与九四刚柔互易,得《大畜卦》)

卦(颐䷚)自观䷓来,故曰观颐。(案:《观卦》初六与九五刚柔互易,得《颐卦》)

以卦变言,晋䷢自观䷓来,柔进而上行,柔进也。(案:《观卦》九五与六四刚柔互易,得《晋卦》)[①]

《屯》《无妄》《大畜》《颐》均为二阴二阳之卦,来自《临》《观》《遁》《大壮》四卦。

符合第四条者如:

此卦变也。阳大阴小。坤自内往而居外,乾自外来而居内,泰䷊自否䷋来也。……乾自内往而居外,坤自外来而居内,否自泰来也。随卦(䷐)自否䷋来,"上"来居"初",用卦变也。(案:《否卦》上九与初六刚柔互易,得《随卦》)

以变卦言,此卦(噬嗑䷔)自否䷋来。(案:《否卦》初六与九五刚柔互易,得《随卦》)

贲䷕自泰䷊来。上之柔来二而文刚,分二之刚,上而文柔。(案:《泰卦》上六与九二刚柔互易,得《贲卦》)

咸䷞,卦自否䷋来,乾坤二卦正应,相易变为兑上艮下。少

[①] (元)保巴撰,陈少彤点校:《周易原旨·易源奥义》,中华书局2009年版,第10、74、77、80、107页。

男下于少女，二气相感。（案：《否卦》上九与六三刚柔互易，得《咸卦》）

以卦变言，恒☷☰自泰☷☰来。初之刚上而居"四"，"四"之柔下而居"初"，阳贵阴贱，刚上而柔下，男尊而女卑，男外而女内，皆经常之理，恒久之道，故名为恒。（案：《泰卦》六四与初九刚柔互易，得《恒卦》）

以卦变言，损☶☱自泰☷☰来，益☴☳自否☰☷来。损下益上，则名为损。损上益下，则名为益。（案：《泰卦》上六与九四刚柔互易，得《损卦》；《否卦》九四与初六刚柔互易，得《益卦》）

以卦变言，此卦（益☴☳）自否☰☷来，损乾之一阳以益坤，为损上益下矣。（案：《否卦》九四与初六刚柔互易，得《益卦》）

以卦变言，渐☴☶自否☰☷来。三之柔进居四，故卦名为渐。（案：《否卦》九四与六三刚柔互易，得《渐卦》）

以卦变言，卦（归妹☳☱）自泰☷☰来。三四交而成归妹，乾坤交也。（案：《泰卦》六四与九三刚柔互易，得《归妹卦》）

以卦变言，旅☲☶自否☰☷来。（案：《否卦》九五与六三刚柔互易，得《旅卦》）

以卦变言，涣☴☵自否☰☷来。四之刚来居二，二之柔往居四，否动通而涣散，故曰涣。（案：《否卦》六四与九二刚柔互易，得《涣卦》）

以卦变言，卦（节☵☱）自泰☷☰来，刚柔平分矣。（案：《泰卦》六五与九三刚柔互易，得《节卦》）①

此等皆与汉易卦变之说密合无间。又"《同人卦》"（☰☲）自《姤》☰☴

---

① （元）保巴撰，陈少彤点校：《周易原旨·易源奥义》，中华书局2009年版，第34、52、63、65、94、98、127、130、169、172、181、190、194页。

来,'初'往居'二',刚柔相易,用卦变也"[1],此例与虞氏卦变例一阴一阳卦自乾坤来不合。《乾卦》《坤卦》六爻逐爻变阴变阳,可得十二个一阴一阳之卦,此为卦理之推演。但《姤卦》的初六与九二刚柔互易则变为《同人卦》,于卦变颇为直观,是直接推演而得,其推演方法,则与保巴下面的具体分析方法相符合。

而保巴具体揭示卦爻之刚柔相易者有15处,内中也隐含了卦变通例和变例。如：

雷雨之动者,变"解"☳☵也。屯☵☳而变"解"可也？卦变不一,取应爻易位也。应爻易位者,上下无常,刚柔相易。不可为典要,惟变所适。（案：《屯卦》九五与六二刚柔互易,六四与初九刚柔互易,得《解卦》,为双应爻易位的卦变变例。）

又二、五应爻,刚柔相易,成坤成巽,故互用卦变也。（案：《蒙卦》☶☵之六五与九二刚柔互易,则外巽内坤,得《观卦》,此为二阴二阳之卦来自《观卦》之通例。）

"初九"与"六四"正应,刚柔相易成姤,姤之变尽而成复,复即一阳生,生即道也,故曰"复自道"矣。（案：《小畜卦》☰☴初九与六四刚柔互易,得《姤卦》☰☴,《姤卦》阴消阳,变尽而成《复卦》☷☳。）

"上九"爻动极必变,变则外卦成坎。坎为雨、为月、为轮、为曳,其于舆也为眚。畜极如此至矣。（案：《小畜卦》☰☴上九变阴,外卦成《坎》☵。）

故"三"称伏,四称反,用卦变也。（案：此例与飞伏有关,见下节。）

用卦变,刚柔相易,自剥来一阳,自上而下以居"三"成艮,

---

[1] （元）保巴撰,陈少彤点校：《周易原旨·易源奥义》,中华书局2009年版,第40页。

见山在地下，谦卑之象也。（案：《小畜卦》☷上九变阴，外卦成《坎》☵。）

二五刚柔相易，成蒙。蒙，童蒙也。（案：《观卦》☷九五与六二刚柔互易，则成《蒙卦》☶。）

以卦变方，五复位，三上易，内卦为艮，艮为少男，故小人初远于阳，无刚明之君子训教。（案：《观卦》☷六三与上九刚柔互易，则内卦为《艮》☶。）

三上相易成艮。（案：同上。）

以阴剥阳，故名为剥。乾五变至此，故曰柔变刚，用卦变也。（案：《剥卦》☷由《乾卦》五变而来，以阴消阳，故曰柔变刚。）

五上刚柔相易，见坎。坎为豕，去势则豮。上卦艮，艮为阍寺，豮豕之牙亦艮止而去势之义。（案：《大畜卦》☶六五与上九刚柔互易，外卦成《坎》☵。本卦之外卦为《艮》。）

初与四应爻相易为巽，巽为股。（案：《明夷卦》☷初九与六四刚柔互易，下互卦为《巽》☴。）

以卦变言，巽卦初二刚柔相易，得离，离伏坎，坎为豕也。（案：《姤卦》☰内卦为《巽》，其初六与九二相易，则变为《离》，离伏《坎卦》。）①

尤其是在《解卦》卦辞之下，保巴集中体现了刚柔相易的卦变思想：

利西南。"初""四"刚柔相易得坤，坤位西南。无所往，其来复，吉。"初"与"四"、"二"与"五"应爻，刚柔相易，成屯。

---

① （元）保巴撰，陈少彤点校：《周易原旨·易源奥义》，第108、15、28、30、41、45、61、61、61、68、79、112、138页。

屯以相比而刚柔相易成解，故无所往而来复吉也。有攸往，夙吉。夙，早也，初也。"初"与应爻易位成临。临，浸而长之卦，故往则有功。故苟"有攸往，夙吉"也。①

这里的整段文字，都是用刚柔相易的方法来推卦意，《解卦》☷☳初六与九四相易，其外卦为《坤》，坤于后天方位，位于西南。而当其应爻相易，即初六与九四相易，九二与六五相易之后，得到的是《屯卦》☵☳。屯者不利于往，故无所往而来复吉。又初六与九四相易后，得到的卦为《临卦》☷☱，《临卦》往而则有功。以刚柔爻的推移来判断卦意的演变，这里使用的是很纯粹的象数学方法。

二、卦例说

卦例为判读《周易》卦爻的重要依据。古往今来的易学家，对卦例多有发现。这些卦例对我们理解《周易》具有重要的价值。这些卦例，如"中""正""阳大阴小""君臣之位"等，其中有些是属于象数学的范畴。保巴书中以卦例解卦者 22 处，涉及《屯卦》《需卦》《临卦》《无妄卦》《小畜卦》《大畜卦》《大过卦》《离卦》《咸卦》《恒卦》《明夷卦》《损卦》《益卦》《夬卦》《升卦》《困卦》《震卦》《归妹卦》《丰卦》《中孚卦》《小过卦》《既济卦》等。这些卦例，既有偏重义理者，也有侧重象数者。而究其根源，皆以易象为旨归。分述如下。

有阐明通例者。如"经有未发者，传为发之，类皆如此"，"中重于正，中则正矣，正不必有中也"，"大率中重于正，中则正矣，正不必中也"，"爻例，'三'多凶"，"易理终必反初，上六指婚媾为初九明矣"，②

---

① （元）保巴撰，陈少彤点校：《周易原旨·易源奥义》，中华书局 2009 年版，第 123 页。
② （元）保巴撰，陈少彤点校：《周易原旨·易源奥义》，中华书局 2009 年版，第 12、99、128、132、165 页。

等等。这些卦爻例，都是可以应用于全部《周易》的通例，为一定之规。其中对"中""正"关系的辨析，已成定例。

有阐明个例者。如"易言'酒'者皆有坎"，"凡言利者，皆有断割之义"，"易中言'雨'者，皆谓阴阳和合也"，"凡言有庆者如是，则有福庆及于物也。言有喜者，既善而又有可喜也"，"有男女配合之卦四：咸、恒、渐、归妹也"，"又易中凡言'孚'字，多是说阴阳相说，不专指正应"，①等等。这些对具体字词在爻辞中意义的阐释，大都与其易象有关。

有阐明变例者。如"五为君位，然易变随时取义，不可作典要也。乃见纣极暗而不可处于君位，随时取义，指'上六'为纣，昏极之君位，反此爻为臣位也。"② 按纣为君，应处第五爻之位，然而在《明夷卦》䷣中，六五本为君位，而以纣臣箕子当之，以纣当上六"不明，晦。初登于天，后入于地"之位，此之谓易变，亦为变例。保巴揭而出之，反映出他对易例的灵活把握与深刻理解。

而保巴最为重视的卦例，则为阴阳之例，在全书中述及者达11次之多。

有对阴阳通例的阐述，如"君子体而用之：《易》法以阳为刚、为大、为实，以阴为柔、为小、为虚"。③此将《周易》重阳刚的精神揭而发之。

有对阳大阴小关系的阐述，对此例的阐述有 5 例，皆为分析卦爻时提及。如"阳大阴小，二阳浸长。阴多以阳为主，故大"，"易卦之例，阳大阴小，即阳富阴贵"，"卦例以阳大阴小而言。乾欲进而巽畜之，巽为阴卦，即以阴卦为小，故为小畜"，"卦例阳大阴小。四阳二阴，大者过也，故名'大过'"，"卦例阳大阴小。四阳二阴，阳过于阴，大者过

---

① （元）保巴撰，陈少彤点校：《周易原旨·易源奥义》，中华书局2009年版，第18、94、136、146、173、197页。

② （元）保巴撰，陈少彤点校：《周易原旨·易源奥义》，中华书局2009年版，第113页。

③ （元）保巴撰，陈少彤点校：《周易原旨·易源奥义》，中华书局2009年版，第207页。

也，故名'大过'。四阴二阳，阴过于阳，小者过也，故名'小过'"。①这里涉及卦例的具体应用，而以阳大阴小为主，其各卦义理的建构，则立足于此例。

有阐释判断阴阳孰为卦主时的原则的。如"取阳多以阴为主，阴多以阳为主者"，"阳以阴为主，即明以暗为主"。②

有阐释阴阳关系变例的。如"六四正而有应，诸卦阴爻称不富，而此爻称富，何也？其阳当主义，阴当主利。又阳当主贵，阴若正而有应，必当主于富。阴阳对代之义乎？故易取无常，不可作典要耳"。③此处指《家人卦》☲之六四"富家，大吉"的爻辞，其思辨体现了阴阳对待的辩证法。

有以阴阳之例来解析卦形的。如"二、三、四互兑，兑得坤之第三爻。卦例，见一奇即乾属，见一偶即坤属。兑有一偶，即坤。坤为子母牛，故称童牛"，"又坎阳卦，兑阴卦，坎刚为兑柔所揜。……皆刚被柔揜也，故卦名为困"。④这里所说的"见一奇即乾属，见一偶即坤属"的实质依然是阴阳关系。保巴以此来解释《大畜卦》☲六四爻辞的"童牛之牿，元吉"，以及《困卦》☱的成卦之德。这是比较纯粹的象数学分析方法。

三、飞　伏

飞伏是汉代象数易的基本解卦方法之一，源于京氏易。朱震曰："伏爻何也？曰京房所传飞伏也。乾、坤、坎、离、震、巽、艮、兑相

---

① （元）保巴撰，陈少彤点校：《周易原旨·易源奥义》，中华书局2009年版，第57、75、76、83、200页。
② （元）保巴撰，陈少彤点校：《周易原旨·易源奥义》，中华书局2009年版，第90、178页。
③ （元）保巴撰，陈少彤点校：《周易原旨·易源奥义》，中华书局2009年版，第116页。
④ （元）保巴撰，陈少彤点校：《周易原旨·易源奥义》，中华书局2009年版，第78、148页。

伏者也。见者为飞，不见者为伏。飞，方来也；伏，既往也。"①

保巴使用飞伏方法来判卦者有13处。所涉之卦有《乾卦》《坤卦》《小畜卦》《同人卦》《大有卦》《大畜卦》《颐卦》《遁卦》《大壮卦》《晋卦》《升卦》《渐卦》等。

如保巴论《小畜》☰之六四"血去惕出，无咎"曰："坎为血，为加忧。互体伏坎，伏坎去，惕出也"。按《小畜卦》之六四为上互卦之中爻，其卦为《离》☲，《离》为八纯卦之一，凡纯卦，以相对之卦为飞伏，离卦之飞伏即《坎卦》☵。而坎为危为忧，此时坎去离来，则为血去惕出，故无咎。这是典型的飞伏解卦之说。同此者，如乾伏坤、坤伏乾，艮伏兑，皆为纯卦之飞伏。保巴涉及其义者，如"以飞伏言，乾伏坎离也。故以断亨"，"马谓坤，伏乾故"，"乾伏坤，坤为舆"，"坤为大舆，乾伏坤，故有'大车以载'之象"，"以飞伏言，乾伏坤，故称舆"，"互体见乾，乾伏坤，坤为大舆也"，"以飞伏而言，艮伏兑，为虎"，② 皆是。

又如他论《同人》☰之九三"伏戎于莽"："飞为同人，伏为师。故'三'称伏，四称反，用卦变也。"按《师卦》为游魂卦，其世爻在三爻，以内卦为伏，以内卦之对宫为飞。《师卦》☷上坤下坎，其伏为坎，坎的相对之卦为离，其对宫为同属游魂之卦的《同人》，所以"飞为同人，伏为师"。《同人》之九三，亦伏《师卦》，师为征战，故九三爻辞有"伏戎于莽"之语。这也是典型的飞伏解卦之说。又如论《渐卦》☶卦辞"女归吉"曰："以卦象言，巽下艮，有男在女下之象，又伏体有归妹之象"。③ 按《渐卦》为归魂卦，其以内卦为伏，以内卦之对宫为飞，

---

① （宋）朱震：《汉上易传》卷一，《文渊阁四库全书》第11册，台湾商务印书馆1986年影印本，第8页。
② （元）保巴撰，陈少彤点校：《周易原旨·易源奥义》，中华书局2009年版，第29、3、7、29、44、77、106、82页。
③ （元）保巴撰，陈少彤点校：《周易原旨·易源奥义》，中华书局2009年版，第41、169页。

其内卦为《艮》，对宫正是《归妹卦》，所以可以用它来解释"女归吉"，所谓易辞皆由象出，在此体现得非常明显。

四、互体、肖体、似体与取象

保巴能熟练地运用取象的方法来剖析易理。如论《需卦》九三："恃刚上进，必犯险也。坎为险、为陷、为难、为盗、为寇、为眚、又为灾者，阳陷阴中，故有此象。"①按《需卦》卦体为☵，坎上乾下，《需卦》之九三为《乾卦》上爻，处危惧之位，进则遇坎险，所谓"必犯险"也。又《坎卦》为☵，阳爻在两阴爻之中，所谓"阳陷阴中"也。这里的论断非常简洁有力。

而互体是先秦以来周易象数学的最重要方法之一，以互体来分卦爻之象，以阐明卦理。互体分上互卦和下互卦。其中，第二、三、四爻构成下互卦，第三、四、五爻构成上互卦，互卦所取之象，对卦意的剖析非常重要。

保巴书中，应用互体分析方法者凡28处，涉及《屯卦》《需卦》《师卦》《比卦》《履卦》《泰卦》《谦卦》《豫卦》《蛊卦》《贲卦》《晋卦》《明夷卦》《家人卦》《睽卦》《渐卦》《归妹卦》《旅卦》《涣卦》等。

如他分析《泰卦》九二时说："互体见兑，乾健涉兑泽而不陷，有勇冯河之象也。"②《泰卦》卦象为☰，此处的互体为兑，即下互卦为兑。九二原为内卦《乾卦》的第二爻，也是下互卦兑卦的首爻，故云"乾健涉兑泽而不陷"，乾之属性为健，兑之取象为泽，健行而上，涉泽而不陷，正寓有《泰卦》通泰之意。

保巴还能应用互体理论灵活解卦，如《泰卦》六五："帝乙归妹，

---

① （元）保巴撰，陈少彤点校：《周易原旨·易源奥义》，中华书局2009年版，第18页。
② （元）保巴撰，陈少彤点校：《周易原旨·易源奥义》，中华书局2009年版，第35页。

以祉，元吉"。如果用现代的史学派眼光来看，这条卦爻里面蕴含的是殷商与周部族之间的一段联姻的史实。但保巴说："中四爻互体见震兑，即归妹，见王姬下嫁之象也。"① 盖因《泰卦》的下互卦为兑，上互卦为震，上震下兑，正是《周易》中另一卦《归妹》䷵的卦形。这样，卦形的内部构造恰恰具有卦理上的自洽性，六五以阴爻当上卦之中位，与九二以阴爻当下卦之中位，两爻阴阳相应，所以保巴说："柔中应刚中，男女得行其有室有家之愿也。福孰加焉，吉孰大焉"。② 即此理也。

保巴在很多地方都灵活使用了互体的分析方法，如"互体见坤，坤众也"。"互体见艮，艮为黔喙之属。""互体见兑，兑为口，有言象。""互体见巽，巽为多白眼，眇象，见不明者也。""二、三、四，互坎。坎，劳卦也。""互体见艮，艮为石。""此卦三阴三阳，乾、坤、震、巽、艮俱备，所以称父母与子也。""前互坎为轮，为车，下卦震，震为足，为大途，徒行也。""互体见坎，《易》中坎称濡。""坤有牝马，又互体见坎，坎有马象。""离巽又互坎，此三卦有水、火、木之象。""二三四五互体见坎，初近坎水为干。""下卦坎，又互震，故称马。"③ 等等。

在所有易卦的取象中，保巴特别喜欢用"乘木舟虚"之象来分析易理。凡5处，涉及《需卦》《讼卦》《大畜卦》《中孚卦》《未济卦》等。此象与互体联系紧密，保巴且将此象总结为卦例：

> 又利涉川者，非取舟虚象则取乘木象。取舟虚象者，"离"中虚象舟。"中孚"似离，称舟虚，是其证矣。又取乘木之象，舟楫刳木剡木为之也。"益"称木道乃行；"涣"称乘木有功；"中孚"

---

① （元）保巴撰，陈少彤点校：《周易原旨·易源奥义》，中华书局2009年版，第36页。
② （元）保巴撰，陈少彤点校：《周易原旨·易源奥义》，中华书局2009年版，第36页。
③ （元）保巴撰，陈少彤点校：《周易原旨·易源奥义》，中华书局2009年版，第11、17、32、47、50、55、66、67、107、115、170、191页。

论元代蒙古族学者保巴易学的象数学特点

称乘木舟虚，是其证矣。除谦外十卦，非有离正体，则有离互体，似体舟虚也。①

又：

互体见巽，坎巽，木浮于坎水，有乘木之象，涉川也。又见离，中虚为舟，而三阳在上，重不堪载，不利涉也。

三、四、五、上又有舟虚之象，互体见震兑，有浮木象，应乎天者又有刚健乾行象，皆为"利涉"。②

盖《离卦》卦形为☲，阴爻居中，象舟。巽、震有木意，坎、兑有水泽意，巽坎或震兑有乘木以浮的意象。以"乘木舟虚"来总结"利涉川"的卦例，将卦爻辞与卦象构成联接，其论易方法全出于易象数学，保巴易学浓厚的象数学特征，呼之欲出。

此外，保巴还提出了肖体、似体的概念，均与取象有关。保巴书中，应用肖体、似体分析方法者凡10处，涉及《师卦》《豫卦》《剥卦》《复卦》《大畜卦》《颐卦》《睽卦》《中孚卦》《小过卦》《未济卦》等。

所谓"似""肖"，指卦象在结构上的类似性，但并不是严格的相似性。如以一阳统五阴者，保巴皆认为是"似体"。他说："所谓易者，取义无穷。以似体而取之者，假若《比卦》一阳居'五'，统五阴。比之《大象》曰：'先王以建万国，亲诸侯。'故有建侯之义。一阳在'二'为《师卦》，师之初六曰：'师出以律。'故有行师之义。此《豫卦》一阳居'四'，为卦主，统五阴。群阴悦而从之，故名豫。"③按《比卦》䷇、《师卦》䷆、《豫卦》䷏皆是一阳爻为卦主，统领其余五阴爻，则无

---

① （元）保巴撰，陈少彤点校：《周易原旨·易源奥义》，中华书局2009年版，第16页。
② （元）保巴撰，陈少彤点校：《周易原旨·易源奥义》，中华书局2009年版，第19、77页。
③ （元）保巴撰，陈少彤点校：《周易原旨·易源奥义》，中华书局2009年版，第49页。

论其阳爻处于九五、九二、九四的哪一个爻位，它们都是似体。同理，《复卦》☷、《谦卦》☷、《剥卦》☷也与《比卦》《师卦》《豫卦》构成似体或肖体。其意义的诠释是可以互通的。如保巴在解释复卦的上六爻辞"用行师，终有大败"时说："一阳统五阴，以似体言者，有师象，故称行师"。① 复卦本无师象，但似体有师，也就具有了行师之象。

又如保巴在论及上下经结束之卦的规律时说："上经终于《离》《坎》，《坎》之前有《颐》与《大过》，为坎、离肖体。下经终于《既济》《未济》，前有《中孚》《小过》，亦为坎、离肖体。"② 这是从《颐卦》与《大过卦》互为综卦、《坎》《离》也互为综卦的相似性来说的，同理，《中孚》与《小过》互为综卦，《既济》与《未济》也互为综卦，它们也是坎、离的肖体。由此可见保巴对肖体、似体概念的把握是有一个结构上的相似性尺度的。

又如保巴在论及《大畜卦》彖辞时说："以卦之似体言，三、四、五、上似颐，有养贤之象。"按《大畜卦》卦形为☷，其三、四、五、上四爻构成类似于《颐卦》☷，均为上下两条阳爻，中间为阴爻。故保巴说《大畜卦》彖辞中"养贤也"之语，其意出于《颐卦》。而《颐卦》又是《离卦》☲的似体，所以保巴说："颐，内柔外刚为离，似体。离为龟。"以此来解释《颐卦》初九爻辞之"舍尔灵龟"。与此类似的还有论《睽卦》☷之六五爻辞的"以似体而言，自二之上似噬嗑"。论《中孚卦》☷六四爻辞的"以肖体而言，中孚似离伏坎。坎有月象"。论《中孚卦》六五爻辞的"全体似坎，应爻易位亦有坎。坎为弓，为隐伏"。③ 均类似。这些都是很典型的象数学阐释路径。

此外，保巴还从单纯取象的角度说似体，如论《剥卦》初六"剥床

---

① （元）保巴撰，陈少彤点校：《周易原旨·易源奥义》，中华书局2009年版，第73页。
② （元）保巴撰，陈少彤点校：《周易原旨·易源奥义》，中华书局2009年版，第211页。
③ （元）保巴撰，陈少彤点校：《周易原旨·易源奥义》，中华书局2009年版，第77、80、120、199、203页。

以足"爻辞时，他说："以似体言，全卦似床。"① 按《剥卦》䷖卦形似两个支柱支起床板，故称"全卦似床"。这里是单纯的取象，是保巴似体说中的特例。

五、反对、五行、方位与辟卦

反对卦即倒卦，指一卦卦形恰为另一卦的倒置，这两卦则称为反对卦。如《泰》䷊与《否》䷋，《既济》䷾与《未济》䷿，皆是。反对卦被认为是同体之卦，只不过是倒置而已，所以两卦之间具有相当密切的联系。

保巴书中用反对者凡3处，涉及《同人卦》《师卦》《姤卦》《归妹卦》等。

如在论《姤卦》九二时说："巽反对为兑，至悦矣。"② 按《姤卦》䷫下卦为《巽》，保巴分析其下卦巽，指出《巽卦》☴的反对卦为《兑》☱，兑之意为愉悦，所以《巽卦》亦有愉悦之意。这是从反对卦的同体性出发而作出的判断。又论《归妹卦》之卦辞曰："《咸》䷞与《恒》䷟、《渐》䷴与《归妹》䷵，皆卦之反对。"③

然而，在论及《同人》之九四时，保巴说："用卦之反对，则同人与师卦反对见坤"。后面又引汉上朱氏震曰："古《易》本云反则得，得则吉也。"随后判断说："若然，同人与师卦反对明矣。"④ 但《同人卦》䷌与《师卦》䷆并非反对卦，而为综卦（错卦），保巴在此应有误。保巴之意，在于《同人卦》之上卦为《乾》☰，阳变阴为《坤》☷，此为错卦见坤体，而非反对卦。于此亦可见到保巴对反对卦与综卦分辨不清的

---

① （元）保巴撰，陈少彤点校：《周易原旨·易源奥义》，中华书局2009年版，第69页。
② （元）保巴撰，陈少彤点校：《周易原旨·易源奥义》，中华书局2009年版，第139页。
③ （元）保巴撰，陈少彤点校：《周易原旨·易源奥义》，中华书局2009年版，第173页。
④ （元）保巴撰，陈少彤点校：《周易原旨·易源奥义》，中华书局2009年版，第41、42页。

疏漏之处。

五行是象数派易学分析的常用方法。保巴书中用五行解卦者凡4处，涉及《乾卦》《大过卦》《既济卦》《未济卦》。

如论及《乾·彖》时说："亨之和气利割得宜者，东方青气，西方白气，南方赤气，北方黑气，中央黄气，故曰五气顺布，四时行焉。"①按此为五行方位与颜色对应之说。东方甲乙木为青色，南方丙丁火为赤色，西方庚辛金为白色，北方壬癸水为黑色，中央戊己土为黄色。保巴以此论《乾·彖》。又论及《既济》与《未济》两卦时说："月者，水之精，即心月狐星矣，故名狐卦。"②则由五行言及星象矣。

后天方位在保巴书中亦有应用，凡3处。涉及《坤卦》《蹇卦》《归妹卦》。

如论《归妹》之九四"归妹愆期"曰："兑，正秋也，震，仲春也。踰兑而至震，过秋而待春，归妹愆期也。"此以五行与季节相配也。兑在西方为秋，震在东方为春，此为后天八卦方位。又论《节卦》之"天地节而四时成"曰："乾坤交，而有震为春，有兑为秋，有坎为冬，有离为夏。"亦为后天方位的应用。又论《坤卦》方位："坤在西南，艮在东北。"又论《蹇卦》卦辞之"利西南，不利东北"时说："后天八卦方位，坤在西南，故曰'利西南'"。③皆此。

辟卦是汉易象数学代表性理论，在保巴书中也有应用，凡1处，涉及《临卦》。

《临卦》卦辞："元亨，利贞，至于八月有凶。"保巴曰："临二阳在下，十二月之卦也。一变三阳为泰，二变为大壮，三变为夬，四变为乾，五变为姤，六变为遁，七变为否，八变为观。观者，八月卦也。临

---

① （元）保巴撰，陈少彤点校：《周易原旨·易源奥义》，中华书局2009年版，第3页。
② （元）保巴撰，陈少彤点校：《周易原旨·易源奥义》，中华书局2009年版，第205页。
③ （元）保巴撰，陈少彤点校：《周易原旨·易源奥义》，中华书局2009年版，第175、194、7、121页。

之体，阳长阴消，观之体，阴长阳消。"① 按辟卦即汉人所称的月卦，《临卦》䷒在辟卦中处丑位，为十二月卦。《观卦》䷓在辟卦中处酉位，为八月卦。其演变之迹，即《临卦》六三变阴为阳，成《泰卦》䷊，此之谓"一变三阳为泰"；《泰卦》六四变阴为阳，成《大壮卦》䷡，此之谓"二变为大壮"；《大壮卦》之六五变阴为阳，成《夬卦》䷪，此之谓"三变为夬"；《夬卦》上六变阴为阳，成《乾卦》䷀，此之谓四变为乾；《乾卦》初九变阳为阴，成《姤卦》䷫，此之谓"五变为姤"；《姤卦》九二变阳为阴，成《遁卦》䷠，此之谓"六变为遁"；《遁卦》九三变阳为阴，成《否卦》䷋，此之谓"七变为否"；《否卦》九四变阳为阴，成《观卦》䷓，此之谓"八变为观"。由泰至观，分别是一月卦至八月卦。《临卦》中阴阳爻的消长，为阳长阴消，《观卦》中阴阳爻的消长，为阴长阳消。《临》《观》两卦同体，只有正倒之分，亦即上文所述的反对卦。由《临》至《观》，即由阳长阴消至阴长阳消，其吉凶亦因此而异，故曰"至于八月有凶"。保巴在此，完全是应用象数学的辟卦理论来解释《临卦》的卦意。

综上可见，保巴的易学有鲜明的象数学特点，为四库馆臣所忽视，且影响到今人对保巴易学性质的判断。事实上，作为一位蒙古族的学者，保巴易学能以象数方法作为思维方法，本身就是让人兴奋的事实：它证明了《周易》这部古老的经典，在汉族之外的民族中也得到了发扬光大，其精于象数的特点，也可见《周易》所拥有的跨越民族界限的悠长活力与永恒魅力！

作者单位：中央民族大学

---

① （元）保巴撰，陈少彤点校：《周易原旨·易源奥义》，中华书局2009年版，第58页。

朝鲜正祖李祘《周易讲义·总经》君臣对论易学平议*

（中国台湾）赖贵三

摘要：朝鲜王朝（1392—1897）正祖（1777—1800）李祘（1752—1800）时期的《周易讲义》，并非朝臣儒士对正祖讲解《周易》的文献，而是正祖提出《周易》的相关问题，君臣之间以策问形式的交流讨论。应该首先探讨《周易讲义·总经》的性质及其相关问题；其次，进行内容述评，以及揭示其中所反映的诠释倾向，经由分析讨论，得知《周易讲义·总经》17则条问中，几乎涵盖易学"两派六宗"的各个面向。而从17则问对的内容平议中，可以反映出当时朝鲜易学的四种现象：（一）《周易讲义·总经》内，约三分之一的问题集中在"图书"易学上，显示当时"图书"易学颇为盛行。（二）朝鲜儒士尊奉朱子学说为圭臬，认为朱子易学"非后生浅学所敢遽议"。（三）正祖并不完全依照朱子的观点释《易》，一方面常引用"先儒"之说质疑朱子；另一方面，在卦爻辞取象上，似乎更偏向于汉儒的说法。（四）由于当时朝野儒士常论及康熙朝理学大儒李光地（1642—1718）的思想学说，可见朝鲜与清朝

---

* 本文获得大韩民国教育部与"茶山学术文化财团"国际协力研究课题"从东亚的经学传统看茶山丁若镛的《周易》思想"2018年第2期研究经费之补助。

的学术交流颇为频繁。综合言之，透过《周易讲义》文臣、儒士的问答条对，可见朝鲜朝野对于《周易》多有深湛的造诣与深刻观点，可以作为清朝与朝鲜两国学者间讨论比较的参考。

关键词：朝鲜王朝　正祖李祘　《周易讲义·总经》　易学　实学

一、前　言

正祖李祘（1752—1800），字亨运，号弘斋，自号"万川明月主人翁"，为朝鲜王朝第二十二代君主，在位24年（1777—1800），当时中国正值清朝乾隆、嘉庆盛世，二国政治、学术、文化、经济等交流密切而频繁，互动影响笃实且深远。正祖以学识渊博、作风开明、仁爱亲民与富于改革精神著称于世，被誉为"圣仁明君"。此外，他好学能文，有184卷《弘斋全书》传世，也是朝鲜王朝惟一留下个人全集的君主，其祖父英祖李昑（1694—1776），在位53年（1724—1776），此二者统治时期被后世合称为"英正时代"（1724—1800），而在正祖主政时达到巅峰。

正祖发扬朝鲜儒家文化，对士农工商全面关注，同时鼓励民本主义色彩的"实学"①发展，积极推动与清朝的贸易文化交流，被称为"朝鲜中兴时代"；又因奖掖学术自由，建立保管历代文献与不分党派色彩用人唯才的机构——"奎章阁"，主动吸收清朝文化——"北学"，以及西方文明中天文、历法、数学、机械等科学技术，重道弘文，也被史家推崇为"朝鲜的文艺复兴时代"。②

正祖《弘斋全书》卷64至卷119为《经史讲义》，记载君臣间对于

---

① 案：正祖改善国计民生的宏愿，与当时提倡"实学"的学者，诸如朴趾源（1737—1805）、朴齐家（1750—1815）、丁若镛（1762—1836）等的济世思想不谋而合。而这些提倡"实学"思想的名士，也同时受到正祖的破格擢用，可见"实学"思想已经深刻影响着正祖的政治路线。

② 参考李乃扬《韩国通史》，台湾中华文化出版事业委员会1956年版，第三编《近代史》，第147—149页。

群经诸史问答的内容。其中,卷101至卷105为《周易讲义》,收录癸卯(1783,正祖7年)、甲辰(1784,正祖8年)二年间关于《周易》的问答。癸卯年4卷,共计183条,涵盖《周易》六十四卦以及《易传》"十翼"的全部内容;甲辰年1卷,共计33条,仅及《乾》《坤》《蒙》《需》《小畜》《履》《同人》《大有》《益》《艮》十卦。撰作背景,详载于《群书标记》"《周易讲义》五卷"条末:

> 条问癸卯选四卷,乙巳命阁臣金憙编次;条问甲辰选一卷,辛亥命抄启文臣徐有榘编次。……辛丑教曰:"文风不振,由培养之失其本也。誉髦之盛尚矣,不可论,如词翰小艺亦未能躐等而袭取,必须磨砻激砺,然后乃可成就而需用。近来年少文官,才决科第,便谓能事已毕,不曾看一字作一文,又从以束阁,书籍不识为何物。习俗转痼,矫革未易,虽有专经之规,月课之式,作辍无常,名实不符。朝家劝课,既乖其方;新进怠忽,不暇专责。予于曩日,十事责躬也。以人才之不兴,惓惓为说。大抵人才不可以一概论,而文学为最重。盖其蕴之德行,发诸事业,以至饰皇猷、砺颓俗,鸣国家之盛者,实有关于世道之污隆,治教之兴衰,岂可曰少补也哉?今欲仿古设教以为作成之道,则湖堂太简,徒启奔竞之风;知制稍猥,反归滥屑之科。若就文臣堂下中,限其年,广其选,月讲经史,旬试程文,月终聚而考之,较勤慢,行赏罚,未必不为振文风之一助。文臣参上参下,年几岁以上抄启。"遂自是岁为始,每过新榜,庙堂选槐院分馆中三十七岁以下有文识可教者以启,谓之抄启文臣。轮讲《五经》《四书》,或临筵发难,或拈疑颁问,以第其所对之优劣,而使阁臣及抄启文臣等陆续编次。此经书讲义之所以成也。①

---

① [古朝鲜]正祖大王:《弘斋全书》,韩国民族文化推进会2001年版,《影印标点韩国文集丛刊》第267册。凡以下原典引文之标点符号,均为笔者所加。

文学涵养可以"饰皇猷，砺颓俗"，世道之污隆，国家之治乱，莫不与此相关。正祖有感于当时文风不振，年少文官科考及第后，便"不曾看一字作一文"，因此下令选拔文臣，轮讲《五经》《四书》，由正祖"临筵发难""拈疑颁问"，借由这种形式，"较勤慢，行赏罚"，以砥砺振兴文风。

《周易讲义》主要是针对文臣的问答纪录，《弘斋全书》卷106、卷108，在《经史讲义》的"总经"之下，又收录了正祖以《周易》策问草野士子的内容。① 卷106为癸丑年（1793，正祖17年）正祖对关东士子所下的条问，卷首云：

> 癸丑，仿乡举里选之制，命关东伯采访穷经读书之士以闻。春川朴师辙、横城安锡任、襄阳崔昌迪被选，特下条问，使之附对。②

此卷所收《周易》相关条问共10条，应对者仅朴师辙、安锡任与崔昌迪三人。而卷108为戊午年（1798，正祖22年）正祖对湖南、关西、关北儒生的设问，卷首载：

> 戊午选湖南、关西、关北诸生，特下条问。湖南之全州李徽鉴、罗州林炳远、洪乐钟、朴宗汉，光州奇学敬、高廷凤、朴圣濂、金孝一，南原赵英祚、金秀民、李五奎，长城边相璨，灵光李广镇，淳昌杨宗楷、杨宗乙、柳东焕、卢穖，益山李得一、苏洙性，昌平金履廉、郑在勉，务安金通海，高敞柳永履，兴德黄一汉；关西之平壤李春馦，龙川金德弘，龙冈金道游；关北之镜城

---

① 《经史讲义·总经》不仅收录《周易》相关条问，还包括《书》、《诗》、《春秋》、三《礼》、《大学》、《中庸》、《论语》、《孟子》、《孝经》、《尔雅》。

② 引自［韩］成均馆大学校大东文化研究院编《韩国经学资料集成·易经》第22册，韩国成均馆大学校出版部1996年版，第659页。

李元培等附对。①

此卷所收《周易》条问共 7 条，入选者 28 人；然此卷仅录奇学敬、李五奎、郑在勉、柳永履与金道游五人的应答。不过，高廷凤《水村集》卷六"御制经书疑义条对"、李元培《龟岩集》卷三"经义条对"与柳匡天《归乐窝集》卷八"御制经义问对"，也载有正祖《周易》七问条对的响应，可与此卷所收内容参较。②

综之，《弘斋全书》卷 101 至卷 105《周易讲义》乃正祖为提振文风，特别针对文臣设问，其内容涵盖六十四卦以及《易传》"十翼"的全部内容，所录问对一共 216 条；至于卷 106、卷 108《经史讲义·总经》所载，则是正祖为了选拔草野之士所下条问，所录问对一共 17 条。虽然对象有别，这些讲义的共通性，都以君王提问为中心，而分别由在朝文臣与在野儒士回答。讲义条对不仅反映了君王所关注的易学面向，而且体现当时朝鲜文臣、儒士对于这些问题的掌握，以及其易学观点；特别是卷 106、108"总经"所载，由于并非逐篇逐卦讨论，而是选择性地提出问题，更能反映正祖与文臣、儒士对于《周易》的核心关怀。因此，本文针对此二卷收录问答进行考察，以平议正祖与儒士的易学蕲向。③

---

① 引自《韩国经学资料集成·易经》第 22 册，第 675 页。
② 案：柳匡天《归乐窝集》卷八"御制经义问对——周易"，收录于《韩国经学资料集成·易经》第 20 册；高廷凤《水村集》卷六"御制经书疑义条对——周易"、李元培《龟岩集》卷三"经义条对——易"，则收录于《韩国经学资料集成·易经》第 21 册。至于，高廷凤、李元培于戊午年被选附对，而柳匡天则不入其列，不知何以柳氏文集中，竟录有应答文字？盖当时诸生应对者多，只有识见高明者，方得选录于《弘斋全书》。
③ 案：《弘斋全书》卷 64 至卷 119，皆统称为"经史讲义"，底下细分为"近思录""心经""大学""论语""孟子""中庸""诗""书""易""总经""纲目"等等。《群书标记》特将逐篇逐卦设问的卷 101 至卷 105 称作《周易讲义》五卷。本文爰将卷 106、108 称为《周易讲义·总经》，作为讨论平议的文本，以别于内容丰富的"《周易讲义》五卷"。

二、《周易讲义·总经》的性质及其相关问题

《弘斋全书》卷106、108《经史讲义》"总经"部分,分别是正祖17年、22年,对"穷经读书之士"的策问。由正祖22年其中一则设问,可以推断这些问题主要由正祖亲自拟定:

> 朱子尝论《春秋》之难读,曰:"开卷'春王正月',便不可晓。"予于《易》之"元亨利贞"亦云:"夫四德之说,《文言》之所揭也,《春秋传》之所纪也,《程传》之所从也,汉以来诸家之所不敢异辞也。而朱子《本义》独以'大通而利于贞固'解之者,拘于诸卦占辞也。今考诸卦占辞,如'元吉''光亨''无不利''安贞''艰贞'之类,皆未始不分为四。而惟《坤·彖》'牝马之贞''利西南得朋',似若以'利'字倒解下文。然先儒有以'利'为句,'牝马之贞'为句,'得主利'为句,'西南得朋'为句者。其文从字顺,未必不有得于彖辞本旨。而朱子之不用旧解,断为占辞者,何说欤?"
>
> 在勉对:"观于诸卦'亨'有'小'者,'贞'有'勿用'之类,可见'大通而利于贞固'之义例也。夫子则又推得去文王《易》外之意,以四德明之。此圣人纵横解释,无不曲当者也。"[1]

文中之"予",乃正祖自称。条问之设,本为选拔草野儒士,[2] 而这些问题显然非出自考官,而是由正祖所拟。

传统学者多认为《易传》出于孔子之手。正祖云:"夫四德之说,

---

[1] 引自《韩国经学资料集成·易经》第22册,第687—688页。
[2] 此卷卷首载:"戊午选湖南、关西、关北诸生,特下条问。"

《文言》之所揭也。"而以"元亨利贞"为四德，早见于《左传》，[①]正祖认为朱熹（1130—1200）改读四德为"元亨，利贞"，此是对圣人的一种反动。更何况正祖以《需卦》之"光亨"以及《周易》占辞中常出现的"元吉""无不利""安贞""艰贞"等，说明"元""亨""利""贞"在《周易》里可以单独为文，并不一定要断作"元亨""利贞"。之所以断为"元亨""利贞"，最重要的依据之一是《坤卦》卦辞"元亨，利牝马之贞。……利西南，得朋"，因为《坤卦》两处之"利"，似乎是提起下文的动词，而"利贞"的语法结构，与"利牝马之贞""利西南"正相似，这证明断作"利贞"的合理性。正祖并非不知这个证据，他引用"先儒"的说法，认为断作"元，亨，利，牝马之贞，君子有攸往，先迷，后得主，利。西南得朋"，无不文从字顺，不必非得断为"利牝马之贞""利西南"。

上述问题的核心，主要是传统皆以"元亨利贞"为四德，而朱熹却断作"元亨，利贞"，并且释为"大通而利于贞固"，其不从旧解的原因究竟何在？其实，问题本身并不复杂，因此正祖在提问之前，先对"元亨利贞"的诠释传统叙述一番，并以《周易》经文之内证，以及先儒对《坤卦》之断句，说明"元亨利贞"可断为"元，亨，利，贞"。因此，可知正祖除娴熟于《周易》经文之外，也能深刻体认《周易》的诠释传统。《周易讲义》中所有条问，皆如上，在设问之前，必先陈述一番，然后才附上士子的回答，而答语皆比设问简短。兹再

[①] 《乾·文言传》："元者，善之长也；亨者，嘉之会也；利者，义之和也；贞者，事之干也。君子体仁足以长人，嘉会足以合礼，利物足以和义，贞固足以干事。君子行此四德者，故曰：'乾：元，亨，利，贞。'"（朱熹：《周易本义》，大安出版社1999年版，第32页。）然而，《左传·襄公九年》引穆姜之言，曰："是于《周易》曰：'随：元、亨、利、贞，无咎。'元，体之长也；亨，嘉之会也；利，义之和也；贞，事之干也。体仁足以长人，嘉德足以合礼，利物足以和义，贞固足以干事。"杨伯峻：《春秋左传注》，中华书局2008年版，第965页。承此，故有学者以为《乾·文言传》乃袭引《左传·襄公九年》此段"穆姜"文字。

朝鲜正祖李祘《周易讲义·总经》君臣对论易学平议

举一例：

> 《易》只是卜筮之书，此朱子独至之见也，不用旧说，不恤人议，断然不疑，着为定论。尊朱之士，岂容歧贰？然而，反观乎孔子之训，则终有所不安于心者。孔子称《易》不可以典要，又称《易》有圣人之道四焉，而尚占居其末焉。使《易》为卜筮之书而已，则是《易》可以典要，而尚辞也、尚变也、尚象也三者，便属剩义矣，何为历举而并言之耶？《系辞》曰："《易》与天地准。"又曰："范围天地之化而不过，曲成万物而不遗。"又曰"极深""研几""通天下之志""成天下之务"。若此类盖难以殚举，何尝谓《易》止于卜筮耶？夫以盈握之简，而极天地之造化，备圣道之体用，其卷舒屈信，虽天地鬼神不能违焉者，六经之中无再此书。故以孔子之大圣，犹云："卒以学《易》，庶几无大过。"若曰圣人只欲成就得卜筮云尔，则得不近于浅之知圣乎？琼山曰"程氏论《易》，曰辞，曰变，曰象，曰占；邵氏论《易》，曰象，曰数，曰辞，曰意；朱氏则曰理，曰数，曰象，曰辞"云，则"占"之云乎者，在程不在朱矣。丘说未知如何？[①]

《系辞上传》云："《易》有圣人之道四焉：以言者尚其辞，以动者尚其变，以制器者尚其象，以卜筮尚其占。"可知《易》具有四大方面的功用，而"卜筮"只是其中一端，解读《周易》"不可以为典要"，亦即不可胶着执定。由正祖所谓"极天地之造化，备圣道之体用，……六经之中无再此书"看来，他似乎更关注《周易》"极深""研几""通天下之志""成天下之务"等义理、致用的面向。正祖一方面征引《系辞传》，质疑朱熹"《易》只是卜筮之书"的观点；另一方面，他还援引明儒琼

---

① 引自《韩国经学资料集成·易经》第22册，第680—681页。

山丘浚（1421—1495）的说法[1]，试图调和朱熹所带来的冲突。自公元1392年，太祖李成桂（1335—1408）建立朝鲜王朝以后，即奖励儒学，将朱子学说视为经邦治国的重要依据，朱子学对朝鲜王朝的影响可谓深远久长。这也说明何以正祖一方面"疑朱"，又试图缓和、折中朱子学说的内在冲突与矛盾。

从上述设问中，可以发现正祖对《周易》经传的深刻认识以及个人观点。他总是在提问以前，援引经传之文、先儒之说，作为论点的依据。由于正祖言之凿凿，儒士有时亦不得不以"圣问已得之，臣何敢更赘"[2]作为响应。这种详于论说的条问，成为《周易讲义》的一大特色。问目底下则是儒士的附对，一般只收录一种说法，偶亦诸说并存。如上述问题，即同时收录关西龙冈儒生金道游、湖南光州奇学敬（1741—1809）[3]二人的应答，对云：

> 朱子尝曰："今学者讳言《易》本为卜筮作者，只知《易》书之出于圣人，而不知卜筮之出于圣人。盖后之名为卜筮者，全昧义理之本，而泥于术数之末，故称以卜筮者，人皆浅之。殊不知义理外无卜筮，卜筮外无义理。以义理而论吉凶，则不卜筮而卜筮也；以卜筮而定出处，则卜筮亦义理也。然则吉凶悔吝等辞，固非因占寓教之意也。"[4]

---

[1] 案：（明）丘浚，字仲深，号深庵、玉峰、琼山，别号海山老人。海南琼山府城镇下田村（今金花村）人，祖籍福建泉州。据《四库全书总目提要》著录，丘浚有《朱子学的》二卷、《大学衍义补》一百六十卷、《家礼仪节》八卷、《世史正纲》三十二卷。

[2] 详参奇学敬《谦斋集》卷六"御制经义条对——周易"，收入《韩国经学资料集成·易经》第21册，第685页。

[3] 案：奇学敬生平，详见于《韩国经学资料集成·易经》第21册，第16—17页之韩文"解题"，中译如下："奇学敬（1741—1809），字仲心，号谦斋。正祖7年，司马试合格，任文学士。纯祖一年，文科及第，先后历任弘文馆正字、司谏院正、茂长县监、弘文馆修撰、校理等职。"

[4] 引自《韩国经学资料集成·易经》第22册，第682—683页。

《大易》中《彖》、《象》、卦、爻之辞，无一字不说卜筮。如亨、贞、吉、凶、悔、吝、利、不利、厉、无咎之属，莫非占辞。而虽以孔子所言"圣人之道四"观之，卜筮虽居末条，而实统上辞、象、动三者，则《易》之主卜筮，已自孔子发之，而非朱子之独见之也。琼山说盖所以发明程子之不徒言理而兼言占，朱、邵之不但言占而兼言理，亦不为无据矣。①

《周易讲义》所记附对，通常都是节录。上述奇学敬的附对，其完整原文见于《谦斋集》卷六"御制经义条对——周易"下：

或有问于朱子曰："《易》何专以卜筮为主？"朱子答曰："且须熟读正文，久之当自悟。"正文即文王卦辞、周公爻辞也。古者《彖》《象》《文言》各在一处，至王弼而合为一，后儒不能分晓。盖《彖》释卦辞，而多说卦变、卦象、卦体，而不及于占；《象》释爻辞，而皆言当位与不当位，中正与不中正，而不及于卜，故不知卦爻之专言卜筮。若去《彖》《象》，专看卦辞与爻辞，则六十四、三百八十四，无一字不说卜筮。如亨、贞、吉、凶、悔、吝、利、不利、厉、无咎之属，孰非占辞？此朱子熟读正文之言，可谓晓人切至。

臣则以为，不如且看伏羲卦画，只画六十四卦而已，只以阳吉阴凶，俾知趋避，则用于卜筮，更无他可用处。只缘后来系卦之辞、系爻之辞，用卜筮而兼示训戒，故孔子又因系辞而明义理。后世惟严君平知此义，与人子依孝，与人臣依忠，借卜说而导愚民于善道，则岂非兼义理、卜筮者耶？后人则其灵心慧识不及于此，不能推原作《易》之本，而或流于术数之末，不知本于义理，

---

① 引自《韩国经学资料集成·易经》第22册，第681—682页。

如京房非不精于卜，而适为杀身之资。王弼用老、庄以解，而便不关于卜筮，至以言卜筮之书为《易》之累辱，见夫子说出许多道理，极言赞美，便以为《易》只说道理。殊不知其极言赞扬之中，要其归则皆卜筮也。如曰"通天下之务""定天下之业""断天下之疑""受命如响""感而遂通""极深""研几""不疾而速"者，莫非卜筮之妙。而虽以圣问中"圣人之道四"观之，卜筮虽居末条，而实统上三者。其曰辞，曰象，曰动，何莫非卜筮之事？则孔子虽发明义理，而卜筮之妙，亦可谓至孔子而大明矣，恐非朱子独见之明而已。虽言卜筮，而旁通万事。以言者尚辞，以动者尚变，以制器者尚象，无适不可，则此其所以不可典要者也夫。以四十九数区区揲扐之制，而天下之吉凶事故，莫逃于其中，则非天下之至神、至精者乎？大哉，卜筮之妙也！居则观象玩辞，动则观变玩占，人无不吉，事无不亨。又欲导斯世于吉善安全之域，不归于忧厄败乱之地者，即作《易》者忧患后世之至意，而动静云为，莫不默契焉，则夫子所以韦编之三绝，而有卒以学《易》，庶几无大过之言者也。丘琼山所谓程氏、邵氏、朱氏论《易》之评，虽未知其注意，而世皆以程子之《易》主理而不及占，邵子、朱子主占而不言理，故取三子论《易》之语，以明程子之不徒理而兼言占，邵、朱之不但占而兼言理也，亦可谓明三子言《易》之旨诀矣。①

由上引文可知，奇学敬当时答文甚长，《周易讲义》仅撷取部分，与原文亦稍有出入。奇学敬基本上依循朱熹的观点，以六十四卦为伏羲之《易》，以卦爻辞为文王、周公之《易》，以《易传》为孔子之《易》，因此他特别强调"若去《彖》《象》，专看卦辞与爻辞"，则六十四卦、

---

① 引自《韩国经学资料集成·易经》第21册，第679—682页。

三百八十四爻，无一字不说卜筮。然《周易讲义》节引其文，却作"《大易》中《彖》、《象》、卦、爻之辞，无一字不说卜筮"，已将文王之《易》与孔子之《易》混同合一，而这或许是抄录文臣疏忽，绝非奇学敬原意。

综上所述，《周易讲义》首先是由正祖就《周易》相关内容提出设问，再由儒士臣子相应回答。这些条问详于论说，实际上融入正祖对于《周易》的见解，并非单纯就其所不知者进行提问。而大部分的应答都是节录其文，且都比正祖的设问更为简短，这正凸显《周易讲义》以正祖设问为主的形式体例性质。

三、《周易讲义·总经》内容述评

《周易讲义·总经》所载问对虽仅17条，但举凡蓍筮、《河图》、《洛书》、象数、卦主、卦序、卦义以及《周易》作者、性质等问题，皆含括无遗。

（一）有关"揲蓍之法"的条问

揲蓍之法，孔疏则三变皆挂，以左右余揲为奇；伊川、横渠则以挂一为奇，左右余揲为扐，而只挂初变，不挂二、三变。盖归挂一于余揲者，即经文"归奇于扐以象闰"之义也。成一爻而后挂者，即经文"再扐而后挂，以象再闰"之义也。至于九六之变动者，用正策顺而明，用余策杂而艰，则伊川、横渠之说，尽乎其必可从。而朱子以伊川之说，谓无文字可据；以横渠之说，谓之可疑，乃用余策以定九六，而三变皆挂者，何也？岂有精义在中，而非后学之所敢及欤？

锡任对："揲蓍之法，先儒所论不一；洛、闽诸贤之说，又相抵牾，此其可疑。而《启蒙》一书，有非后生浅学所敢遽议，姑当从之。"①

朱熹著有《蓍卦考误》一卷,考论前人揲蓍之说的谬误,其说后来也收录在《朱文公易说》中。此则设问比较值得注意的是安锡任的回应:"《启蒙》一书,有非后生浅学所敢遽议,姑当从之。"显示当时一般士子奉朱熹为圭臬的现象。

(二) 有关"《河图》《洛书》"的条问

夫子于《系辞》言数者三,曰天一至于地十,曰天地之数五十有五,曰参天两地而倚数。盖天数始于一,地数始于二,奇耦立,而阴阳之理明,故《图》之以一三七九、二四六八相为内外者,即阴阳交易、变易之道也。天数乘于三,地数乘于二,参两行,而五行之运叙,故《书》之以一三七九、二四六八相为正隅者,即天地顺叙、倒叙之位也。其为天地之数则一也,而卦因之以著变化之情,畴因之以著参赞之功。此其纵横错综之妙,无一不本于天之太极、人之皇极,类非人为智力之所可安排。故先儒以为画卦者本乎《河图》,而亦合于《洛书》之位数;叙畴者本乎《洛书》,而亦合于《河图》之位数;作蓍数者本乎大衍,而亦合于《河图》之数云。而如欧阳修、项安世诸儒,皆以为今之《图》《书》,出于纬书,未足深信;又以关朗《洞极经》所载《图》《书》之说,谓之阮逸伪作。此果有明据而然耶?朱子曰:"《河图》《洛书》岂有先后、彼此之间?"然则《河图》《洛书》同出于一时,而不系于羲、禹之世耶?②

先天圆图,邵子谓"数往者顺,知来者逆",而朱子以为由

---

① 引自《韩国经学资料集成·易经》第22册,第667—668页。
② 引自《韩国经学资料集成·易经》第22册,第678—679页。

《震》之初至《乾》之末为顺数,由《巽》之初至《坤》之末为逆数。夫《震》之初为阳,而至《乾》为纯阳;《巽》之初为阴,而至《坤》为纯阴,则《震》至《乾》,《巽》至《坤》等是"知来"也。乌在其为顺数、逆数之相反乎?以理推之,由《乾》纯阳,历《兑》《离》,以至一阳之《震》;由《坤》纯阴,历《艮》《坎》,以至一阴之《巽》,非"数往"之"顺"乎?是所谓进而得其已生之画也。由《震》一阳,历《离》《兑》,以至《乾》之纯阳;由《巽》一阴,历《坎》《艮》,以至《坤》之纯阴,非"知来"之"逆"乎?是所谓进而得其未生之画也。此不过左旋、右旋,阴阳生生之理。则《启蒙》以《图》之左右分已生、未生者,终难晓其义。愿闻之。①

据学者考究,从朝鲜王朝初期开始,《易学启蒙》即为历任君王必读之书。成均馆大学校大东文化研究院所编的《韩国经学资料集成·易经》中,阐释《易学启蒙》者就有37种,讨论与《启蒙》相关"易图"问题者则多达76种。② 朝鲜《河图》《洛书》学的盛况,也反映在《周易讲义》中。正祖17条设问当中,即有5条涉及《图》《书》之学,约占总数三分之一。

(三) 有关"卦序"的条问

上经,阳也,天道也,故以阳卦分四节,始《乾》《坤》,终《坎》《离》;下经,阴也,人事也,故以阴卦分四节,始《咸》《恒》,终《既》《未济》。以《序卦》考之,上下八节之分阳分阴,秩然而不可紊矣。《杂卦》之序,与《序卦》不同。《序卦》以反

---

① 引自《韩国经学资料集成》第22册,第664—665页。
② 详参黄沛荣:《韩国汉文易学著作的整理与研究》完整报告,"行政院国家科学委员会"补助专题研究计划,计划编号:NSC 94-2411-H-034-001,2007年6月30日,第35页。

对为上下经，而《杂卦》以互卦为次。四象相交，为十六事；中四爻相交，为六十四卦。至杂之中，有至齐者存焉。圣人之序也、杂也，必有深奥之旨，而先儒莫之或及，何也？胡氏之《启蒙翼传》，微发其端，而未竟其绪。何以则推衍希夷反复九卦之义，讲究康节四象交互之言，以明其错综变化之妙欤？

昌迪对："上下经《序卦》，程、朱所论备矣。至于《杂卦》，则朱子亦尝疑之。窃闻近世有李光地者，以为《杂卦》出于互卦，其说颇妙云，而未见其书，不敢臆对。"[①]

《易学启蒙翼传》为元代胡一桂（字庭芳，学者称"双湖先生"，1247—？）所撰。崔昌迪于附对中言及清儒李光地（字晋卿，号厚庵，又号榕村，1642—1718），他只是一介"穷经读书之士"，却能知晓李光地有《杂卦》出于互卦之说，[②] 可见当时清廷与朝鲜间的学术交流已颇频繁。

（四）有关"《易》卦作者"的条问

重卦之说，诸儒不一，王辅嗣以为伏羲，郑康成以为神农，孙盛以为夏禹，史迁以为文王。而孔颖达从辅嗣，郭雍从史迁，朱子又从《正义》而未能决，姑以先天图明之。此有可证以的据，参以理致，使学者息其喙者耶？

锡任对："臣尝闻六十四卦并与命名，而皆出于宓羲氏。盖太极生两仪，而为四象，为八卦，加倍而不已。引而伸之，则盖不知其终极也。圣人但要兼三才而两之，故止于六十四。然则重卦之列，固已具于八卦始画之日矣。故朱子尝曰《剥》《复》《鼎》

---

① 引自《韩国经学资料集成·易经》第22册，第672—673页。
② 案：李光地《杂卦》出于互卦之说，见其所著《周易通论》卷四。

《井》之类，伏羲即卦体之全，而立个名。是必以理推之，而为此定论也。"①

重卦出自何时、何人之手，自古众说纷纭。孔颖达（字冲远，一作仲达，574—648）《周易正义》卷首"论重卦之人"，即记载伏羲、神农、夏禹、文王四种说法。② 正祖所论及之郭雍（字子和，1106—1187），其父郭忠孝（字立之，？—1128）为北宋程颐（字正叔，世称"伊川先生"，1033—1107）之门生。郭雍著有《郭氏传家易说》传世。正祖在提问前所陈众说，实际上就是一则简短的易学史。

（五）有关"通论性质"的条问

以阳爻居阳位者为正，以阴爻居阴位者为正，反是则为不正。二、五为上下两体之中，三、四为一卦全体之中，《系辞》曰"非其中爻不备"，又曰"刚中""柔中""当位""得位"者是也。然考之三百六十爻，有正、有中而不免于悔者，何也？

师辙对："《易》之所贵，莫尚乎中正。而或有居中、居正，而不免乎悔者，此其所以不可典要也。如《屯》之九五中正，陷于险中；六二阴柔，不足为辅，故有屯膏之凶。诸卦此类，不能尽举。"③

《屯卦》《震》下《坎》上，二、五爻皆居中得正。六二："屯如邅如，乘马班如。匪寇，婚媾，女子贞不字，十年乃字。"九五："屯其膏。小，贞吉；大，贞凶。"一曰"贞不字"，一曰"贞凶"，乃中正而不免乎凶、悔者也。《周易》卦爻辞中类此者尚多。又如：

---

① 《韩国经学资料集成·易经》第22册，第673—674页。
② 详参（三国魏）王弼、（晋）韩康伯注，（唐）孔颖达等正义：《周易正义》卷首，（清）阮元校刻《十三经注疏》，中华书局1980年影印本，第7—8页。
③ 引自《韩国经学资料集成·易经》第22册，第670页。

《乾》健、《坤》顺、《震》动、《巽》入、《坎》陷、《离》丽、《艮》止、《兑》说，八卦之德也；天、地、雷、风、水、火、山、泽，八卦之象也；刚柔、上下、阴阳、内外，八卦之体也；刚柔有大小，健顺有强弱，八卦之才也。推而为重卦之贞、悔，莫不如是。有德优而才不足之爻，有体正而德有歉之爻。时位相错，吉凶乃著。可以推演各爻而证明之欤？

　　昌迪对："卦爻之时位不同，而其才德之优劣不齐，此所以为不可典要也。且如《屯》《井》之六四，德优而才劣者也；《需》《恒》之九三，体正而德歉者也；至若《艮》止而刚不能胜，《兑》说而柔不能克，则德有裕而才不足者。类多如此，推此以观，则庶可知也。"①

"卦才"之名，最早盖由北宋程颐所立，其后南宋蔡渊（字伯静，号节斋，1156—1236）、元代胡一桂等皆踵武其说。② 至于如何透过卦德、卦象、卦体、卦才等诠释卦爻的吉凶占断，这也是古今易学家最为关注的问题。

　　综观上述诸例，可知《周易讲义·总经》的条问涵盖易学的各个面向。由于这些问题并非针对《周易》中的某篇某卦，而是经过正祖有意地筛选，故能相当程度反映出正祖所关怀的易学议题。经由这些问对，不仅可以考察当时朝鲜儒士对于各种易学问题的掌握程度，甚至可以透过正祖详于论说的设问，考见其对《周易》相关问题的理解与诠释观点。

四、《周易讲义·总经》所反映的诠释倾向

　　朝鲜学者解《易》虽每奉朱子为圭臬，但《周易讲义》中却透显出

---

① 引自《韩国经学资料集成·易经》第 22 册，第 669—670 页。
② 详参江超平：《伊川易学研究》，硕士学位论文，戴琏璋先生指导，台湾师范大学国文研究所，1986 年，第 57—65 页。

朝鲜正祖李祘《周易讲义·总经》君臣对论易学平议

当时学者,至少正祖本人,并不完全依照朱子的观点看待《周易》。如"总经"有一条问:

> 《象传》①之取象,有变体、似体、互体、伏体、反体。如《小畜》上九变则为《坎》,故取"雨"象;《颐》似《离》,故取"龟"象;《震》之自三至四互《坎》,故称"遂泥";《同人》之下体《离》伏《坎》,故称"大川";《鼎》之下体《巽》反《兑》,故称"妾"。求之六十四卦,此义无不可通。且六爻自初起至上为六,而以三才言,则初二爻为地,中二爻为人,上二爻为天。又或以一爻为一岁,或以一爻为一月、一日,或以一爻为一人一物,每卦取象,各自不同。此必有圣人立爻取象之微义,可以历举诸卦而详言之欤?
>
> 锡任对:"卦爻辞取象各自不同,诚如圣教。而窃谓天下之至赜、至动,皆是卦爻之所象,则其为象也,亦已繁矣。圣人特取其一二而著之辞,使人触类而长之耳。若其微义,非臣谫浅所敢言也。"②

正祖谓卦爻辞的取象,有变体、似体、互体、伏体、反体种种不同。他为各种取象方式一一举例后,下了一个结论,认为这些都是"圣人立爻取象之微义"。若以正祖所举诸例与《周易本义》参照,即可发现朱子并不以变体、似体、互体、伏体、反体等释《易》。朱子撰有《易象说》,发表对于卦爻辞取象的看法:

> 《易》之有象,其取之有所从,其推之有所用,非苟为寓言也。然两汉诸儒,必欲究其所从,则既滞泥而不通;王弼以来,直

---

① 案:首二字"象传",疑当是"彖辞"之误,泛指卦爻辞而言。
② 引自《韩国经学资料集成·易经》,第22册,第671—672页。

221

欲推其所用，则又疏略而无据。二者皆失之一偏，而不能阙其所疑之过也。……案文责卦，若《屯》之有马而无《乾》，《离》之有牛而无《坤》，《乾》之六龙则或疑于《震》，《坤》之牝马则反为《乾》，是皆有不可晓者。是以汉儒求之《说卦》而不得，则遂相与创为互体、变卦、五行、纳甲、飞伏之法，参互以求，而幸其偶合。其说虽详，然其不可通者，终不可通；其可通者，又皆傅会穿凿，而非有自然之势。唯其一二之适然而无待于巧说者，为若可信。然上无所关于义理之本原，下无所资于人事之训戒，则又何必苦心极力以求于此，而欲必得之哉？……《易》之取象，固必有所自来，而其为说必已具于大卜之官，顾今不可复考，则姑阙之，而直据辞中之象，以求象中之意，使足以为训戒而决吉凶。如王氏、程子与吾《本义》之云者，其亦可矣。固不必深求其象之所自来，然亦不可直谓假设而遽欲忘之也。①

朱子认为，卦爻辞的取象，是"取之有所从，推之有所用，非苟为寓言"的假设之辞。因此，朱子一方面肯定卦爻辞的取象"固必有所自来"，且认为"不可直谓假设而遽欲忘之也"。另一方面，朱子并不认同汉儒以互体、变卦、飞伏等方式"深求其象之所自来"，因为不仅毫无依据，穿凿附会，而且"上无所关于义理之本原，下无所资于人事之训戒"。而正祖不仅熟悉汉儒言象之变体、似体、互体、伏体、反体等，且认为其中当有"圣人立爻取象之微义"，就这点而言，正祖与朱子的观点确实有别。此外，《周易讲义》中，又有一条对颇值得留意：

> 文王之系彖辞，通卦之象、德以定卦名；而周公之系爻辞，

---

① （宋）朱熹：《晦庵先生朱文公文集》卷第六十七，（宋）朱熹撰，朱杰人、严佐之、刘永翔主编《朱子全书（修订本）》第20册，上海古籍出版社2010年版，第3255页。

朝鲜正祖李祘《周易讲义·总经》君臣对论易学平议

尤以卦名所出之爻为重，是所谓主爻也。如《师》之九二为"长子"，而卦之所以为"师"者，此爻也；《比》之九五为"王"，而卦之所以为"比"者，此爻也；《谦》之九三曰"劳谦"，而卦以"谦"为名；《豫》之九四曰"由豫"，而卦以"豫"为名是也。六十四卦，莫不有主爻，而亦或有两爻并为主者。今可逐卦历举而详论之欤？

学敬对："阳必主阴，阴不能主阳。其于彼此扶抑之间，亦有随时之义。知时则可以知《易》矣。"[1]

"主爻"之义，《彖传》始发其端，至王弼（字辅嗣，226—249）作《周易略例》，其说乃明。孔颖达疏释王注，又每于诸卦之下加以申论。[2] 正祖以《师》《比》《谦》《豫》四卦为例，略明卦主之义后，请诸生逐卦历举"两爻并主"者，然而奇学敬的回答却是："阳必主阴，阴不能主阳。其于彼此扶抑之间，亦有随时之义。知时则可以知《易》矣"。根本是答非所问。上文已指出，《周易讲义》所载附对，一般皆为节录。今案奇学敬《谦斋集·御制经义条对——周易》，其原文作：

羑里演《易》，而卦之象、德以明；姬公继作，而爻之时、义昭晰。……风地之五在于群阴之上，难遏方长之势，而特主二爻，以为群阴仰观之象；天山之初、二在众阳之下，实有难遏之忧，故

---

[1] 引自《韩国经学资料集成·易经》第22册，第683—684页。
[2] 例如孔颖达于《讼卦》九五爻辞下疏云："一卦两主者，凡诸卦之内，如此者多矣。五是其卦尊位之主，余爻是其卦为义之主，犹若《复卦》初九是《复卦》之主，《复》义在于初九也；六五亦居《复》之尊位，为《复卦》尊位之主。如此之例，非一卦也。所以然者，五居尊位，犹若天子总统万机，与万物为主，故诸卦皆五居尊位。诸爻则偏主一事，犹若六卿春官主礼，秋官主刑之类，偏主一事，则其余诸爻各主一事也。……今此《讼卦》，二既为主，五又为主，皆有断狱之德。其五与二爻，其义同然也，故俱以为主也。"详参（三国魏）王弼、（晋）韩康伯注，（唐）孔颖达等正义：《周易正义》卷二《讼》疏，（清）阮元校刻《十三经注疏》，中华书局1980年影印本，第25页。

不主二爻，反为诸阳庄遁之众。《家人》之二、五，皆以阴阳各正其位，有家人之象，则由二爻而得名；《中孚》之三、四二爻，俱以阴虚居卦中央，有中孚之象，则主二爻而以名。大抵阳必主阴，阴不能主阳。其于彼此扶抑之间，亦有随时之义。知时之一字，则可以知《易》也。①

事实上，奇学敬历举了《观》《遁》《家人》《中孚》四卦，以明"两爻并主"之义，而《周易讲义》却仅撷取其末句，文不对题。传统学者诠释《周易》经文，每以"阳"为君，"阴"为臣。《周易讲义》特别节录"阳必主阴，阴不能主阳"，无疑带有浓厚的政治色彩。

五、结　论

（一）朝鲜正祖时期《周易讲义》，并非臣子对君王讲解经典的文本，而是以君王为中心，以策问之形式，对文臣、儒士提出经典上的问题，交流讨论。经由上述析论，可知《周易讲义·总经》17则条问，涵盖易学的各个面向，反映出当时朝鲜易学的几种现象：1.讲义将近三分之一的问题，集中在《河图》《洛书》之学上，这说明《图》《书》之学于朝鲜颇为盛行。2.儒士奉朱子学说为圭臬，认为朱子之学"非后生浅学所敢遽议"。3.正祖本人并不完全依照朱子的观点释《易》，一方面常引用"先儒"之说质疑朱子；另一方面，在卦爻辞取象上，正祖更偏向汉儒的说法。4.由儒士言及时代相近的清朝李光地来看，当时朝鲜与中国间的学术交流颇为频繁。

（二）《周易讲义·总经》对于正祖的设问全文照录，而对于儒士的附对则撷取其文，其所撷取，或文不对题，或曲解原意，其背后是否另

---

① 引自《韩国经学资料集成·易经》第21册，第682—683页。

有政治目的，仍有待深究。此外，透过《周易讲义·总经》问对，可以发现朝鲜学者对于《周易》造诣甚深。

（三）茶山丁若镛与正祖同时，其易学思想可从《周易四笺·括例表》"易有四法——推移、物象、互体、爻变"得其肯綮。① 而其易学思想特色据此可综为四端：1. 承继卦气，后出转精（推移）——继承汉代京房卦气说，并在推定八卦卦形结构中区分正与畸，而以正卦为承载万物，代表源生空间；以畸卦消息生长，代表时序流转。进而推衍出一套精密的《周易》时序观。2. 象数思维，宇宙模型（物象）——承继《说卦传》说法，认为创卦之初，取象并起。卦形与卦象同时而生，作《易》者并依天地万象而明之为卦。故六十四卦即为六十四象，推而衍之即为天地万象。3. 爻位并重，归本于用（互体）——《周易》当以卦德、卦数为思维方式切入理解六十四卦，以爻位阴阳刚柔性质的变化以诠解六十四卦"前民用""禁民邪"，而以道德风化为本。4. 天地阴阳，惟变所适（爻变）——茶山透过精妙的诠解"九""六"之义即为"变"义，并以天地之间，阴阳无时不在交易变化的现象，顺理成章地应用到人事卜筮的数理法则，而重视爻位中的"变"之思想。茶山融汇"经世致用""利用厚生""实事求是"与"修己治人"的朝鲜实学思想，又与西方科学精神和技术合为一体，与正祖在《周易讲义》中所呈现的易学向度，具有一致性的关怀，体现出兼容并蓄、融合折中与创造诠释的文化面貌与精神，值得重视与深入研究。（感谢博士研究生兼研究助理罗文杰仁棣协助文献资料搜集与整理）

作者单位：台湾师范大学

---

① 详参［古朝鲜］丁若镛：《周易四笺》，《韩国经学资料集成·易经》第24册，第3—716页，原收录于《与犹堂全书》二集，卷37至卷44。

湖北易学源流考*

由 迅 周国林

摘要：湖北易学以楚地易学为源头，其后经历了四个主要阶段：独树一帜的汉末时期，以程易为尊的两宋时期，流派纷呈的明朝时期，臻于高峰的清朝时期。历代湖北易学著作约有293种，特征鲜明，流派众多，思想丰富。义理方面，宋衷的《周易注》开启了简明求实的荆州学风；程颐的伊川易学则推动了宋代义理学派的发展，后继者有郭雍的《郭氏家传易学》和曹本荣的《易经通注》。象数方面，陈士元的《易象钩解》和李道平的《周易集解纂疏》颇有造诣，是湖北易学的一大特色。至于两者并重、兼采汉宋者，以朱震《汉上易传》、项安世《周易玩辞》、秦笃辉《易象通义》为代表。

关键词：荆楚文化 易学源流 中国儒学

近年来，随着《周易》研究的深入，区域易学史研究也相继跟进，张善文、杨亚利、舒大刚、邢春华等人对福建、山东、巴蜀、关中等区域易学源流的详尽考述，丰富了《周易》研究的内容，拓展了学术视野，推动了整体易学史的发展。[①] 湖北地区自古以来就是中国易学研究

---

* 本文系国家社科基金重大项目"《荆楚全书》编纂"（项目编号：10&ZD093）阶段性成果。
① 张善文：《福建周易研究述略》，《龙岩师专学报》1998年第2期；杨亚利：《山东古代易学史概论》，《周易研究》2003年第3期；舒大刚、李冬梅：《巴蜀易学源流考》，《周易研究》2011年第4期；邢春华：《关中易学源流考》，《周易研究》2013年第4期。

的重要地域之一，然而学术界对于湖北的易学文献及成就尚缺乏系统地整理和研究。在《荆楚全书》编纂过程中，我们对湖北易学源流加以梳理，深感其底蕴之深厚，资料之丰富。① 现就湖北易学的传承问题加以探索，供人们在研论易学史时参考。

一、渊源有自的先秦湖北易学

现在的湖北省，在先秦时期楚国的核心地域内。先秦楚国易学的传播与发展，是湖北易学兴起的源头。楚国易学主要有两大发展线路：一是卜筮解易，二是义理解易。

卜筮解易源自楚国本地的原始宗教和文化。《汉书·地理志》有楚地之人"信巫鬼，重淫祀"②。楚人遇事皆通过巫卜，占测天地鬼神之意。如《史记·楚世家》曰："共王有宠子五人，无适立，乃望祭群神，请神决之，使主社稷。"③ 又《新论·言体篇》记载：楚灵王"简贤务鬼，信巫祝之道，斋戒洁鲜，以祀上帝，礼群神"④。这说明楚国不仅巫祭之风浓厚，国君更是酋长兼大巫，亲自主持相关活动，这些都是楚国卜筮文化的重要组成部分。《楚辞》中也多次提到卜筮之事，如屈原《离骚》中的"索琼茅以筵篿兮，命灵氛为余占之"；《卜居》中的"詹尹乃端策拂龟"。近年来大量出土文献的面世，进一步揭示了楚人卜筮解易的具体情况。如湖北江陵望山楚简，主要为卜筮祭祷的记录，包括卜筮的时间、工具、所问事项与结果。⑤ 包山楚简中，还出现6组12个易卦卦画，

---

① 据（宣统）湖北通志局编著《湖北艺文志附补遗》（湖北教育出版社2002年版）统计，湖北易学著作有293种，其中易类有182部，附录6部。易类存目有44部，易类补遗有61种。
② 《史记》卷二十八下《地理志下》，中华书局1982年版，第1666页。
③ 《史记》卷四十《楚世家》，中华书局1982年版，第1709页。
④ （汉）桓谭撰，朱谦之校辑：《新辑本桓谭新论》，中华书局2009年版，第54页。
⑤ 湖北省文物考古研究所、北京大学中文系编：《望山楚简》，中华书局1995年版，第19—64页。

卦画由"一""五""六""八"4个数字中的2—4个数字组成。① 可见，楚人在长期的卜筮活动中，逐步形成了占问的基本程序和解释系统。在此基础上，早期的楚国思想家们进一步总结升华，如老子提出了"万物负阴而抱阳，冲气以为和"的哲学命题，并发展出有无、刚柔等辩证思想。而庄子则提出了"至阴肃肃，至阳赫赫；肃肃出乎天，赫赫发乎地，两者交通成和而物生焉"的阴阳学说。② 这些都成为后来《周易》理论体系中的重要组成部分，也为楚国易学的发展兴盛奠定了重要的思想基础。

义理解易主要指儒家易学，即南传至楚国的孔子及其门人的易学思想。据《史记·仲尼弟子列传》记载："孔子传《易》于（商）瞿，瞿传楚人馯臂子弘，弘传江东人矫子庸疵，疵传燕人周子家竖，竖传淳于人光子乘羽，羽传齐人田子庄何。"③ 南传的《易》统系是田何继承的一派。此派商瞿是鲁人，其学尚未远传。馯臂是楚人，易学之入楚，应以他为关键人物。其弟子矫疵江东人，仍在南方。至战国晚年，此派易学传回北方，周竖是燕人，光羽是淳于人，田何是齐人，随诸田被迁关中。据此，馯臂乃七十子弟子，其年代当在战国早中期之间，矫疵、周竖约当战国中期，光羽、田何约当战国晚期以至汉初。④ 近年来，随着对楚地出土文献的解析，为研究儒家易学在楚国的传播情况提供了新的思路。如战国中晚期的上博五十八支《周易》简，简文只有"经"（包括卦画、卦辞、爻题和爻辞等）而无"传"。而且所存"三十四卦中"

---

① 湖北省荆沙铁路考古队编：《包山楚简》，文物出版社1991年版，第12页。
② 陈鼓应先生据此在《先秦道家易学发微》中提出道家易学的概念，可备一说，见《哲学研究》1996年第7期。
③ 《史记》卷六十七《仲尼弟子列传》，中华书局1982年版，第2211页。虽然《汉书·儒林传》在易学南传的具体情况上与《史记》记载有出入，但是此派始自商瞿，终于田何，馯臂子弘（弓）是儒家易学在楚地传播的重要传承人物，是没有疑问的。相关考证可参阅吴勇《楚国易学研究》，博士学位论文，华中师范大学，2010年。
④ 李学勤：《简帛佚籍与学术史》，江西教育出版社2001年版，第254页。

与今本有明显的差异："卦名及卦爻辞与今本完全相同的仅《讼》和《师》两卦，卦名和卦辞与今本相同的有《井》《渐》两卦，卦名与今本相同的有《蛊》《颐》《恒》《革》四卦，而卦辞与今本相同的有《睽》《大畜》《解》三卦，其余则自卦名到卦辞、爻辞没有与今本完全相同的"①。所以，上博简《周易》应该不属于馯臂子弘（弓）和矫疵子庸一系所传的易学。又如湖北荆门郭店出土的楚简《语丛一》说："《易》，所以会天道人道也。"②也与《系辞》中"易之为书也，广大悉备，有天道焉，有地道焉，有人道焉，兼三才而两之，故六"的解释，有一定的不同。

针对楚国《周易》出土文献与传世文献的差异性，目前主要有两种观点：一种认为是在孔子晚年"序《彖》《系》《说卦》《文言》"之前，由吴起、陈良等曾一度学习儒术于北方的学者带入了早期文本，体系上不完整、内容上也有差异，反映儒家易学在楚国的传播是多渠道的，过程是多阶段性的。③另外一种认为"孔门的易学，应是先在鲁地发生，后在齐地发展，最后在楚地综和之"，这些出土文献正是易学在楚地综合发展阶段中的一种文本。如陈来先生认为："《系辞》的首要特点，与其他也讲吉凶的儒家易学相比，是在鲁儒易学重德义和齐儒易学重损益的基础上，更突出向'天道变化'方面发展，并提出了较全面的易学观。""《系辞》的论述方式是由天道到易道，其学易宗旨是归结为以卜筮而'明吉凶'。这与鲁儒易学的'尊德义'宗旨或齐儒易学在兼容并包中重视成败损益的规律，都不相同。"而"《系辞》则应是楚地儒学所

---

① 高华平、杨瑰瑰：《〈周易·蹇卦〉卦名、卦爻辞及卦义的演变——兼论屈原与易学的关系》，《江汉论坛》2012 年第 5 期，第 109 页。
② 荆门市博物馆编：《郭店楚墓竹简》，文物出版社 1998 年版，第 194 页。
③ 长沙马王堆汉墓出土的帛书《周易》的《缪合》《昭力》二篇中，记载孔门弟子有缪合、庄但、昭力三人，皆楚王族后裔姓氏，也有可能是直接求学于孔子的楚国学者带回了《周易》早期文本。参见湖南省博物馆编《马王堆汉墓帛书》，岳麓书社 2013 年版，第 40 页。

完成的。其特点是重视天道变化，从天道延伸到易道，'天易相应'是《系辞》的根本原理。同时《系辞》对卜筮的强调似与楚地史巫文化色彩的浓厚影响有关。"[1]

以上观点均有待更多的材料去佐证，但是儒家易学对楚地的影响和熏陶则是毋庸置疑。郭店楚简《六德》记载："观诸《诗》《书》，则亦在矣；观诸《礼》《乐》，则亦在矣；观诸《易》《春秋》，则亦在矣。"[2] 这表明到了战国中后期，以《易》为首的儒家六部著作在楚国已经具有特殊的经典地位。另据《史记·春申君列传》记载，黄歇上书秦昭王云："《诗》曰'靡不有初，鲜克有终'；《易》曰'狐涉水，濡其尾'。此言始之易，终之难也。"[3] 可见《周易》的经文已成为楚人常用的经典。大量事实证明，先秦儒家易学是首先兴起于鲁地，后来在楚地广为流传，并对《系辞》的成型产生了重要影响。[4]

二、独树一帜的汉末湖北易学

两汉时期，湖北易学相对沉寂。直到东汉末年荆州学派的兴起，方才在汉代易学中崭露头角。其时天下丧乱，刘表出任荆州刺史，平定叛乱，招抚流亡，使得境内晏清，四方俊杰纷纷避乱来归，《后汉书》

---

[1] 陈来：《帛书易传与先秦儒家易学之分派》，《周易研究》1999年第4期，第12页。蒙文通也认为"《易传》义虽精至，似别为统绪，若与思孟不相闻接。谅易学别为儒学之行于南方者。"参见其《儒家哲学思想之发展》，载《蒙文通文集》第一卷，巴蜀书社1987年版，第86页。郭沫若亦主张《系辞》《象传》带着南方的色彩，出于楚国的儒学门徒，参见其《周易制作之时代》，载《郭沫若全集》历史编第一卷，人民出版社1982年版，第402页。

[2] 荆门市博物馆编：《郭店楚墓竹简》，文物出版社1998年版，第188页。

[3] 《史记》卷七十八《春申君列传》，中华书局1982年版，第2389页。

[4] 廖名春：《〈周易〉经传与易学史新论》，齐鲁书社2001年版，第239页；李学勤：《周易溯源》，巴蜀书社2006年版，第128—130页；陈鼓应：《〈易传〉与楚学齐学》，《管子学刊》1992年第1期，也持有类似观点。

卷七十四《刘表传》称"关西、兖、豫学士归者盖有千数"①。在此基础上，"表乃开立学宫，博求儒士，使綦毋闿、宋衷等撰《五经章句》，谓之《后定》。"进而形成了著名的荆州学派。荆州学派的经学处于由今文经变为古文经的转折点，"上承郑玄之经说简化，下开魏晋解说义理之先声"。其学风"固在删刘浮辞，芟除烦重，以异乎东汉经学家之说经烦琐，又旨在探求经书之本旨，使经说得重返人之本心，见乎圣人之本意。简言之，荆州学派所代表之意义有二：一为经说之简化运动。一为以解说义理之方式，解释经书。"②在此影响下，湖北易学作为荆州学术的核心内容也显得独树一帜，"在中国易学发展史上，以刘表、宋衷为代表的荆州学派易学对汉代易学的终结、玄学派易学的兴起，有着重要的导夫先路之功"③。

刘表（142—208），字景升，山阳高平人，曾随经学家王畅求学，深受儒家学说的熏陶，撰有《周易章句》五卷，今不存，其佚文可窥见其学术思想。清人侯康《补后汉书艺文志》卷一引张惠言《易义别录》云："景升章句阙略，难考。案：其义于郑为近，大要费氏易也。"④刘表治《易》授自古文费氏，坚持以《易传》文意解经，对马融、郑玄之说均有所继承和发挥，注重义理，略于象数，以文字简明为其特色。如《坎卦》上六"系用徽纆"，李鼎祚《周易集解》谓："马融云：徽纆，索也。刘表云：三股为徽，两股为纆，皆索名"。可见刘表注与马融注之间存在密切关联。刘表解《易》重视易象，特别是立足于卦象对卦名的解释，这又是近于郑玄易学的。⑤如《颐·象传》："山下有雷，颐。"刘表注："山止于上，雷动于下，颐之象也。"郑玄注："颐者，口

---

① （刘宋）范晔撰，（唐）李贤等注：《后汉书》卷七十四下《刘表传》，中华书局1965年版，第2421页。
② 汪慧敏：《三国时代之经学研究》，汉京文化事业有限公司1981年版，第216—218页。
③ 张涛：《秦汉易学思想研究》，中华书局2005年版，第388页。
④ 二十五史刊行委员会：《二十五史补编》第二册，中华书局1955年版，第2106页。
⑤ 张涛：《秦汉易学思想研究》，中华书局2005年版，第383页。

车辅之名也。震，动于下；艮，止于上。"① 作为荆州学派的开创者，刘表易学对后来易学发展颇有影响，"盖刘氏以易家名于汉末，此后之易家，每受其影响，王弼、陆德明、孔颖达、一行、朱震，其最著而可考者也。……弼之学实受刘氏之影响也。孔颖达据弼之《易经》以作《正义》，亦每每引刘氏易以互相印证，是孔氏《正义》渊源于表者可知也。陆德明《经典释文》、朱震《汉上易传》皆尝取资于《刘氏易》"②。

宋衷，字仲孚（一字仲子），南阳章陵人，撰有《周易注》。虞翻曾称"北海郑玄，南阳宋衷，虽各立注，衷小差玄"，足见其易学造诣之深。两汉易学发展到汉末，象数易学已经颓势毕现，作为荆州学术领袖的宋衷，果断抛弃了传统经注繁琐枝蔓、远本离质的特点，提倡简明求实、注重义理的学风，开启了一代易学新局面。如注《说卦》"乾为天"云："乾动作不解，天亦转运。"注"坎为水"云："坎，阳在中，内光明，有似于水。"注"巽为木"云："阳动阴静，二阳动于上，一阴安静于下，有似于木也。"可见宋衷注《易》的确是简约明晰，深入浅出，"删铲浮辞，芟除烦重，赞之者用力少而探微知机者多"③。宋氏易学对后来王弼的易学变革产生了深刻的影响。汤用彤先生说："王弼之学与荆州盖有密切之关系"，更视宋衷为王弼学术的直接渊源。④ 但宋衷解易，虽然偏重义理，却并不同于完全扫落象数的王弼，而是兼采象数。如注《巽·九二》云："巽为木，二阳在上，初阴在下，床之象也。"注《既济·初九》云："离者，两阳一阴，阴方阳圆，舆轮之象也。"就是典型的卦象说。又如注《泰·六四象》云："四互震体，翩翩之象也。"

---

① （汉）郑玄撰，（宋）王应麟编：《周易郑康成注》，《文渊阁四库全书》第7册，台湾商务印书馆1986年影印本，第135页。

② 徐芹庭：《易学源流：中国易经学史》上册，中国书店2008年版，第373—374页。

③ （清）严可均辑：《全上古三代秦汉三国六朝文》第三册《全三国文》卷五十六《刘镇南碑》，河北教育出版社1997年版，第539—540页。

④ 汤用彤：《王弼之〈周易〉〈论语〉新义》，《魏晋玄学论稿》，三联书店2009年版，第86页。

《泰卦》三四五爻互体为震，震有动之象，宋衷注为"翩翩"，这是互体之说。再如注《师·上六》"大君有命，开国承家"云："阳当之五，处坤之中，故曰开国；阴之下二，在二承家。"则吸收了荀爽的阴阳升降学说。此外，宋衷的易学研究还采用象数与义理两者相结合的方法，其注《噬嗑·象》"雷电噬嗑，先王以明罚敕法"云："雷动而威，电动而明，二者合而其道章也。用刑之道，威明相兼。若威而不明，恐致淫滥；明而无威，不能伏物。故须雷电并合而噬嗑备"。便是借雷电之象说明威明相济，才是用刑之道。

三、程《易》为尊的两宋湖北易学

两晋至隋唐时期，湖北易学家罕见，有相关记载的仅李充、李轨、李颙三人。[①] 但两宋时期，湖北易学快速发展，特别是程颐易学在湖北的传播，与传统义理解易的荆州学风相结合，对整个宋代易学发展都产生了巨大影响。程颐（1033—1107），字正叔，因其父仕宦于湖北，出生在湖北黄陂，撰有《伊川易传》（又称《程氏周易传》）。他在批判汉代象数易学和魏晋王弼易学的基础上，进一步将易学与理学紧密结合起来，主张以义理解《易》，认为《易》是载道之书，"圣人作《易》，以准则天地之道。《易》之义，天地之道也"[②]。程氏易学推动了宋代易学之义理学派的形成与发展，在中国易学史上占有十分重要的地位。

程颐之后，其重要门人杨时为荆州教授、谢良佐为应城知县，继续在湖北传播和推广程氏学术。到了两宋之际，程门再传弟子朱震、郭

---

① （宣统）湖北通志局编著《湖北艺文志附补遗·下》易类著录：东晋李充《周易旨》六篇、东晋李轨《周易音》一卷，东晋李颙《周易卦象数旨》六卷，湖北教育出版社2002年版，第1004页。

② （宋）程颢、程颐：《河南程氏经说》卷一，载《二程集》，中华书局2004年版，第1028页。

雍、项安世等人，在易学研究上皆多有创获，不仅使得程氏易学进一步发展，对后来朱熹易学思想的形成也有重要影响。湖北成为程氏易学研究的重镇之一，后世对两宋湖北易学有很高的评价。

朱震（1072—1138），字子发，号汉上，荆门军人，时人称其"涉道精淳，存心乐《易》，强学力行，白首不衰"①。他撰有《汉上易传》，包括《周易集传》九卷、《周易图》三卷、《周易丛说》一卷。《周易集传》是对《周易》经传的解说，兼引程颐、邵雍、张载三家之言，尤以程氏语最多。《周易丛说》是评论各家对《周易》经传的解释。《周易图》则收录自汉至北宋的各种图式四十余幅，以此来解说《易传》。朱震是二程后学谢良佐的弟子，全祖望《汉上学案序录》中云："上蔡之门，汉上朱文定公最著"②。朱震的易学思想受程颐影响颇深，自称"以《易传》为宗，和会雍、载之论"③。主要特征有两个：一是以象数易为易学之正统和基础，着重阐发象数易学的理论，同时又兼顾义理，主张以象数为基础和以义理为归宿，二者并行不悖；一是广泛采辑并折中各家之学，融汉代象数易与宋代先天河洛学于一炉。④朱震的《汉上易传》在易学史上具有重要意义，其《周易图》与《周易丛说》整理和总结了汉以来象数学的研究成果，推动了象数易的发展，弥补了程氏义理易学的偏颇，对后来的汉易和图书学研究提供了坚实基础。

郭雍（1103—1187），字子和，号白云，隐居峡州，因"重念先人（郭忠孝）之学，殆将泯绝，先生（程颐）之道，亦因以息"，"于是潜稽易象，以述旧闻，用传于家，使勿忘先生之业"，撰《传家易

---

① （宋）朱震：《汉上先生履历》，载《朱震集》附录，岳麓书社2007版，第736页。
② （清）黄宗羲、全祖望：《宋元学案》卷三十七《汉上学案》，中华书局1982年版，第1252页。
③ （清）黄宗羲、全祖望：《宋元学案》卷三十七《汉上学案》，中华书局1982年版，第1253页。
④ 唐琳：《朱震及其〈汉上易传〉述评》，载《华中国学》第二卷，华中科技大学出版社2014年版，第263—276页。

解》十一卷。① 可见，郭雍的易学思想远绍程颐，近承其父郭忠孝，《宋元学案》将其归入"兼山学派"。郭雍继承了程氏以义理解《易》的传统，主张《易》为明道之书，并且易道主旨是变化的。昔"包羲画三画以象三才"，体现的是天地人三才之道，"文王著六爻以明人道"，故后世"《易》以人道为主"。又认为"《易》者，用也，用之之书也"。何为"用"？就是通过类比和联想的思维方法，将《易经》中的卦爻象、卦爻辞所包含的道理引申出来，用以指导人事的实践，郭雍称之为"拟议"。"拟议者，圣人用《易》之道。……然不曰用，而曰拟议者，爻象必先拟议而后可用。"② 实际上就是义理派解《易》的方法。郭雍注重将经文与人事相结合，使易学的诠释成为一个开放的系统，极大推动了南宋易学的发展。

另外，《经义考》记载郭雍还撰有《卦辞指要》六卷、《蓍卦辨疑》二卷。郭氏的《卦辞指要》今已不存，《蓍卦辨疑》因朱熹曾逐段加以考证和指谬，写成《蓍卦考误》一书而得以保存。郭雍认为《易》是圣人为明道而作，汉代以来的象数之学皆为附会，所以他主张过揲法。朱熹认为《易》本为卜筮之书，以《河图》《洛书》为象数本原，认为大衍之数以及九六七八均源于此，主张挂扐法。二人就此进行了往复辩论，引起了历史上很多学者关注，对宋代以后的易学史产生一定的影响。③

项安世（1129—1208），字平甫（一作平父），号平庵，又号江陵病叟，湖北江陵人，撰有《周易玩辞》十六卷。自序云："安世之所学，盖伊川程子之书也，程子平生所著，独《易传》为全书，安世受而读

---

① （宋）郭雍：《郭氏传家易说自序》，载《郭氏传家易说》卷首，中华书局1985年版，第2页。
② （宋）郭雍：《郭氏传家易说总论》，载《郭氏传家易说》卷首，中华书局1985年版，第5页。
③ 孙劲松：《略论朱熹和郭雍蓍法之辨》，《汕头大学学报》2010年第6期，第19—25页。

之三十年矣。"① 故项安世治《易》，以伊洛易学为根基，兼采历代象数、义理诸家成果，融合贯通，提出"《易》有象、有理、有事，知斯三者而《易》之蕴尽矣"。陈振孙《直斋书录解题》称："此书爻象尤贯通，盖亦遍考诸家，断以己意，精而博矣。"在此基础上，项安世又与同时期朱熹、陆九渊两家问学辨难，使得程朱易学更趋于完善，"不特有裨于程子七分之传，当时往复问学朱子之门，其于《本义》多所发明"②。此外，项安世还非常重视对《周易》文本的校勘，特别是文字、音韵、古意的考订，颇有汉学考据的严谨之风。故四库馆臣评价说："安世学有体用，通达治道，而说经不尚虚言，其订核同异，考究是非，往往洞见本原，迥出同时诸家之上。"③

四、流派纷呈的明代湖北易学

在两宋湖北易学传统的影响下，加上明初科举书院教育的培养发展，明代湖北易学十分活跃。据宣统《湖北通志·艺文志》著录有74种之多。历观明代湖北易学，不仅数量繁多，而且流派纷呈，有以下特点：

其一，传统程朱易学继续发展。湖北作为程氏易学故地，明代湖北易学家坚持程朱易学的研究，取得了一定成就。如任惟贤，字功懋，黄陂人，撰《周易义训》十卷，主旨在训释朱子《周易本义》。以为朱子著《本义》引而不发，故训释其义，兼采宋元朱学大师黄勉斋、蔡节斋、胡云锋诸儒之说。刘绩，字孟熙，江夏人，撰《周易正训》，其《自序》言："《易》，变易也。惟其变，故不滞于一，其用通而不穷"；

---

① （宋）项安世：《周易玩辞自序》，载《周易玩辞》卷首，上海古籍出版社1990年版，第6页。
② （宋）徐之祥：《周易玩辞序》，载项安世《周易玩辞》卷首，上海古籍出版社1990年版，第4页。
③ （清）永瑢等：《四库全书总目》卷九十二，中华书局1965年版，第786页。

乃"采程朱合经者,附己意作训……穷理尽性,以至于命"①。

其二,敢于创新,对义理多有发挥。明代思想的发展,大体可以分为两个阶段,前期为程朱理学所笼罩,中后期则受王阳明心学冲击。在心学影响下,湖北易学家能够越出程朱传注之外,以自己的思想阐释《周易》,敢于突破创新。如吴极,字符无,汉阳人,撰《易学》五卷,推崇万廷言的《易原》,认为除了程颐《易传》之外,只有杨简、苏轼、焦竑、邹汝光四家之《易》可读,故其书"以拟议发明为主,乃严择众解,并出素所契于理学诸儒者,参以己见,镕会而为此本"。他将"夫《易》穷理尽性以至于命也"理解为"通体是命,则通体是《易》。通体是《易》,则通体是学"。性命之学就是终身学习体悟《易》的道理,即"学莫实于《易》,而学人务以道之见实,体易学之微而已"②。又如郝敬,字仲舆,京山人,撰《周易正解》二十卷。以义理为主,兼及易象,对《十翼》尤为推崇,不袭程朱之旧说。如释《谦卦》"天道下济"云:"济,止也,艮之德也。与霁同,雨止曰霁,风止曰济。庄子云:厉风济众窍为虚是也。以济为霁为止。说与艮义密合,较旧说有进"。可见郝敬易学多有创见,"在明儒中,固不失为不随流俗者也"③。还有彭好古,字熙阳,撰《古易钥》五卷,以易为性命之书,在人心之自得,须悟乃得其钥。其自序云:"夫《易》者,性命之书也,以性命言《易》,《易》之正也,而庄言性命,则人惑。"又云:"夫《易》者四圣之扃也,四圣扃其户,以俟后人。后之人更无造其户而入之者,则以钥之亡。余著《易正义》,并著《易钥启》,四圣枕中之钥于千百载之下,其谁曰然而余非无据也,《易》不在画,不在象,不在爻,而在人心。人心有真钥,悟则钥在,不悟则钥亡。余以心为《易》,亦以心为

---

① (清)朱彝尊撰,林庆彰、蒋秋华、杨晋龙等主编:《经义考》新校卷五十一,上海古籍出版社2010年版,第911页。
② (清)永瑢等:《四库全书总目》卷八,中华书局1965年版,第63页。
③ 中国科学院图书馆编:《续修四库全书总目提要》经部,中华书局1993年版,第37页。

钥，即去四圣千百载，而遥犹面受也。"①

其三，象数图书成就丰富，在明代象数易学史中具有重要地位。如陈士元，字心叔，应城人，撰《易象汇解》二卷，《易象钩解》四卷，互为表里。前书综其大凡，发明象学，分阐天文、地象、人象、身象、兽象、木象、衣象、食象、宫室象、器象、政象、说卦象、大象、数象。后书详言经文取象之义。陈氏易学治《易》"以卜筮为用，卜筮以象为宗，则深有合于作《易》之本旨。"②当代学者潘雨廷先生非常肯定《易象钩解》一书的价值，认为陈氏所取之象十九本自《说卦》，皆合于义；全书解经之法甚正，可作为研究汉象的阶梯。③又如文安之，字汝止，夷陵人，撰《易佣》十四卷。"是书乃其官南京司业时所刊，首列诸儒著述，次以伏羲卦位明《易》之数，以文王卦位明《易》之气，又以先、后天之图，一上一下反覆合之，以明对待流行之体，大概本来知德之说。"④还有李呈英《昭代易宗》。《经义考》朱彝尊引高世泰曰："李呈英，字开美，江夏诸生，著有《易解》《易数》，又合焦、京、邵氏之学定为《昭代易宗》。"⑤

其四，易学研究涉猎广博。如邹元芝，字立人，竟陵人，继承宋代吕大防、晁说之、吕祖谦等人的复古之说，精研《古易》，撰《易学古经正义》十二卷。其书以十翼与经并尊。如《乾卦》以"乾，元亨利贞"五字为象，"天行健"为象，缀以六爻。其十翼则仿制艺之体，经文低二格，《彖辞》《小象》皆以"彖曰""象曰"跳行顶格书之，"天行健"《大象》之辞，文复见于《彖辞》之内。一文两属，以为义文以卜

---

① （清）朱彝尊：《经义考》新校卷五十八，上海古籍出版社2010年版，第1072页。
② （清）永瑢等：《四库全书总目》卷五，中华书局1965年版，第30页。
③ 潘雨廷著，张文江整理：《潘雨廷著作集》肆，上海古籍出版社2016年版，第317页。
④ （清）永瑢等：《四库全书总目》卷八，中华书局1965年版，第65页。
⑤ （清）朱彝尊撰，林庆彰、蒋秋华、杨晋龙等主编：《经义考》新校卷六十二，上海古籍出版社2010年版，第1161页。

筮言《易》，孔子以性命义理论《易》。[1]又彭好古，撰《古易参同契玄解》，是关于《周易》与丹道研究，其自序云："余从蜀中得慎庵杨君所叙古文读之，浸浸就绪。顾其书本言神丹，而上阳陈氏注为阴阳，全阳俞氏注为清静，皆不得魏公之意而曲为之解者。辄不自揣，僭为注说，命之曰《玄解》，而为数言，以弁其端"[2]。

此外，明朝时期还是医易会通的重要发展阶段。李时珍，字东璧，蕲州人，中国历史上著名的医药学家，撰《本草纲目》五十二卷。他将医理中的象数易学思想贯穿其中，不仅篇目内容依据五行编排，甚至以卦名论述药物，其中更融汇了阴阳、象数、常变、整体、中和、后天等观念。如水部目录第五卷，有《说卦传》的内容："坎为水……其于人也，为加忧，为心病，为耳痛，为血卦，为赤"。李时珍说："水者，坎之象也。其文横则为☵，纵为☵。其体纯阴，其用纯阳"，将卦象比喻为人体血液循环系统。又说"饮资于水，食资于土，饮食者，人之命脉也，而营卫赖之"，强调水是人体内不可缺少的要素。[3]李时珍用《周易》的阐释系统对传统医药学知识进行了归纳总结，极大地推动了中医药学的发展。这对丰富易学内涵，开拓《周易》的应用领域具有重要的价值。

五、臻于高峰的清代湖北易学

有清一代，湖北易学经过众多学者的努力，取得了丰硕的成就，达到了自身历史的最高点。据宣统《湖北通志·艺文志》著录，清代湖北《易》著204部，在数量上超越了明代。清代全国易学发展表现为三个时期：一是清初宋易衰落与易学辨伪之学兴起期，二是清中期（乾嘉）

---

[1] 徐芹庭：《易学源流：中国易经学史》下册，中国书店2008年版，第790页。
[2] （明）彭好古：《周易参同契玄解自序》，载董沛文主编《周易参同契》注解集成第2册，宗教文化出版社2013年版，第721页。
[3] （明）李时珍：《本草纲目》卷五水部，万历二十一年金陵胡承龙本。

汉易复兴与汉易重建期，三是清后期（道光以后）汉易衰微期。①清代湖北易学发展趋势基本与之相同，在清代易学研究中占有重要的一席之地。

清朝初年，延续宋明易学传统，以程朱易学代表的"宋易"成为官方的构建重心。在这个过程中，湖北易家是重要的参与者，推动了清初湖北易学研究的恢复和发展，代表人物是曹本荣，黄冈人，与傅以渐奉敕合撰《易经通注》九卷。其自序云："辄掺取汉魏唐宋元明诸家刻本，涉猎商订"，"合注说传义之纷纶多端者，采择折衷，务令约而能该，详而不复，简切洞达"②，"考注疏于王孔，未续微言，幸遵传义于程朱，妙窥真际。犹恐百家争喙，或多棒芜之讥，兼之俗说流传，不少豕鱼之误，用是涣启宸断，俾之修辑成书，撮要删繁，博选诸家之笺注，要终原始，独探至理之要归"③。此书是清朝定鼎中原之后，编撰的第一部官方易学著作，初步反映了清初统治者发明程朱之义，振兴宋代义理之学的易学观。《通注》对康熙时期《日讲易经解义》和《周易折中》影响很大，"不啻为《折中》之初稿耳"④。

清朝中期，易学家在检讨纠正宋易的基础上，通过整理和解读汉代易学，重新建构汉易研究。湖北易学家李道平是这一时期汉易研究的总结者和集大成者。李道平，字遵王，安陆人，撰《周易集解纂疏》十卷，吸收惠栋、张惠言汉易研究成果，对于《周易集解》所辑汉魏易学诸家进行疏解。其《自序》言及体例云："萃会众说，句梳而字栉之。义必征诸古，例必溯其源。务使疏通证明，关节开解，读者可一览而得其旨趣。旧注间有未应经义者，或别引一说以申其义，或旁

---

① 林忠军：《清代易学演变及其哲学思考》，《社会科学战线》2016年第12期，第11页。
② （清）傅以渐、曹本荣：《易经通注自序》，载《易经通注》卷首，中华书局1985年版，第1页。
③ （清）傅以渐、曹本荣：《易经通注表》，载《易经通注》卷首，中华书局1985年版，第2页。
④ 潘雨廷著，张文江整理：《潘雨廷著作集》肆，上海古籍出版社2016年版，第331页。

参愚虑以备一解。"①王先谦将此书视为研习汉易之锁钥:"参稽众说,挥发旧文,俾读者展卷而揽汉《易》之全,用意至美。""后之究心汉《易》者,吾知其必以是编为先路之导,则有功经学非小小矣。"②李道平还有《易筮遗占》一卷,他认为"必深窥乎未有象爻象之前,始可与之言《易》,始可与之言筮矣。"③故将《左传》《国语》中留存的十六则筮例与汉易诸家注语并录,以明通其义,对占筮古法研究具有重要的参考价值。

另外,黄冈人李钧简易学思想也值得注意。李钧简,字小松,撰《周易引经通释》十卷。其书以"易为五经之原,夫子删《诗》《书》、订《礼》《乐》、修《春秋》,无往而非言《易》。后之学《易》者,其以群经明之可矣。故依通行注释本之次,博采《书》《诗》《三礼》《三传》《论语》《孟子》《国语》《大戴记》《尔雅》《逸周书》《山海经》《家语》之关涉象、爻、义者,为大字录之经传本文之下,又自为小注,附于引书之下。字释其诂,句释其义,节释其旨,以疏通而证明之,遂得荟为成书。"积数十年之功,使十三经皆会归于《易》,"取群书中异文遗意,足以博本经之旨趣",深得费氏以经解经之旨。④潘雨廷先生认为:"李氏于《易》得乎洁静精微之易教,能以经为本,无所偏倚,非一曲之士所可比拟。凡学《易》者大可以此书入门,不难登堂入室矣。"⑤

清朝后期,汉易研究衰退,易学进入汉宋对峙局面,不少学者通过汉宋兼采的研究方法继续推动易学发展,湖北易学家秦笃辉、汪兆柯在此方面皆有所长。秦笃辉,汉川人,撰《易象通义》六卷,其《凡

---

① (清)李道平:《周易集解纂疏·自序》,载《周易集解纂疏》卷首,中华书局1994年版,第2页。
② (清)王先谦:《周易集解纂疏序》,载《王先谦诗文集》,岳麓书社2008年版,第82页。
③ (清)李道平:《易筮遗占·自序》,载《周易集解纂疏》,中华书局1994年版,第739页。
④ 中国科学院图书馆编:《续修四库全书总目提要》经部,中华书局1993年版,第98页。
⑤ 潘雨廷著,张文江整理:《潘雨廷著作集》肆,上海古籍出版社2016年版,第418—419页。

例》曰："义者，象之所以然；象者，义之所当然。论所以然，有义而后有象；论所当然，通象而后通义。故谓《易象通义》"①。秦氏以"所以然""所当然"贯穿象义，有见焉。盖象、义者，实二而一，一匪而二者也。有一象，必有合于是象之义；有一义，亦必有合于此义之象。若执象而合义，则安能正其象；执义而合象，又安能制其义。故知象而不知义，宜其象之穿凿而琐碎；知义而不知象，又见其义之固塞而不达。其必通之，则琐碎之象，皆为大义；不达之义，亦含妙喙。而秦氏者深通乎此，即此书之可贵处也。②汪兆柯，字继良，黄冈人，撰有《周易辞象合参》十一卷。其自序云："言象数者，昧乎义理；言义理者，遗乎象数，皆未尽乎易之理也。旨哉《系传》之辞曰：君子居则观其象而玩其辞，动则观其变而玩其占。任后人学易用易，总不出此二语，至矣尽矣，无以易矣。今本此意以辑注，即取以名篇。"③

综上所述，湖北易学自先秦时期就有深厚的楚易渊源，为后来湖北易学的发展奠定了坚实基础。进入经学时代后的四个阶段也各具特点：汉末以刘表、宋衷为代表的荆州学派独树一帜，开启了简明求实、注重义理的易学新风；两宋时期，湖北为程氏易学的重要传播区域，经过朱震、郭雍、项安世等程门后学积极发挥，推动了整个宋易的发展；明朝时期，湖北易学著述颇丰，流派纷呈，是湖北易学研究的活跃时期；清朝时期，湖北易学臻于高峰，成为全国易学研究的重要区域学术力量。

作者单位：广西民族大学　华中师范大学

---

① （清）秦笃辉：《易象通义自序》，载《易象通义》卷首，中华书局1985年版，第1页。
② 潘雨廷著，张文江整理：《潘雨廷著作集》肆，上海古籍出版社2016年版，第447页。
③ （清）汪兆柯：《周易辞象合参》，道光二十三年存诚堂刻本。

从八卦先天数看六十四卦八宫排列规律和助记

孟 静 唐志敏

摘要：《易经》八卦按先天数顺序排列依次为乾一、兑二、离三、震四、巽五、坎六、艮七、坤八。古人将《易经》六十四卦分为八宫，本文从八卦先天数探讨六十四卦在八宫的排列规律助记。首先将八宫六十四卦各卦的上下卦标上八卦先天数，然后观察其各宫排布规律，结果发现其各宫先天数的排布是很有规律的。根据这个先天数排布规律，可以非常容易地推演和记忆八宫各自的八个卦。

关键词：易经 八卦 六十四卦 八宫 先天数

《易经》八卦按先天数顺序排列依次为乾一、兑二、离三、震四、巽五、坎六、艮七、坤八。

乾坤是一对，震巽是一对，坎离是一对，兑艮是一对。

西汉京房或更早的古人，将易经六十四卦分为八宫（京房《京氏易》），八卦按以上先天序各为八宫主卦（各宫第一卦），每宫八卦其余七卦由各宫主卦依次变初爻、二爻、三爻、四爻、五爻、上爻、下卦而得。本文从八卦先天数探讨六十四卦在八宫的排列规律助记。

一、从八卦先天数探讨六十四卦在八宫的通用排列规律助记

（一）各宫八卦上下卦除对卦外，没有反奇偶的八卦。亦即，各宫八卦上下卦只由同奇偶的八卦组成（除对卦外）。

例如震宫各卦的上下卦，震为4，反奇偶为1、3、5、7，同奇偶为2、4、6、8，震4对巽5。因此，除巽风5外，震宫各卦上下卦没有乾天1，离火3，艮山7。亦即，震宫各卦上下卦只由震雷4、兑泽2、坎水6、坤地8、巽风5组成。

再例如艮宫各卦的上下卦，艮为7，反奇偶为2、4、6、8，同奇偶为1、3、5、7，艮7对兑2，因此除兑泽2外，艮宫各卦上下卦没有震雷4、坎水6、坤地8。亦即，艮宫各卦上下卦只由艮山7、乾天1、离火3、巽风5、兑泽2组成。

（二）每宫前四卦上卦，是本宫主卦八卦。

例如乾宫前四卦的上卦都是乾天。

（三）每宫第一卦和第八卦的下卦，是本宫主卦八卦。

例如乾宫第八卦（归魂卦）的下卦，是乾天。

（四）每宫第四到第七卦的下卦，是本宫主卦八卦的对卦。

例如乾宫第四到七的下卦，是坤地。

（五）巽坎艮坤（5—8）各宫第七八卦的上卦，是1—8中同奇偶的最大数。

例如坎宫（6），对于1—8而言，其同奇偶是2、4、8，其中最大数是8，则坎宫第七八卦上卦是坤地8。

（六）乾兑离震（1—4）各宫第七八卦的上卦，是1—8中同奇偶的最小数。

例如兑宫（2），对于1—8而言，其同奇偶4、6、8，其中最小数是4，

则兑宫第七八卦上卦是震雷4。

（七）八宫前四宫乾兑离震各宫第五六卦的上卦，是1—8中同奇偶去掉最小数后的剩余二数。乾兑顺排，离震逆排。八宫后四宫巽坎艮坤各宫第五六卦的上卦，是1—8中同奇偶去掉最大数后的剩余二数。巽坎顺排，艮坤逆排。

例如震宫第五六卦上卦，震为4，同奇偶为2、6、8，去掉最小数2，剩余二数为6、8，逆排，则震宫第五卦上卦为坤地8，第六卦上卦为坎水6。

（八）八宫前四宫乾兑离震各宫第二三卦的下卦，是1—8中同奇偶去掉最小数后的剩余二数。乾兑顺排，离震逆排。八宫后四宫巽坎艮坤各宫第二三卦的下卦，是1—8中同奇偶去掉最大数后的剩余二数。巽坎顺排，艮坤逆排。

例如震宫第二三卦下卦，震为4，同奇偶为2、6、8，去掉最小数2，剩余二数为6、8，逆排，则震宫第二卦下卦为坤地8，第三卦下卦为坎水6。

下面以表格表示和总结以上规律内容：

表一　从八卦先天数探讨六十四卦在八宫的通用排列规律助记总结表

	上卦	下卦
各宫第一卦	本宫主卦八卦，例如兑宫前四卦的上卦为兑泽2。	本宫主卦八卦，例如兑宫第一卦的下卦为兑泽2。
各宫第二卦		八宫前四宫乾兑离震各宫第二三卦的下卦，是1—8中同奇偶去掉最小数后的剩余二数。乾兑顺排，离震逆排。
各宫第三卦		八宫后四宫巽坎艮坤各宫第二三卦的下卦，是1—8中同奇偶去掉最大数后的剩余二数。巽坎顺排，艮坤逆排。例如震宫第二三卦下卦，震为4，同奇偶为2、6、8，去掉最小数2，剩余二数为6、8，逆排，则震宫第二卦下卦为坤地8，第三卦下卦为坎水6。

续表

	上卦	下卦
各宫第四卦	本宫主卦八卦，例如兑宫前四卦的上卦为兑泽2。	每宫第四到第七卦的下卦，是本宫主卦八卦的对卦。例如乾宫第四到七的下卦，是坤地8。
各宫第五卦	八宫前四宫乾兑离震各宫第五六卦的上卦，是1—8中同奇偶去掉最小数后的剩余二数。乾兑顺排，离震逆排。	
各宫第六卦	八宫后四宫巽坎艮坤各宫第五六卦的上卦，是1—8中同奇偶去掉最大数后的剩余二数。巽坎顺排，艮坤逆排。例如震宫第五六卦的上卦，震为4，同奇偶为2、6、8，去掉最小数2，剩余二数为6、8，逆排，则震宫第五卦上卦为坤地8，第六卦上卦为坎水6。	
各宫第七卦	八宫前四宫乾兑离震各宫第七八卦的上卦，是1—8中同奇偶的最小数。八宫后四宫巽坎艮坤各宫第七八卦的上卦，是1—8中同奇偶的最大数。	
各宫第八卦	例如兑宫2，对于1—8而言，其同奇偶4、6、8，其最小数是4，则兑宫第七八卦上卦是震雷4。再例如坎宫6，对于1—8而言，其同奇偶是4、6、8，其中最大数是8，则坎宫第七八卦上卦是坤地8。	本宫主卦八卦，例如兑宫第八卦的下卦为兑泽2。
各宫八卦上下卦除对卦外，没有反奇偶的八卦。亦即，各宫八卦上下卦只由同奇偶的八卦组成（除对卦外）。例如震宫各卦的上下卦，震为4，反奇偶为1、3、5、7，同奇偶为2、4、6、8，震4对巽5，因此除巽风5外，震宫各卦上下卦没有乾天1、离火3、艮山7。亦即，震宫各卦上下卦只由震雷4、兑泽2、坎水6、坤地8、巽风5组成。		

二、以坤宫为例，从八卦先天数看坤宫八卦的排列规律助记

下面举一个完整的例子，以坤宫为例：

（一）各宫八卦上下卦除对卦外，没有反奇偶的八卦。亦即，各宫

八卦上下卦只由同奇偶的八卦组成（除对卦外）。

所以坤宫各卦的上下卦，坤为8，反奇偶为1、3、5、7，同奇偶为2、4、6、8，坤8对乾1，因此除乾天1外，坤宫各卦的上下卦均无离火3、巽风5、艮山7。亦即，坤宫各卦上下卦只由坤地8、兑泽2、震雷4、坎水6、乾天1组成。

（二）每宫前四卦上卦，是本宫八卦。

所以坤宫前四卦上卦是坤地。

（三）每宫第一卦和第八卦的下卦，是本宫八卦。

所以坤宫第八卦（归魂卦）的下卦，是坤地。

（四）每宫第四到第七卦的下卦，是本宫八卦的对卦。

八卦中坤对乾，所以坤宫第四到七卦的下卦，是乾天。

（五）巽坎艮坤（5—8）各宫第七八卦的上卦，是1—8中同奇偶的最大数。

所以对坤宫8，对于1—8而言，其同奇偶2、4、6，其最大数是6，则坤宫第七八卦的上卦是坎水6。

（六）八宫后四宫巽坎艮坤各宫第五六卦的上卦，是1—8中同奇偶去掉最大数后的剩余二数。巽坎顺排，艮坤逆排。

所以坤宫第五六卦的上卦，坤为8，同奇偶为2、4、6，去掉最大数6，剩余二数为2、4，逆排，则坤宫第五卦上卦为震雷4，第六卦上卦为兑泽2。

（七）八宫后四宫巽坎艮坤各宫第二三卦的下卦，是1—8中同奇偶去掉最大数后的剩余二数。巽坎顺排，艮坤逆排。

所以坤宫第二三卦下卦，坤为8，同奇偶为2、4、6，去掉最大数6，剩余二数为2、4，逆排，则坤宫第二卦下卦为震雷4，第三卦下卦为兑泽2。

最终，得出坤宫（8）的完整八卦为：第一卦为坤，第二卦为地雷复，第三卦为地泽临，第四卦是地天泰，第五卦是雷天大壮，第六卦是泽天夬，第七卦是水天需，第八卦是水地比。

下面以表格表示和总结坤宫以上规律内容：

表二　从八卦先天数看坤宫八卦的排列规律助记总结表

	上卦	下卦
坤宫第一卦坤	本宫主卦八卦，所以坤宫前四卦的上卦为坤地8。	本宫主卦八卦，例如坤宫第一卦的下卦为坤地8。
坤宫第二卦地雷复		八宫后四宫巽坎艮坤各宫第二三卦的下卦，是1—8中同奇偶去掉最大数后的剩余二数。巽坎顺排，艮坤逆排。所以坤宫第二三卦下卦，坤为8，同奇偶为2、4、6，去掉最大数6，剩余二数为2、4，逆排，则坤宫第二卦下卦为震雷4，第三卦下卦为兑泽2。
坤宫第三卦地泽临		
坤宫第四卦地天泰		
坤宫第五卦雷天大壮	巽坎艮坤各宫第五六卦的上卦，是1—8中同奇偶去掉最大数后的剩余二数。巽坎顺排，艮坤逆排。所以坤宫第五六卦上卦，坤为8，同奇偶为2、4、6，去掉最大数6，剩余二数为2、4，逆排，则坤宫第五卦上卦为震雷4，第六卦上卦为兑泽2。	每宫第四到第七卦的下卦，是本宫主卦八卦的对卦。八卦中坤对乾，所以坤宫第四到七卦的下卦，是乾天。
坤宫第六卦泽天夬		
坤宫第七卦水天需	巽坎艮坤（5—8）各宫第七八卦的上卦，是1—8中同奇偶的最大数。	
坤宫第八卦水地比	所以对坤宫8，对于1—8而言，其同奇偶2、4、6，其同奇偶最大数是6，则坤宫第七八卦上卦是坎水6。	本宫主卦八卦，所以坤宫第八卦的下卦为坤地8。
各宫各卦的上下卦除对卦外，没有反奇偶的八卦。所以对于坤宫8，反奇偶1、3、5、7，坤对乾，除乾天1外，坤宫各卦的上下卦均无离火3、巽风5、艮山7。亦即，坤宫各卦上下卦只由坤地8、兑泽2、震雷4、坎水6、乾天1组成。		

作者单位：中国科学院

黄道周《三易洞玑·文图经纬中》五运六气说探义

(中国台湾)林金泉

摘要：通过汇整黄道周《三易洞玑·文图经纬中》有关五运六气说资料，应先以圆图作参照，考查篇中横图表制作之来源，并解析其结构，奠定立论之基础。然后阐释五运六气学说，考证其成说年代、对世运之影响及与岁星之关联，说明黄氏上承传统，下开象数易学、运气医学、天文历算三合一研究之新页，成果斐然，虽涉术数，然非术数小道所能囿。最后以"易医相通，理无二致"作结。

关键词：黄道周 《三易洞玑》 五运六气 易医相通

一、前　言

《三易洞玑》向称难读，《明史·黄道周传》谓其书"学者穷年不能通其说"[①]，余尝复印是书，屡阅不解，束诸高阁凡三十余年。及得翟奎凤先生巨著《以易测天——黄道周易学思想研究》，如获入门锁钥。退

[①] 《明史·黄道周传》："道周学贯古今，……精天文历数《皇极》诸书。所著《易象正》《三易洞玑》及《太函经》，学者穷年不能通其说，而道周用以推验治乱。"引自《黄道周年谱附传记》，洪思等撰，侯真平、娄曾泉校点，福建人民出版社1999版，第224页。

休之年，诸多闲暇，即循该书卷前《略例》所言："观是书须洗心研虑，以敬静为本，履仁蹈义，迸绝嗜欲，不求世人名誉"云云，遂闭门谢客，深居简出，浸淫其中，昼夜披览，渐有所悟。因取五运六气说见载于《文图经纬中》而略及《孔图纬中》者，为翟氏探讨所未究，遂拾其余墨，详其所略，略其所详，并参考经其整理而为中华书局出版之《三易洞玑》为底本，及邢玉瑞《运气学说的研究与评述》一书、吴新明《黄道周〈三易洞玑〉有关中医藏象理论浅析》一文之研究成果，分横图考及五运六气阐释、成说年代、对世运之影响、与岁星之关联五项，汇整成三节，撰成是篇，以飨同好，究心于易学象数者，当有以教正焉。

二、《文图纬中》横图考

（一）横图表凡例

《三易洞玑》，"三易"指《汉书·艺文志》所谓"人更三圣，世历三古"[1]之伏羲易、文王易、孔子易，迥异于《周礼·春官》"太卜掌三易之法"之《连山》《归藏》与《周易》。"洞玑"二字，洞即通晓，玑谓玑衡，玑衡乃测天之器，犹古之浑天仪。《四库提要》以"以易测天，毫忽不爽"释之，深得切旨。而《文图经纬中》（以下简称《文图中》）顾名思义，为该书文王易三卷之中卷，"经"是开篇之叙述文字，"纬"由横图表构成，乃对"经"进一步发挥与图表化解说，系从象数角度，阐述《内经》藏象学说，包括经络、呼吸、脉动与五运六气诸问题，旁及天文、历法等知识。翟奎凤先生首将《文图纬中》横图表精简成圆图如图表1，让横图表之循环义格外凸显，提供了研究之方便。

---

[1] （汉）班固撰，（唐）颜师古注：《汉书》卷三十《艺文志》，中华书局1962年版，第1704页。

黄道周《三易洞玑·文图经纬中》五运六气说探义

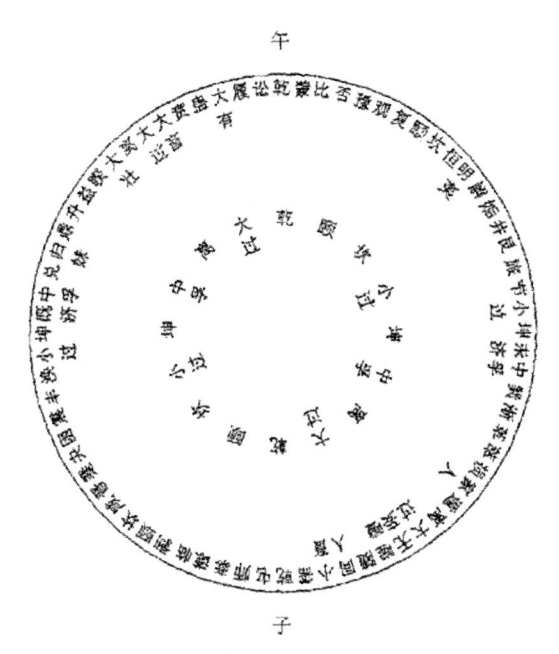

图表1 《文图纬中》圆图

其曰：

　　《乾》《乾》、《坤》《坤》为南北、东西四正卦，……《屯》《蒙》、《需》《讼》成左右倚交之势。……《乾》《乾》为任督始交，《屯》《蒙》、《需》《讼》于人为会阴、长强之间，在天为尾宿和箕宿之间。依次往上，《泰》《否》、《同人》《大有》在中极、阳关之间，在天为斗宿的天弁星与天市垣的屠肆星。到《坎》《离》则在神阙、悬枢之间，在天为女宿和氐宿之际。然后是下经：《咸》发于摄堤之下，《遁》动于觳瓜之外，脊中而南，交于水分。这种将卦序、卦象同周天星象和人体经络统一起来的思维模式，颇具中国象数文化的特色。①

若将圆图比照原典之横图表，全天卦象共计七十二组，每组分左右二

---

① 翟奎凤：《以易测天——黄道周易学思想研究》，中国社会科学出版社2012年版，第100—101页。

卦，不外对卦①与反卦②，自《乾》《乾》起子，左旋而上，至《讼》《需》止，为前36组卦；再自《乾》《乾》起午，右转而下，至《需》《讼》止，为后36组卦。可得凡例七：

1. 每组左卦初爻、末爻配阳干、阳支；右卦初爻、末爻配阴干、阴支，以左为阳、右为阴之故。

2. 其配天干，左卦初、末爻与右卦初、末爻以五行相同者配，如戊阳土、己阴土合，甲乙木、丙丁火、庚辛金、壬癸水之阳阴相合者亦然，横图表头标名曰"岁合"。

3. 其配地支，左卦由初爻至上爻配阳支：子、寅、辰、午、申、戌；右卦配阴支：丑、卯、巳、未、酉、亥，以左阳卦、右阴卦，皆对卦或反卦之故。

4. 左卦初爻、末爻所配之天干，即司天之前干，其干合（甲己合，乙庚合，丙辛合，丁壬合，戊癸合）为司天之后干。左卦司天：阳干在前，阴干在后。右卦司泉：阴干在前，阳干在后。以天为阳、泉为阴之故。

5. 左右卦二至五爻天干省略不书，系沿左右卦初爻天干之顺序，如初爻左右为"戊、己"，则二至五爻左右依序为"庚、辛""壬、癸""甲、乙""丙、丁"，至上爻又回复到"戊、己"，与初爻同，余类推可知。

6. 每组中央，上下列有左右各两间，前36组除第1组《乾卦》外，皆"左间在上、右间在下"；后36组则"右间在上、左间在下"无例外，盖第1组《乾卦》为73组一循环后之末组，故所列两间位置同后组。前后组左右间之所以上下反置，乃"午"为前后组之交，为左旋而上、右转而下转折点之故。

7. 司天、司泉夹处于左右两间之中。前36组左间下之干分，各承上一组"司天之阳干、司泉之阴干"；右间下之干分，各启下一组"司

---

① 或称错卦、变卦，即乾、颐、坎、小过、坤、中孚、离、大过各两卦，计十六卦。
② 或称综卦、覆卦，即其他五十六卦。

天之阳干、司泉之阴干"。后36组承上启下之情况亦同,可见组与组间,联系紧密,环环相扣。

归纳上述七点,依十干化五运(又称"中运",即甲己合化土,乙庚合化金,丙辛合化水,丁壬合化木,戊癸合化火),见左卦初爻天干即可知司天、推司泉之天干,而左右卦各六爻地支所配之天干依序顺推之亦一目了然。兹仿《文图中》"需讼之隧,出于壬癸""师比之隧,出于甲乙""小畜、履之隧,出于丙丁"之例①,将每组左、右二卦初爻所配之阳干、阴干,据上圆图,分左旋起子,自下而上36组;右转起午,自上而下36组,别为标号,列如图表2,以方便说明。

图表2 《文图中》横图简表

左旋36组	(由下而上)	1乾戊乾己	2屯庚蒙辛	3师甲比乙	4泰戊否己	5谦壬豫癸	6临丙观丁
		7剥庚复辛	8颐甲颐乙	9坎戊坎己	10咸壬恒癸	11晋丙明夷丁	12蹇庚解辛
		13夬甲姤乙	14困戊井己	15震壬艮癸	16丰丙旅丁	17涣庚节辛	18小过甲小过乙
		19坤戊坤己	20既济壬未济癸	21中孚丙中孚丁	22兑庚巽辛	23归妹甲渐乙	24鼎戊革己
		25升壬萃癸	26益丙损丁	27睽庚家人辛	28大壮甲遁乙	29离戊离己	30大过壬大过癸
		31大畜丙无妄丁	32贲庚噬嗑辛	33蛊甲随乙	34大有戊同人己	35履壬小畜癸	36讼丙需丁
右转36组	(由上而下)	37乾戊乾己	38蒙甲屯乙	39比庚师辛	40否丙泰丁	41豫壬谦癸	42观戊临己
		43复甲剥乙	44颐庚颐辛	45坎丙坎丁	46恒壬咸癸	47明夷戊晋己	48解甲蹇乙
		49姤庚夬辛	50井丙困丁	51艮壬震癸	52旅戊丰己	53节甲涣乙	54小过庚小过辛
		55坤戊坤己	56未济丙既济丁	57中孚壬中孚癸	58巽戊兑己	59渐甲归妹乙	60革庚鼎辛
		61萃丙升丁	62损壬益癸	63家人戊睽己	64遁甲大壮乙	65离庚离辛	66大过丙大过丁
		67无妄壬大畜癸	68噬嗑戊贲己	69随甲蛊乙	70同人庚大有辛	71小畜丙履丁	72需壬讼癸

---

① (明)黄道周撰,翟奎凤整理:《三易洞玑》卷五,中华书局2014年版,第125页。

上表各组序号、两卦名、两天干具备，下文凡有省略天干者，省略一卦者，仅一卦名者，序号、一卦、一干并列者，望文而知义，皆指表中之组卦。

（二）横图表之建构

1. 横图表源自五气经天图

就十干化五运言之，横图七十二组以"1 乾戊乾己"为首，所配天干，本诸五气经天说。五气经天说见诸《黄帝内经素问·五运行大论》，《文图中》引其文曰：

> 《大始天元册》文云："丹天之气经于牛女戊分，黅天之气经于心尾己分，苍天之气经于危室、柳鬼，素天之气经于亢氐、昴毕，玄天之气经于张翼、娄胃。"①

其图如图表3：

图表3 五气经天图

---

① （明）黄道周撰，翟奎凤整理：《三易洞玑》卷八，中华书局2014年版，第130页。

此图由外而内第一圈为二十四向，第二圈为二十八宿，内圈"丹天、黔天、苍天、素天、玄天"五天横亘。

面南而立，则午上、子下、左卯、右酉。案：太阳视运动位于乾西北奎壁二宿，正当由春入夏万物生发复出之时，如春分之司启，故谓之天门；位于巽东南角轸二宿，正当由秋入冬万物收藏敛伏之时，如秋分之司闭，故谓之地户。戊己中央土，分寄西北、东南之交，西北之交曰戊分、东南之交曰己分。故丹天之气自西北奎壁之交戊分之乾位，横亘于牛女为癸分，曰丹天者，丹，赤色，火色赤，故戊癸化火，主火运。《淮南子·天文训》曰"天倾西北，地陷东南"，而黔天之气自东南角轸之交己分之巽位，横亘心尾甲分，曰黔天者，黔，黄色，土色黄，故甲己化土，主土运。黔天东南之"己、甲"，正对丹天西北之"戊、癸"，如地天相对，地下天上，故曰："己与甲合为《乾》之下际；戊与癸合为《乾》之上际"，此"1乾戊乾己"司天戊癸、"3师甲比乙"司天甲己之所自来（以下请与《三易洞玑》一书之横图表并观）。就"1乾戊乾己"言之，左卦初爻天干之戊即司天之戊，盖"左、戊、司天"皆阳；戊阳土、己阴土相配曰"岁合"，故右卦初爻之天干配己。右卦司泉癸戊为左卦司天戊癸之置换，盖"右、癸、司泉"皆阴，故戊在癸后。乾之下际己甲，右左置换为甲己，为下卦"2屯蒙"右间之甲分己分，启下"3师比"司天、司泉之甲己、己甲。而苍天之气，穿越丹天，横亘于危室、柳鬼，为壬分、丁分，丁壬化木，主木运，即"72需讼"司天、司泉之壬丁、丁壬。素天之气，穿越黔天，横亘于亢氐、昴毕，为庚分、乙分，乙庚化金，主金运，即"2屯蒙"司天、司泉之庚乙、乙庚。故"1乾乾"居子中，"2屯蒙""72需讼"二组，就圆图言之，一左一右：就横图表言之，一上一下。故横图表"1乾乾"右间之壬丁，上承"72需讼"司天之壬丁；横图表"1乾乾"间迁之庚乙，下启"2屯蒙"司天之庚乙。

由近而及远，玄天之气横亘张翼、娄胃，为丙分、辛分，故丙辛化水，主水运，即"71 小畜履"司天、司泉之丙辛、辛丙。就圆图言之，处"1 乾乾"丹天之气戊癸分之右，故丙分、辛分置诸"72 需讼"之右间，而"72 需讼"之右间即承自"71 小畜履"之司天、司泉而来。至此，"1 乾乾"承上启下天干之布置已定。以左半圈 36 组卦之"3 师比"为例：左间庚分、乙分，上承"2 屯蒙"司天、司泉之庚乙、乙庚；司天、司泉之甲己、己甲，上承"2 屯蒙"右间之甲分、己分，又下启"4 泰否"左间之甲分己分；右间戊分癸分，又下启"4 泰否"司天、司泉之戊癸、癸戊。据此层层递推，环环相扣，而横图表七十二组卦天干之配置粗备，终而复始。

2.横图表中"天、泉、四间"与"十二气"之配对原理

就十二支化六气言之，六气指风、热、暑、湿、燥、寒六种气候变化，《内经》以五行配脏腑，分手足三阴三阳，共成十二经脉。《三易洞玑·孔图纬中》载六脏六腑，互为表里，即本诸《内经》：

> 凡易手足阴阳，相为表里。手阳明大肠，与太阴肺为表里。足阳明胃，与太阴脾为表里。手少阴心，与太阳小肠为表里。足少阴肾，与太阳膀胱为表里。手少阳三焦，与厥阴包络为表里。足少阳胆，与厥阴肝为表里。[①]

兹归纳引文，如图表 4：

图表 4　阴阳五行十二经脏腑配属表

五行 阴阳	金	水	木	君火	土	相火
阴藏 （里）	手太阴 肺	足少阴 肾	足厥阴 肝	手少阴 心	足太阴 脾	手厥阴 心胞

---

① （明）黄道周撰，翟奎凤整理：《三易洞玑》卷八，中华书局 2014 年版，第 224 页。

续表

五行 阴阳	金	水	木	君火	土	相火
阳腑 （表）	手阳明	足太阳	足少阳	手太阳	足阳明	手少阳
	大肠	膀胱	胆	小肠	胃	三焦

上表六气之"热""暑"二气《内经》析为"君火""相火"，黄道周认为六气皆应沿例析而为二，以对应经脉十二，故《文图中》曰：

水、木、土、金各行一气而火独居二，明五行之各有二气。①

又曰：

其实有燥金则有良金，有寒水则有明水，有风木则有雷木，有热火则有游火，有湿土则有燥土。②

故横图表自上而下，布列十二气：阳明燥金、太阴良金、太阳寒水、少阴明水、厥阴风木、少阳雷木、太阴湿土、阳明燥土、少阴君火、厥阴游火、少阳相火、少阳游火，分置于72组左右卦六爻之间。若再以脏腑配，即"子太阳寒水（膀胱经）、午少阴君火（心经）"；"丑阳明刚土（胃经）、未太阴湿土（脾经）"；"寅少阳游火（三焦经）、申厥阴游火（心包经）"；"卯少阳雷木（胆经）、酉太阴良金（肺经）"；"辰少阳相火（小肠经）、戌少阴明水（肾经）"；"巳厥阴风木（肝经）、亥阳明燥金（大肠经）"。《孔图纬中》又曰：

---

① （明）黄道周撰，翟奎凤整理：《三易洞玑》卷五，中华书局2014年版，第148页。
② （明）黄道周撰，翟奎凤整理：《三易洞玑》卷五，中华书局2014年版，第148—149页。

《文图》以少阴君火处午，厥阴风木处巳，太阳相火处辰，少阳雷木处卯，三焦游火处寅，阳明刚土处丑，太阳寒水处子，阳明燥金处亥，少阴明水处戌，太阴艮金处酉，厥阴游火处申，太阴湿土处未。①

图列如图表5，方便并上表为下文说明。

图表5　《文图》十二气地支配置图

辰：太阳相火（小肠经）	巳：厥阴风木（肝经）	午：少阴君火（心经）	未：太阴湿土（胃经）	申：厥阴游火（心包经）
卯：少阳雷木（胆经）				酉：太阴艮金（肺经）
寅：三焦游火（三焦经）	丑：阳明刚土（脾经）	子：太阳寒水（膀胱经）	亥：阳明燥金（大肠经）	戌：少阴明水（肾经）

按上图"太阳相火"横图表作"少阳相火"（下皆准此），"三焦游火"即横图表之"少阳游火"，少阳"雷木"横图表作"專木"，阳明"刚土"横图表作"燥土"，太阴湿土配胃经，阳明刚土配脾经（见下引文说明），且凡支冲者皆相对相配，证诸横图表七十二组卦十二气之左右配对皆然。之所以如此配对者，《文图中》曰：

寒水与明水交于西北，燥金与艮金交于正西，君火与相火交于东南，风木与雷木交于正东。脾以燥土，自艮御坤，胃以湿土，自坤御艮，为紫宫之门户。故六气灌输，间步左右，不可易也。②

此以文王八卦方位说明"六气灌输，间步左右"，以释十二气之流注。

---

① （明）黄道周撰，翟奎凤整理：《三易洞玑》卷八，中华书局2014年版，227页。
② （明）黄道周撰，翟奎凤整理：《三易洞玑》卷五，中华书局2014年版，149页。

先列文王八卦方位配十二支如图表6：

图表6　后天八卦十二支方位图

巽（东南）辰、巳	离（南）午	坤（西南）未、申
震（东）卯		兑（西）酉
艮（东北）寅、丑	坎（北）子	乾（西北）亥、戌

案：子水位北，"寒水、明水"间步左右（即一左一右，间隔一位），故寒水在子，隔亥一位而明水在戌。酉金位西，"燥金、良金"间步左右，故燥金在亥，隔戌一位而良金在酉。午火位南，"君火、相火"间步左右，故君火在午，隔巳一位而相火在辰。卯木位东，"雷木、风木"间步左右，故雷木在卯，隔辰一位而风木在巳。艮坤皆土，位中央，艮维处丑、寅之交；坤维处未、申之交。自艮御坤，故脾燥土在丑，而胃湿土在未；自坤御艮，故胃湿土在未而脾燥土在丑，互为往来，为中央紫宫（紫微垣）出入之门户。余艮维之"寅"与坤维之"申"则配三焦"少阳游火"与心包"厥阴游火"，盖二者虽火，亦为戊己（说详下文），戊己为五德之中，火土所居，以其游行，独周四隅，贯于五际，**谓之游火**，故十二气流注与十二经脉虽相关而有别。

若又并上述五运与六气合言之，《孔图纬中》曰：

> 金别壬庚，水别癸辛，左旋至于甲己，脾胃始中，甲己再合，焦、包始中。木别乙丁，火别丙戊，周环复始。[①]

[①] （明）黄道周撰，翟奎凤整理：《三易洞玑》卷八，中华书局2014年版，227页。

先言"金别壬庚""木别乙丁"。金指"手太阴良金、手阳明燥金";木指"足厥阴风木、足少阳雷木",此"别"字有"判别"与"经别"二义。经别乃十二经脉分出后之别行部分,联络阴经与阳经之往来;其循行路线与分布部位,较络脉为长,故与络脉不同;其称名为正经后多一别字,如手太阴经别、足少阴经别等;因是别行之正经,又简称经别。故"金别壬庚"与"木别乙丁"者,意即"阳明燥金、太阴良金"经别,以壬庚判别之;"少阳雳木、厥阴风木"经别,以乙丁判别之,天、泉、四间,互为左右,横图表皆可证是。《文图中》所谓:"左行丁壬为木,则壬丁为金,肝与大肠递为主客,巽、乾治之""左行者乙庚为木,胆受命于肺,而称化金;右行者庚乙为金,肺授权于胆,亦当化木。以兑金不化,故但为金"者,则是借左行与右行,合天干、五行、八卦、经脉、经别、络脉等为一体,说明脏腑脉气彼此间之连贯与输注。谨择天干与脉气两项,列"金别壬庚""木别乙丁"表如下。

| 壬丁 | 阳明燥金 | 丁壬 | 厥阴风木 |
| 庚乙 | 太阴良金 | 乙庚 | 少阳雳木 |

如是递推,则"水别癸辛"指"足太阳寒水膀胱、手少阴明水肾"经别,以癸辛判别之;"火别丙戊"指"手少阳相火小肠、手少阴君火心"经别,以丙戊判别之,天、泉、四间,互为左右,与上同。而《文图中》所谓"南政以戊取癸,热火(即君火)秉权,则北政以癸取戊,寒水秉权,心与膀胱递为主客,离、坎治之。""丙辛为火,则辛丙为水(原作木,应是水字之误),小肠与肾递为主客,震、兑治之。"义同此。且"兑水通震火",亦可从"肾水传精于小肠火"见其义,如下表。

| 戊癸 | 少阴君火 | 癸戊 | 太阳寒水 |
| 丙辛 | 少阳相火 | 辛丙 | 少阴明水 |

而"左旋甲己,脾胃始中"者,脾胃五行属土,则"足太阴湿土

胃、足阳明刚土脾",天、泉、四间,甲己、己甲,互为左右,如下表。

甲己	太阴湿土	己甲	阳明刚土
甲己	阳明刚土	己甲	太阴湿土

至若"甲己再合,焦、包始中"者,焦、包即"三焦少阳游火、心包厥阴游火"。据五气经天图:乾之上际戊癸,下际己甲,以横图表"1乾乾":"戊癸司天厥阴游火、癸戊司泉少阳游火",司天为上际,司泉为下际类推之,则癸戊、己甲皆下际,癸戊同己甲,而戊癸化火,甲己化土,《文图中》所谓"戊己为五德之中,火土所居""三焦、心包亦为戊己,以其游行,不用纪岁",正合于此"焦、包始中"之义,亦即"火于人身独周四隅,贯于五际也"。《文图中》又曰:

> 心包、三焦两家之火游行不定,分于子午,乘于卯酉,寄居于乙丙辛庚之间。①

"分于子午,乘于卯酉"在此系专指"1乾乾"位"子"及"55坤坤"位"酉"两组卦而言,盖两组皆心包厥阴游火司天、三焦少阳游火司泉,戊癸、癸戊互为左右。"以其游行"不定,"寄居于乙丙辛庚之间",故厥阴游火、少阳游火,亦列于乙庚分、丙辛分之左右间,经查横图表皆然。由是厥阴游火、少阳游火居于司天、司泉者,见诸戊癸、癸戊;居于左间、右间者,见诸乙庚、丙辛,列如下表。

戊癸	(心包)厥阴游火	癸戊	(三焦)少阳游火
戊癸	(三焦)少阳游火	癸戊	(心包)厥阴游火
庚乙	厥阴游火	乙庚	少阳游火
庚乙	少阳游火	乙庚	厥阴游火

---

① (明)黄道周撰,翟奎凤整理:《三易洞玑》卷五,中华书局2014年版,第148页。

续表

丙辛	厥阴游火	辛丙	少阳游火
丙辛	少阳游火	辛丙	厥阴游火

《文图中》亦引"兑水而通震火"之《震卦》三爻，论天干与经别之配对：

> 震之下爻为丙辛，小肠相火临于明水；震之中爻为戊己，三焦游火临于心包；震之上爻为乙庚，胆雷木临于肺艮金。故左行者乙庚为木，胆受命于肺，而称化金；右行者庚乙为金，肺授权于胆，亦当化木。以兑金不化，故但为金。左行丁壬为木，肝制命于大肠而称化木。右行壬丁为金，大肠受命于肝亦当化木。以乾金不化，故但为金。左行者丙辛为火，小肠输液于肾而称化水。右行者辛丙为水，肾传精于小肠，亦当化火。以少阴兑水不化，故但为水。①

皆与上列配表一致，盖发挥"心包、三焦两家"之厥阴游火、少阳游火，"寄居于乙丙辛庚之间"与"戊己为五德之中，火土所居"之说，故将丙辛配《震卦》下爻，戊己配中爻，乙庚配上爻，再次强调而已。

归纳上述，即《孔图纬中》所谓：

> 癸辛、壬庚、己甲、甲己、戊丙、丁乙，三七间行，右逆而左顺，右不配而左配，贞对相化，是则《文图》也。②

此是言横图表之癸辛即"太阳寒水、少阴明水③"互为左右，壬庚"阳

---

① （明）黄道周撰，翟奎凤整理：《三易洞玑》卷五，中华书局2014年版，第148页。
② （明）黄道周撰，翟奎凤整理：《三易洞玑》卷八，中华书局2014年版，第229页。
③ 横图表中有作"厥阴明水"者，应皆"少阴明水"之误。

明燥金、太阴艮金"，甲己"阳明刚土、太阴湿土"，戊丙"少阴君火、少阳相火"，丁乙"厥阴风木、少阳夢木"，与"己甲同癸戊"之"少阳游火、厥阴游火"亦然。"三七间行"者，左三右七，即左右之间互行之意，故右卦天干逆排而左，左卦天干顺排而右，亦即"右逆而左顺"；右卦天干因逆排不合于十干合化之五行，而左卦天干顺排与十干合化之五行一致，即"右不配而左配"，如《文图中》所载"左行丁壬为木，则壬丁为金""丙辛为火，则辛丙为木"云云，皆是就脏腑之气之五行属性言。而"贞对相化"者，贞，正也，本位为正化，与本位相对者为对化。亥、午、未、寅、酉、戌，为六气正化之令；巳、子、丑、申、卯、辰，当六气对化之令，详下文说明。《孔图纬中》又曰：

> 其正别之次，则癸辛之水，别入壬庚之金；壬庚之金，别入甲己之火。火土再合，甲己之土，别入戊丙之火；戊丙之火，别入丁乙之木。此即《文图》，世所谓后天也。[①]

此是进一步说明上一则引文"癸辛、壬庚、己甲、甲己、戊丙、丁乙"即"癸辛之水，别入壬庚之金；壬庚之金，别入甲己之火。火土再合，甲己之土，别入戊丙之火；戊丙之火，别入丁乙之木"之意。故所言"正别之次"，正指正经，别指经别。然就运行而言，十二经别兼包气血，十二气仅止于气，毕竟不同。十二经别为十二正经另道而行之部分，十二气则循行于整体脉络之中。是横图表本五运六气说示十二气左右上下之流注，涵盖十二经脉、经别、经筋、皮部，并奇经八脉、十五络脉、孙络、浮络等及全身俞穴亦隐含其中，《文图中》更以之连及周天星宿，故《孔图中》谓"爻象即为经络"[②]，洵非虚语，盖徒表不足以

---

① （明）黄道周撰，翟奎凤整理：《三易洞玑》卷八，中华书局2014年版，第224页。
② （明）黄道周撰，翟奎凤整理：《三易洞玑》卷八，中华书局2014年版，第224页。

尽赅之。

总上诸表，横图表"天、泉、四间"与十二气之配对，可归纳为如图表7总表。

图表7 《文图中》十二气天泉二间天干配列表

司天、二间	十二气	司泉、二间	十二气
戊癸	太阳寒水	癸戊	少阴君火
戊癸	少阴君火	癸戊	太阳寒水
戊癸①	厥阴游火	癸戊	少阳游火
戊癸②	少阳游火	癸戊	厥阴游火
甲己	太阴湿土	己甲	阳明刚土
甲己	阳明刚土	己甲	太阴湿土
壬丁	厥阴风木	丁壬	阳明燥金
壬丁	阳明燥金	丁壬	厥阴风木
丙辛	少阳相火	辛丙	少阴明水
丙辛	少阴明水	辛丙	少阳相火
丙辛③	厥阴游火	丙辛	少阳游火
庚乙④	厥阴游火	庚乙	少阳游火
庚乙	太阴艮金	乙庚	少阳巽木
庚乙	少阳巽木	乙庚	太阴艮金

上表之天干配十二气，悉如横图表所载，而六气之配对则与《内

---

① 此仅列于"1乾乾"司天、司泉之戊、癸；及"2屯蒙"戊分、癸分之"间迁"。
② 此仅列于"55坤坤"司天、司泉之戊、癸，因其处酉位上下半圈之交际，故改称"迁戊""迁癸"；及"56未济既济"戊分、癸分之"右间"。
③ 仅置"左间""右间"。
④ 仅置"左间""右间"。

经》不同，《内经》六气之配对如图表8：

图表8 《内经》六气天泉二间地支配列表

岁支	司天、二间	司泉、二间	岁支	司天、二间	司泉、二间
子午	少阴君火	阳明燥金	卯酉	阳明燥金	少阴君火
丑未	太阴湿土	太阳寒水	辰戌	太阳寒水	太阴湿土
寅申	少阳相火	厥阴风木	巳亥	厥阴风木	少阳相火

故于横图表之末，黄道周曰：

> 右纬以五运六气，乘七十二卦，别脏腑之治，与《内经》亦不同者，……少阴热火在于上，则阳明燥金在于下；太阴湿土在于上，则太阳寒水在于下；少阳相火在于上，则厥阴风木在于下，六气对反，以为见胗之候，其原别于《周易》。①

热火即君火，"上"谓司天，"下"谓司泉，以横图表比照《内经》，"与《内经》亦不同者""其原别于《周易》"，诚如所说。

3. 横图表中交际组卦"天、泉、四间"天干之安排

《三易洞玑·略例》曰：

> 倍七十三岁，而《屯》《需》、《师》《畜》，左右间寻。②

"《屯》《需》、《师》《畜》，左右间寻"者，即"1 乾乾"居子中，"2 屯蒙""72 需讼"、"3 师比""71 小畜履"，一左一右，依卦序间次布列而往上，如圆图。"七十三岁"者，横图表72组卦，而此言"七十三岁"，

---

① （明）黄道周撰，翟奎凤整理：《三易洞玑》卷五，中华书局2014年版，第147—148页。
② （明）黄道周撰，翟奎凤整理：《三易洞玑·略例》，中华书局2014年版，第2页。

明 72 组卦后复回到《乾卦》共 73 组以应七十三岁之小循环；冠以"倍"字，则一百四十六岁（73×2＝146）为一大循环可知。① 七十三岁不过一百四十六岁大循环之半而已，横图表 72 组卦正可借此循环之理论以涵盖二者，故就七十三岁而言，《乾》《屯》为循环之交际卦可知；从横图表后 36 组卦皆右间在上，而前 36 组卦惟"1 乾乾"右间在上，其余 35 组卦皆左间在上亦可知。又"72 需讼"为后 36 组卦之终，"1 乾乾"为前 36 组卦之始，两组比邻，终而复始，亦为交际组卦，故《文图中》对"72 需讼、1 乾乾、2 屯蒙"三交际组卦再予说明。先言"1 乾乾、2 屯蒙"两组如下表，而表内底纹字皆引文中所出现字词，特标识之，方便查考，下同此。

	初九	戊子	阳明燥金	右间	厥阴风木	右间	己丑	
1 乾☰ （正北）	九二	寅		壬分		丁分	卯	乾☰ （正南）
	九三	辰	厥阴游火	司天	少阳游火	司泉	巳	
	九四	午		戊癸		癸戊	未	
	九五	申	太阴艮金	间迁	少阳勇木	间迁	酉	
	上九	戊戌		庚分		乙分	己亥	
	初九	庚子	厥阴游火	间迁	少阳游火	间迁	辛丑	
2 屯☳	六二	寅		戊分		癸分	卯	蒙☶
	六三	辰	太阴艮金	司天	少阳勇木	司泉	巳	
	六四	午		庚乙		乙庚	未	
	九五	申	太阴湿土	右间	阳明刚土	右间	酉	
	上六	庚戌		甲分		己分	辛亥	

《文图中》曰：

---

① 案：此为"一百四十六岁而岁移一宫"之周期。说详下文"岁星与五运六气说及横图表之关联"一节。

黄道周《三易洞玑·文图经纬中》五运六气说探义

《乾》之下际与《屯》之上际为更革之端，故《屯》以庚而兼甲，《乾》以己而兼壬。①

《乾》之下际据五气经天图为"己甲"，由"1 乾戊乾己"之下际"己"藉干合亦可推出"甲"。次卦为《屯》，因此二卦为历七十三岁一循环后更革之端，故《乾》之下际接《屯》之上际，《屯》上际即"2 屯庚蒙辛"左卦之"庚"藉岁合推右卦之辛，兼有由《乾》下际即"1 乾戊乾己"之"己"藉干合所推之"甲"，而同于《屯》下际左卦右间之甲分以推己分，盖一为七十三岁小循环之下际，一为大循环一百四十六岁之下际之故，故曰"《屯》以庚而兼甲"。仿此，乾下际右卦之"己"，遂取其上际右卦右间丁分之合干"壬"，故曰"《乾》以己而兼壬"，去丁而取壬，盖壬阳丁阴，重阳之故。

再就"72 需讼、1 乾乾"两组言之，如下表：

72 需	初九	壬子	厥阴游火	右间	少阳游火	右间	癸丑	讼
	九二	寅	少阴明水	丙分	少阳相火	辛分	卯	
	九三	辰	阳明燥金	司天	厥阴风木	司泉	巳	
	六四	午		壬丁		丁壬	未	
	九五	申	太阳寒水	左间	少阴君火	左间	酉	
	上六	壬戌		戊分		癸分	癸亥	
1 乾（正北）	初九	戊子	阳明燥金	右间	厥阴风木	右间	己丑	乾（正南）
	九二	寅		壬分		丁分	卯	
	九三	辰	厥阴游火	司天	少阳游火	司泉	巳	
	九四	午		戊癸		癸戊	未	
	九五	申	太阴艮金	间迁	少阳羃木	间迁	酉	
	上九	戊戌		庚分		乙分	己亥	

---

① （明）黄道周撰，翟奎凤整理：《三易洞玑》卷五，中华书局 2014 年版，第 131 页。

《文图中》又曰：

> 乾始于西北，阳明燥金为左间，后丙而主戊，则厥阴游火当用纪岁。[1]

乾始于西北乃就文王八卦方位言，若就节候言则如圆图位在正北之冬至子。考横图表"1 乾戊乾己"，阳明燥金为右间，而此谓为左间者，是就 72 组之起始言，就起始言则前 36 组左间在上，横图表以右间置之，是凸显其循环义。"后丙而主戊"是说"1 乾乾"之前一组为"72 需讼"，其右卦右间之辛分，取辛所合之阳干即左卦右间之丙，转而为左间之戊分，启下组卦"1 乾戊乾己"之司天戊，故曰"后丙而主戊"；因之"72 需壬讼癸"左卦右间之厥阴游火，遂成为"1 乾戊乾己"司天之厥阴游火，而用以纪岁。上言"以其游行，不用纪岁"，此言"当用纪岁"者，盖"1 乾戊乾己"乃 72 组卦之起始，故当用纪之。此三交际组卦天干之安排既定，再以五气经天图所配：3. 师比"甲己"、2. 屯蒙"庚乙"、1. 乾乾"戊癸"、72. 需讼"壬丁"、71. 小畜履"丙辛"之司天以推司泉，[2] 而后横图表 72 组卦"天、泉、四间"天干之安排，即可依"凡例 7"所述而推尽。[3]

又圆图《乾》《乾》一隧值子午，《坤》《坤》一隧值卯酉，为左右半圈与上下半圈之交际。《文图中》曰：

> 西北之始乾，纪于心包，壬丁为左间，庚乙为右间。[4]

---

[1] （明）黄道周撰，翟奎凤整理：《三易洞玑》卷五，中华书局 2014 年版，第 149 页。
[2] 参见上"横图表源自五气经天图"一节。
[3] 参见上"横图表凡例"一节。
[4] （明）黄道周撰，翟奎凤整理：《三易洞玑》卷五，中华书局 2014 年版，第 149 页。

黄道周《三易洞玑·文图经纬中》五运六气说探义

此系言《乾》《乾》一隧。"西北之始乾",亦就文王八卦方位而言,若就节候言亦如圆图为正北之冬至子。"纪于心包",即心包厥阴游火纪岁为司天,如上"1乾乾"表。而"壬丁为左间,庚乙为右间"与图异者,乃就其为72组卦之起始言,以前36组"左间在上、右间在下"交际之故。又曰:

正南之中,乾纪于君火,甲己为左间,丁壬为右间。①

"正南之中,乾纪于君火",纪即纪岁,指圆图正南午位"37乾乾"之少阴君火司天(见下图)。甲己为左间者,盖后36组"右间在上、左间在下",故左间为甲分、己分,而左间横图表作左迁者,乃前后组(即左右半圈)转换之交际,故曰迁。至若引文"丁壬为右间"一句,"丁壬"二字,应是"丙辛"之误,见表可知。

37乾䷀（正南）	初九	戊子	少阳游火	右迁	厥阴游火	右迁	己丑	乾䷀（正北）
	九二	寅	少阳相火	丙分	少阴明水	辛分	卯	
	九三	辰	少阴君火	司天	太阳寒水	司泉	巳	
	九四	午		戊癸		癸戊	未	
	九五	申	太阴湿土	左迁	阳明刚土	左迁	酉	
	上九	戊戌		甲分		己分	己亥	

《文图中》又曰:

坤之始于西南,太阴左而厥阴右,则君火纪岁,中于正东。②

此系言《坤》《坤》一隧。坤之始于西南,亦就文王八卦方位言之,若

---

① (明)黄道周撰,翟奎凤整理:《三易洞玑》卷五,中华书局2014年版,第149页。
② (明)黄道周撰,翟奎凤整理:《三易洞玑》卷五,中华书局2014年版,第149页。

就节候言，亦如圆图正西之仲秋酉。即下图"19 坤坤"之右卦：太阴湿土居左间，厥阴风木居右间，而少阴君火纪岁即司天。既右卦少阴君火司天，则"中于正东"指左卦太阳寒水司泉，二者互为左右。①

19 坤☷☷（正东）（卯）	初六	戊子	阳明刚土	左间甲分	太阴湿土	左间己分	己丑卯	坤☷☷（正西）（酉）
	六二	寅						
	六三	辰	太阳寒水	司天戊癸	少阴君火	司泉癸戊	巳未	
	六四	午						
	六五	申	阳明燥金	右间壬分	厥阴风木	右间丁分	酉己亥	
	上六	戊戌						

又曰：

乙庚右而丙辛左，则三焦纪岁，戊己所直，间于四街，上下所行，各循其路也。②

此指"55 坤戊坤己"如下表：

55 坤☷☷（正西）	初六	戊子	少阳矞木	右间庚分	太阴艮金	右间乙分	己丑卯	坤☷☷（正东）
	六二	寅						
	六三	辰	少阳游火	司天迁戊	厥阴游火	司泉迁癸	巳未	
	六四	午						
	六五	申	少阳相火	左间丙分	少阴明水	左间辛分	酉己亥	
	上六	戊戌						

乙分、庚分在右间，丙分、辛分在左间，三焦少阳游火司天纪岁。而"戊己所直，间于四街"者，《文图中》曰："带在季胁函盖之间，断

---

① 案：横图表 72 组卦仅是循环之半，"司天在左，司泉在右"为前半；后半则是左右置换，144 组卦一循环以对应"岁星 144 岁"之周期。亦说详下文"岁星与五运六气说及横图表之关联"一节。

② （明）黄道周撰，翟奎凤整理：《三易洞玑》卷五，中华书局 2014 年版，第 149 页。

蠹如纯，谓之坤"。《灵枢·卫气》亦曰："胸气有街，腹气有街，头气有街，胫气有街。故气在头者，止于脑。气在胸者，止之膺及背腧。气在腹者，止之背腧。气在胫者，止之于气街。"① 《坤》《坤》一隧，居圆图上下半圈之交际，如处季胁之下绕身一周之带脉，有约束十二经、冲、任、督诸脉气血上下通贯四街之作用，故"55坤戊坤己"，间于四街，司天、司泉以"迁戊""迁癸"别识之。

（三）横图表之五行生克

就圆图以"37乾戊乾己"为基点，分左旋、右转看。左旋从"36讼丙需丁"起，到"2屯庚蒙辛"止，为"丙水、壬木、戊火、甲土、庚金"序，皆五组一循环，采"水→木→火→土→金"相生序。右转自"37乾戊乾己"到"72需壬讼癸"为"戊火、甲土、庚金、丙水、壬木"序，越过"55坤"不计，盖"55坤"居"酉"位，为上下半圈之分际，采"火→土→金→水→木"相生序，而回到与"37乾戊乾己"对冲之"1乾戊乾己"。此即《略例》所谓"五岁间迁"②之意。此横图具五行相生序之一证。

《文图中》又曰：

《易》序主客以生步五耳。③

"《易》序"即横图表72组卦之序次，此"主客"指每组卦之司天、司泉，"以生步五"即其序次之司天、司泉以五行相生推步。《文图中》曰：

---

① （唐）王冰注，（宋）史崧校正音释：《灵枢经》卷八《卫气》，《文渊阁四库全书》第733册，台湾商务印书馆1986年影印本，第390页。
② （明）黄道周撰，翟奎凤整理：《三易洞玑·略例》，中华书局2014年版，第2页。
③ （明）黄道周撰，翟奎凤整理：《三易洞玑》卷五，中华书局2014年版，第131页。

《乾》始于戊子，终于己亥。《乾》乘《坤》位，以授于《屯》，《屯》始于庚子，终于辛亥。《屯》《蒙》反对，《屯》为天之左间，则《蒙》为地之左间。①

圆图以"乾乾""坤坤"居子午、卯酉，自"1乾乾"起子，依《周易》卦序，左右分排，越过坤而不计，盖坤位定卯酉为上下半圈之交际，由是"2屯蒙""72需讼""3师比""71小畜履"等，循圆图一左一右交替，由下渐次往上，历三十六组，至"19坤坤"止，完成下半圈，其左右序次即上所言五行相生推步。案：司天为主，司泉为客。"1乾戊乾己"越过《坤卦》，故圆图左旁为"2屯庚蒙辛"，乾戊癸化火，而火生土，土生"2屯庚蒙辛"乙庚所化之金。屯初爻庚子，蒙上爻辛亥，《屯》《蒙》一隧，居圆图左半圈，故曰左间；左卦屯为阳、为天，右卦蒙为阴、为地，故屯为天之左间，蒙为地之左间，如下表：

2屯☳☵天之左间	初九	庚子	厥阴游火	间迁戊分	少阳游火	间迁癸分	辛丑卯	蒙☶☵地之左间
	六二	寅						
	六三	辰	太阴艮金	司天庚乙	少阳矞木	司泉乙庚	巳未	
	六四	午						
	九五	申	太阴湿土	右间甲分	阳明刚土	右间己分	酉辛亥	
	上六	庚戌						

《蒙》承水德，以授于《需》，《需》始于壬子，终于癸亥。《需》《讼》反对，《需》为天之右间，则《讼》为地之右间。②

"屯蒙"之金，生水，③水生"72需壬讼癸"丁壬所化之木。需初爻壬

---

① （明）黄道周撰，翟奎凤整理：《三易洞玑》卷五，中华书局2014年版，第131页。
② （明）黄道周撰，翟奎凤整理：《三易洞玑》卷五，中华书局2014年版，第131页。
③ 多此相生一道，盖之前越过《坤卦》之故，下同此。

子，讼上爻癸亥，《需》《讼》一隧为反对卦，居圆图右半圈，故曰右间；左卦需为阳、为天，右卦讼为阴、为地，故需为天之右间，讼为地之右间，如下表：

72需䷄ 天之右间	初九	壬子	厥阴游火	右间	少阳游火	右间	癸丑	讼䷅ 地之右间
	九二	寅	少阴明水	丙分	少阳相火	辛分	卯	
	九三	辰	阳明燥金	司天 壬丁	厥阴风木	司泉 丁壬	巳	
	六四	午					未	
	九五	申	太阳寒水	左间 戊分	少阴君火	左间 癸分	酉	
	上六	壬戌					癸亥	

《讼》承火德，以授于《师》，《师》始于甲子，终于乙亥。《师》《比》反对，《师》为天之左间，则《比》为地之左间。①

"需讼"之木，生火，火生"3师甲比乙"甲己所化之土。师初爻甲子，比上爻乙亥，《师》《比》一隧，居圆图左半圈，故曰左间；左卦师为阳、为天，右卦比为阴、为地，故师为天之左间，比为地之左间，如下表：

3师䷆ 天之左间	初六	甲子	太阴艮金	左间	少阳蒌木	左间	乙丑	比䷇ 地之左间
	九二	寅		庚分		乙分	卯	
	六三	辰	太阴湿土	司天 甲己	阳明刚土	司泉 己甲	巳	
	六四	午					未	
	九五	申	少阴君火	右间 戊分	太阳寒水	右间 癸分	酉	
	上六	甲戌					乙亥	

《比》承金德，以授于《小畜》，《小畜》始于丙子，终于丁亥。《小畜》《履》反对，《小畜》为天之右间，则《履》为地之右间。②

---

① （明）黄道周撰，翟奎凤整理：《三易洞玑》卷五，中华书局2014年版，第131页。
② （明）黄道周撰，翟奎凤整理：《三易洞玑》卷五，中华书局2014年版，第131页。

"师比"之土，生金，金生"71小畜丙履丁"丙辛所化之水，《小畜》初爻丙子，《履》上爻丁亥，《小畜》《履》一隧，居圆图右半圈，故曰右间；左卦小畜为阳、为天，右卦履为阴、为地，故小畜为天之右间，履为地之右间，如下表：

71小畜☰☴天之右间	初九	丙子	太阴艮金	右间	少阳煗木	右间	丁丑	履☱☰地之右间
	九二	寅	厥阴游火	庚分	少阳游火	乙分	卯	
	六三	辰	少阴明水	司天丙辛	少阳相火	司泉辛丙	巳	
	九四	午					未	
	九五	申	阳明燥金	左间壬分	厥阴风木	左间丁分	酉	
	上九	丙戌					丁亥	

《履》承木德，复生戊子，以授于《泰》。自是左右分行，各以戊、庚、壬、甲、丙为天之间次，癸、乙、丁、己、辛为地之间次。①

六气之周三十六卦，其合七十有二，令者司天，合者司地，每气之合，各七十二，以化气主客，命其上下，则运气之义一也。②

"小畜履"之水，生木，次卦泰初九戊子，由戊推知木生"4泰戊否己"所化戊癸之火，如下表：

4泰☷☰	初九	戊子	太阴湿土	左间甲分	阳明刚土	左间己分	己丑	否☰☷
	九二	寅					卯	
	九三	辰	少阴君火	司天戊癸	太阳寒水	司泉癸戊	巳	
	六四	午					未	
	六五	申	厥阴风木	右间壬分	阳明燥金	右间丁分	酉	
	上六	戊戌					己亥	

---

① （明）黄道周撰，翟奎凤整理：《三易洞玑》卷五，中华书局2014年版，第131页。
② （明）黄道周撰，翟奎凤整理：《三易洞玑》卷五，中华书局2014年版，第131页。

如是一隧左、一隧右，依《周易》卦序，左右交替，分开排列，故司天之干依次为"戊、庚、壬、甲、丙"；司泉之干依次为"癸、乙、丁、己、辛"，即"1乾乾、2屯蒙、72需讼、3师比、71小畜履"司天、司泉之干，递次循环，历三十六组至"19坤坤"司天、司泉之干再起戊、癸止，而完成圆图下半圈。此横图具五行相生序之二证。

"55坤坤"不计，逆《周易》卦序，亦左右分排，则"56未济丙既济丁"丙辛化水为"18小过甲小过乙"甲己化土所克；"18小过甲小过乙"甲己土为"57中孚壬中孚癸"丁壬木所克；"57中孚壬中孚癸"丁壬木为"17涣庚节辛"乙庚金所克；"17涣庚节辛"乙庚金为"58巽戊兑己"戊癸火所克；"58巽戊兑己"戊癸火为"16丰丙旅丁"丙辛水所克；"16丰丙旅丁"丙辛水为"59渐甲归妹乙"甲己土所克，如是由上而下，直至"72需壬讼癸"与"2屯庚蒙辛"之乙庚金克丁壬木为止，皆依五行相克序，后回归于"1乾乾"子位，亦完成圆图下半圈。是相生中又寓有相克，横图表之神秘性，可见一斑。

（四）横图表之周期举例与标目解义

而五运六气在七十二组卦中循环流转有其大小周期，《文图中》曰：

> 上下十二爻。以五乘之，为周甲之辰。以七十二乘之，为周岁之历。一日十二辰，一卦之直十二日，一气五卦，五卦之直六十日，六气而周一岁之历，五岁而周五卦之运。①

72组卦，1组2卦左右相对，每组上下共12爻，以1爻当1辰算，则1日12辰，12辰×5＝60辰，5日满60甲子数，是为"周甲之辰"。以72乘之，则12辰×5×72＝4320辰＝12辰×360，满1岁360日之

---

① （明）黄道周撰，翟奎凤整理：《三易洞玑》卷五，中华书局2014年版，第130—131页。

辰数，是为"周岁之历"。若将1组12爻，以1爻当1日算，则1组卦直12日，1气5组卦，直12日×5＝60日满1甲子，60日×6＝360日满1岁，是为"六气而周一岁之历"，此是年内周期。5×360日＝1800日＝5×36日，故"五岁而周五卦之运"，则1组卦之运直36日，与古十月历每月36日合符。《文图中》又曰：

> 一卦之直十二日，以十二乘七十二为八百六十四日，为主气、间气之终，五运所乘四千三百二十日而岁步乃备。故一气之运有七十二卦，六气之步有七十二日。以干乘之，得两岁之日，为化气之合日。以支乘之，得两岁之辰，为化气之合辰。以干支合乘得周甲之岁，为化气之会岁。主客胜负，可得而齐也。①

1组卦直12日，72组卦共12×72＝864日，此是司天、在泉、左右间气一循环，即圆图一圈，是为"主气、间气周期"。若与五运互为共同周期，则五倍之，即864日×5＝4320日＝360日×12，故12岁为岁运周期。一个主气、间气之运行周期共72卦计864日，则一年十二气（横图表析《内经》六气为十二气）之一气推步为864日÷（6×2）＝72日。以10天干乘之，72×10＝720日＝360日×2，得2岁之日数，是为五运六气流行变化之合日。再以12地支乘之，720×12＝8640＝12×360×2＝4320×2，得2岁之辰数，是为五运六气流行变化之合辰。若以10干、12支与72组卦合乘，得10×12×72＝8640＝60×72×2＝60×144，得周甲之岁，是为五运六气流行变化之合岁，因岁星超辰为144岁（详下文），故合于与其反向运行之太岁与甲子之周期，亦是五运六气，主客之间，太过不及，生克制化，赅备无遗之循环周期。尚有更大周期（720岁）介绍，且待下文分晓。

---

① （明）黄道周撰，翟奎凤整理：《三易洞玑》卷五，中华书局2014年版，第131页。

由上所述，《文图纬中》横图表之标目，不难知其词意，可分"表内标目""表头标目"两种。"表内标目"除司天、司泉、左右共四间外，尚有左迁、右迁、间迁，兹一一解释如下：

1. 司天、司泉：客气一年内主事之统称，司天主管上半年，司泉主管下半年，故又谓之纪岁，一般皆以司天代称纪岁，实则包括司泉在内。

2. 左间、右间：为司天、司泉左右之气，各两间，共四间。间气仅司本岁之气候变化，与司天、司泉主纪岁又纪步者不同。

3. 左迁、右迁：由前 36 组之左间，转而为后 36 组之右间，曰右迁。由前 36 组之右间，转而为后 36 组之左间，曰左迁。横表中惟"37 乾乾"有之，因"37 乾乾"居左右半圈相交之午位，是前 36 组"左间在上"转为后 36 组"右间在上"之枢纽，故右迁居上、左迁居下。

4. 间迁：即左间、右间的转变。如"1 乾乾"与"2 屯蒙"处七十三岁，即一循环后又过一组之交替之际，故"1 乾乾"之下曰间迁，"2 屯蒙"之上亦曰间迁。又如"55 坤坤"为上半圈自"37 乾乾"起，左右交替，由上而中之末卦，与"54 小过小过"交界，故"54 小过小过"下曰间迁。末卦"55 坤坤"又开下半圈自"1 乾乾"起，左右交替，由下而中之另一循环的开始，以其处在首尾的交界点，故司天曰迁戊，在泉曰迁癸。

"表头标目"如下，分七种释之：

卦气 直甲	正化 对化	纪岁	纪步	左行从母 右行从子	岁合	岁阴

1. 卦气直甲：72 组卦配十二气与值辰、值日、值岁等之 60 甲子循环。

2. 正化、对化：本气一方为正化，其对面受作用或相互影响之一方为对化。"亥、午、未、寅、酉、戌"，为六气正化之令；"巳、子、丑、申、卯、辰"，当六气对化之令。

3. 纪岁、纪步：纪岁专指司天、司泉，纪步则包括司天、司泉、四间在内，间气仅司本步之气候变化。

4. 左行从母：前36组左旋从本卦，亦即每组左卦为本卦。

5. 右行从子：后36组右转从覆卦，亦即每组右卦为本卦之覆卦。

6. 岁合：五行相同之阳干阴干相配，如：甲阳乙阴木，丙阳丁阴火，戊阳己阴土，庚阳辛阴金，壬阳癸阴水。

7. 岁阴：即十二地支。

总上以观，黄道周将易学象数、中医藏象经络、神秘术数，熔铸于一炉，借表之形式予以系统化，以五气经天说为理论根据，假干支与卦象，纳六气所分之十二气于其中，有生克义，有周期义，环环相扣，编就如上所述之横图表，以作为其五运六气学说推论预测之依据，经抽丝剥茧整理后，义乃渐明朗。

三、黄道周对传统五运六气之阐释及其成说年代考辨

（一）五运六气主客说

五运六气学说，乃运用五运与六气之运动节律及其相互化合，以天干、地支、阴阳、五行等为演绎符号，天干纪运，地支纪气，解释天体运行及气候变化对生物及人类影响之一门学问。五运，即木、火、土、金、水五行、五方之气之运动。六气，即风、热、湿、暑、燥、寒六种气候之变化。[①]《文图中》曰：

> 天以六为节，地以五为制，六节者本支，五制者本干。支有

---

① 一般言六气，曰风、寒、暑、湿、燥、火，则暑为君火，火为相火。此处乃配合原典引文，故曰风、热、湿、暑、燥、寒，而热指君火，暑指相火。

黄道周《三易洞玑·文图经纬中》五运六气说探义

风、热、湿、暑、燥、寒，干有木、火、土、金、水，故运五而气六，候五而复六也。《内经》以地支十二对待为六气，五干相从为五运。①

案："天以六为节，地以五为制"者，《素问·天元纪大论》所谓"周天气者六，期为一备；终地纪者五，岁为一周"②，即：十干为阳，主天；十二支为阴，主地，十干往复轮周六次，十二支往复轮周五次之意。"六节者本支，五制者本干"者，六气、五运以地支与天干为演绎符号之谓。地支有风、热、湿、暑、燥、寒六气；天干有水、火、土、金、水五运，故"运五而气六"。五日为候，三候为气，六气为时，四时为岁，一岁之中，复又有大六气以统之，故"候五而复六"。是以十二地支，支冲者为六气，如图表9；

图表 9 司令之气表

年支	巳亥	子午	寅申	丑未	卯酉	辰戌
司令之气	厥阴风木	少阴君火	少阳相火	太阴湿土	阳明燥金	太阳寒水

五阳干与五阴干，干合者为五运，如图表10。

图表 10 中运表

年干	甲己	乙庚	丙辛	丁壬	戊癸
中运	土	金	水	木	火
气候	湿	燥	寒	风	热、暑

黄道周又以"地制以六，天候以五，人节以三，三以衡五，六以御三"解释二者之关系，将五运六气导向与十二经脉之连结。盖地支十二

---

① （明）黄道周撰，翟奎凤整理：《三易洞玑》卷五，中华书局2014年版，第128页。
② （唐）王冰次注，（宋）林亿等校正：《黄帝内经素问》卷十九，《文渊阁四库全书》第733册，台湾商务印书馆1986年影印本，第208页。

两其六,六候一月,六又为地数之中、十二地支之半。天干一十两其五,一候五日,五又为天数之中,亦十天干之半。人位天地之中曰三才,三为六之半、生数一至五之中,一气之日三其五。地之中数六,御生数之中数三,为生数三之倍,故六气统摄手足三阴三阳。

先谈五运,《文图中》曰:

> 五运有主运、客运……主运职令,五行之序从其所生,一木、二火、三土、四金、五水,各七十三(原作"二",应是"三"之误,今据改)①日有奇,以次相位。客运职化,五行之权从其所化,甲己为土,乙庚为金,丙辛为水,丁壬为木,戊癸为火,亦七十三(原作"二",应是"三"之误,今据改)②日有奇,间岁而迁。五阳之年,客运有过,先天十三。五阴之年,客运不及,后天十三。平气之年,干支比齐,交于大寒,故亦谓之齐天。③

五运即《素问·天元纪大论》所谓"甲己之岁,土运统之;乙庚之岁,金运统之;丙辛之岁,水运统之;丁壬之岁,木运统之;戊癸之岁,火运统之。"分主运、客运两种,主运乃一年五个阶段气候之常规变化,从木运起而火运,而土运,而金运,而水运,依五行相生次第运行,至水运而终。每一运各主七十三日零五刻,④每年皆起于木运、始于大寒,岁岁如此,居恒不变。

---

① 若不误则是以1年360日算,适为72之倍数,但从"日有奇"三字判断,"七十三"日有奇方符1岁365日。
② 同上。
③ (明)黄道周撰,翟奎凤整理:《三易洞玑》卷五,中华书局2014年版,第128—129页。
④ 1日100刻,1年365日即365日又25刻,365日÷5=73日,25刻÷5=5刻,故1运73日5刻。

图表 11　主运表

运序	初运	二运	三运	四运	终运
主运	木	火	土	金	水
气候	风	暑、火	湿	燥	寒
交接日	大寒日	春分后 13 日 5 刻	芒种后 10 日 10 刻	处暑后 7 日 15 刻	立冬后 4 日 20 刻

客运是一年五个阶段气候之特殊变化。以每年之中运（即甲己化土、乙庚化金、丙辛化水、丁壬化木、戊癸化火）为初运，而循五行相生次序，分五步运行，每步仍为七十三日零五刻，行于主运之上。因与主运相对而言，故称之为客运，逐岁运行，如客之往来，十年一周。

根据"阳有余而阴不足"之理论，凡甲、丙、戊、庚、壬五阳干之年，为太过之年，即"运太过则其至先"①，是为运有余，先天十三。凡乙、丁、己、辛、癸五阴干之年，为不及之年，即"运不及则其至后"②，是为运不足，后天十三。先天十三、后天十三者，《文图中》藉一日之息数以释算，曰：

> 《易》之周甲二十五万九千二百，绌于天度三千七百八十。以十约之，三百七十有八。故一日之息，下于天圆三百七十有八，消息十三，准于天方，三百六十强五。③

$360 \times 12 \times 60 = 259200$ 即《易》之周甲，$365.25 \times 12 \times 60 = 262980$ 即天度，二者相差 $262980 - 259200 = 3780$，因一日之息为 2191.5×12

---

① （唐）王冰次注，（宋）林亿等校正：《黄帝内经素问》卷二十一《六元正纪大论》，《文渊阁四库全书》第 733 册，台湾商务印书馆 1986 年影印本，第 271 页。
② （唐）王冰次注，（宋）林亿等校正：《黄帝内经素问》卷二十一《六元正纪大论》，《文渊阁四库全书》第 733 册，台湾商务印书馆 1986 年影印本，第 271 页。
③ （明）黄道周撰，翟奎凤整理：《三易洞玑》卷五，中华书局 2014 年版，第 126 页。

=26298，①与262980比差10倍，故应除以10，而下于天圆3780÷10=378，减天方365.25，378－365.25＝12.75，取成数以13算，即消息十三，亦即太过之年之先天十三、不及之年之后天十三，故太过之年，每年皆于大寒前十三日交运；不及之年，每年皆于大寒后十三日交运。

而运太过而被抑，运不及而得助，即既非太过，又非不及者，曰平气，如癸巳之年，火运不及，癸为阴火，巳在南方属火，则不及之癸火，得南方巳火之助，如是干支比齐，一变而为平气之年，是谓齐天。太过之年亦可例推。客运与主运，皆同始于大寒。

图表 12　客运表

运序		初运（中运）	二运	三运	四运	终运
年干	甲己	土	金	水	木	火
	乙庚	金	水	木	火	土
	丙辛	水	木	火	土	金
	丁壬	木	火	土	金	水
	戊癸	火	土	金	水	木

再谈六气，《文图中》曰：

> 六气有主气、客气。主气纪岁，岁半以前，司天主之；岁半以后，司泉主之。司天在上，三年而降，迁于司泉；司泉在下，三年而升，迁于司天。②

又曰：

---

① 黄道周认为人一个时辰呼吸2191.5次，1日12辰共呼吸26298次。一呼一吸为一息。
② （明）黄道周撰，翟奎凤整理：《三易洞玑》卷五，中华书局2014年版，第128页。

> 客气纪步，子午君火少阴司天，燥金为客，太阴湿土步于天左，厥阴风木步于天右，太阳寒水步于地左，少阳相火步于地右。至卯酉而迁，寅申相火少阳司天，风木为客，太阴湿土步于天右，阳明燥金步于天左，少阴君火步于地左，太阳寒水步于地右。至巳亥而迁，正对相化，对胜有复，正胜不负，一年分间，故亦谓之间气。①

六气亦分主气、客气。此引之"主气"，系指纪岁之司天、司泉而言。与"主气为地气，主阴主静，分为六步，岁岁不变"不同（详下文）。故主气纪岁，分上、下半年：上半年司天主之，下半年司泉主之。司天在上，历三年而司天降而为司泉；司泉在下，历三年而司泉升为司天，参见图表13。

图表13　司天、司泉、左右间气图　　**图表14　六气正化对化图**

客气纪步，含司天、司泉、左右四间在内，与岁支、三阴三阳相配，即：

---

① （明）黄道周撰，翟奎凤整理：《三易洞玑》卷五，中华书局2014年版，第128—129页。

子午之年，少阴君火司天，阳明燥金司泉；太阴湿土步于天之左间，厥阴风木步于天之右间；太阳寒水步于地之左间，少阳相火步于地右间，见图表13，下同此。而少阴君火司天，得南方正午离位，故正化于午，对化于子，见图表14，下同此。

丑未之年，太阴湿土司天，太阳寒水在泉；少阳相火步于天之左间，少阴君火步于天之右间；厥阴风木步于地之左间，阳明燥金步于地右间。而太阴湿土司天，土属中宫，寄于西南坤位，居未之分，故正化于未，对化于丑。

寅申之年，少阳相火司天，厥阴风木在泉；阳明燥金步于天之左间，太阴湿土步于天之右间；少阴君火步于地之左间，太阳寒水步于地右间。至此正历三年，故至卯酉而迁。而少阳相火司天，位卑于君火，虽有午位，君火居之，火生于寅，故正化于寅，对化于申。

卯酉之年，阳明燥金司天，少阴君火在泉；太阳寒水步于天之左间，少阳相火步于天之右间；太阴湿土步于地之左间，厥阴风木步于地右间。而阳明燥金司天，阳明为金，酉为西方，西方属金，故正化于酉，对化于卯。

辰戌之年，太阳寒水司天，太阴湿土在泉；厥阴风木步于天之左间，阳明燥金步于天之右间；少阳相火步于地之左间，少阴君火步于地右间。而太阳寒水司天，太阳为水，虽有子水之位，而居君火对化，水乃伏于土，天门戌土戊分，地户辰土己分，故正化于戌，对化于辰。

巳亥之年，厥阴风木司天，少阳相火在泉；太阳寒水步于天之左间，少阴君火步于天之右间；阳明燥金步于地之左间，太阴湿土步于地右间。至此亦历三年，故至巳亥而迁。而厥阴风木司天，木生于亥，虽卯为正木，但卯为阳明燥金酉之对化，故舍正化，而正化于亥，对化于巳。

正对相化说出自《素问·六气玄珠密语》一书，本位是正化，与本位相对者为对化。具体而言，六气本气一方为正化，其对面受作用或相互影响之一方为对化。

归纳上述，则巳、子、丑、申、卯、辰，当六气对化之令，其气虚微，其非正位，故有胜必复；亥、午、未、寅、酉、戌，为六气正化之令，其气实，其位正，为当胜之气，故有胜气而无复气。案：五运有"太过、不及、平气"三纪，平气为五运之正常气化，并无胜复之变可言；太过和不及，气化存在偏胜或偏衰，故相胜相复亦随之而生。一般而言，太过之年有胜而无复，不及之年则有胜有复，可与此所言六气之"正化、对化"相参。而引文之"木生于亥""火生于寅"二句，本诸五行生旺，表列如图表15，藉供参考。

图表15 五行十二生旺表

生旺 五行	绝	胎	养	长生	沐浴	冠带	临官	帝旺	衰	病	死	墓
木	申	酉	戌	亥	子	丑	寅	卯	辰	巳	午	未
火	亥	子	丑	寅	卯	辰	巳	午	未	申	酉	戌
金	寅	卯	辰	巳	午	未	申	酉	戌	亥	子	丑
水	巳	午	未	申	酉	戌	亥	子	丑	寅	卯	辰
土	巳	午	未	申	酉	戌	亥	子	丑	寅	卯	辰

（二）南政北政说与客主加临、气运加临说

1. 南政北政说

《文图中》曰：

> 《内经》曰："北政之岁，少阴在泉，则寸口不应；厥阴在泉，则右不应；太阴在泉，则左不应。南政之岁，少阴司天，则寸口不应；厥阴司天，则右不应；太阴司天，则左不应。"[①]

[①] （明）黄道周撰，翟奎凤整理：《三易洞玑》卷五，中华书局2014年版，第132页。

南政北政，南北指方位而言。政者，司天布政之意。此说源出《黄帝内经素问·至真要大论》，乃根据十干合化，推论人身气脉之方法。凡甲、己之岁为南政，其余乙、庚、丙、辛、丁、壬、戊、癸之岁为北政。盖甲己土运，土居中宫，而贯于金、木、水、火。土位尊，如君南面施政，故为南政。其余乙庚金运、丙辛水运、丁壬木运、戊癸火运如臣北面朝君，故为北政。就司天、司泉而言，不论南政北政，司天常在南方，司泉常在北方，如图表16。

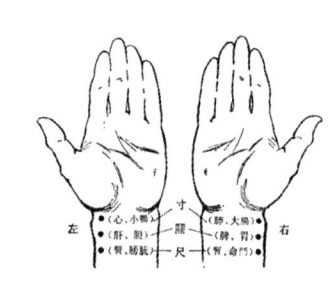

图表16 南政年脉不应图 北政年脉不应图　　**图表17 寸口脉法部位示意图**

南政、北政惟用于诊切少阴脉，所谓不应，系指少阴脉之反常而言。之所以取手少阴寸口脉者，手少阴心，心主血，为脉动之源头，上应人迎，下应寸口，取寸口把脉，曰寸口脉法，[①] 参见图表17。

南政之年，面南而受岁化（岁运之化、即十干合化），故寸部向南，尺部在北：少阴司天，左右两寸不应；厥阴司天，则右寸不应；太阴司天，则左寸不应（参见图表16：南政年脉不应图）。北政之年，面北而受岁化，故尺部在南，寸部向北：少阴在泉，左右两寸不应。厥阴在泉，则右寸不应；太阴在泉，则左寸不应（参见图表16：北政年脉不应图）。《文图中》又曰：

---

① 寸口脉是指手腕后高骨旁桡动脉的表浅部位，因该处在鱼际穴后一寸而得名，掌后高骨为"关"，关之前为"寸"，关之后为"尺"。

黄道周《三易洞玑·文图经纬中》五运六气说探义

> 诸失位者，脉不应于下则息不应于上。凡诸不应皆生于心，君火失位则相火从之，视日所感，以留其客，客乃为贼，上下不得，岁辰所会，其病乃剧。①

脉失其位，不应于指，则息不应于鼻，盖"气动以一，脉动以倍，一息之脉，动有四营"，脉、息相关。凡诸不应皆主于心，手少阴心君火失其位，则手少阳相火随而从之，反从而为主，即相火加临于君火之上，如《黄帝内经素问·六微旨大论》所谓之"臣位君则逆"故"客乃为贼"。如此君臣上下不得，若岁辰又逢天符、岁会、太乙天符（参见本节3."气运加临说"），② 其病更甚矣。此《文图中》所引《内经》之南政北政说。

《文图中》另有所谓"南政以戊取癸，热火秉权，则北政以癸取戊，寒水秉权"者，系指"37 乾戊乾己"言，其南政北政之意，不同于此，详下文说明。

2. 客主加临说

《文图中》曰：

> 唯《内经》主客以克步六，《易》序主客以生步五耳。③

---

① （明）黄道周撰，翟奎凤整理：《三易洞玑》卷五，中华书局 2014 年版，第 132 页。
② 元代马宗素、程德斋撰《伤寒钤法》：以运气学说概念与干支五行理论，根据生辰与得病日，推算患何病、预后及医治之方法，其"论天符岁会歌"："若论天符，先观岁气。运气若同，天符难治。与运同名，故曰岁会。……甲既是土运，辰又是土支，年月日时同得病，皆重司天，与运同名，天符是也。"见中国中医研究院图书馆藏抄本，不分卷，无页码。明代熊宗立撰《素问运气图括定局立成》"天符岁会例"："假如戊子日，戊为火运，子为少阴君火司天，运与司天同火，是为天符，此日得病，速而危困也，更遇当年太岁，亦是天符，或是岁会，其病尤困。"见《四库全书存目丛书》子部 38 册，（台湾）庄严文化事业有限公司 1995 年版，第 160 页。
③ （明）黄道周撰，翟奎凤整理：《三易洞玑》卷五，中华书局 2014 年版，第 131 页。

"《易》序主客以生步五"，已述之于前。"《内经》主客以克步六"，《文图中》并无载述，兹补叙以明之。

按主气为地气，主阴、主静，分为六步，岁岁不变，每步六十日零八十七刻半，即厥阴风木、少阴君火、少阳相火、太阴湿土、阳明燥金、太阳寒水。始于春木，终于冬水，乃一年六阶段气候之常规变化。

图表 18　主气表

主气	气序	二十四节气	交接日刻
厥阴风木	初气	大寒、立春、雨水、惊蛰	春分前 60 日 87.5 刻
少阴君火	二气	春分、清明、谷雨、立夏	春分后 60 日 87.5 刻
少阳相火	三气	小满、芒种、夏至、小暑	夏至前后各 30 日 43.75 刻
太阴湿土	四气	大暑、立秋、处暑、白露	秋分前 60 日 87.5 刻
阳明燥金	五气	秋分、寒露、霜降、立冬	秋分后 60 日 87.5 刻
太阳寒水	终气	小雪、大雪、冬至、小寒	冬至前后各 30 日 43.75 刻
		合计：	365 日 25 刻

客气为天气，主阳、主动，亦分为六步，岁岁移转，犹客之往来，乃一年六阶段气候之特殊变化，每步亦六十日零八十七刻半，其次序：先三阴而后三阳。三阴以厥阴风木为始，次少阴君火，又次太阴湿土；三阳以少阳相火为始，次阳明燥金，又次太阳寒水（参见上所列"司天、司泉、左右间气图"）。凡主岁之气为司天，位当三之气；居司天之下方，与之相对者为司泉，位当终之气。司天左右方为左间气、右间气；司泉左右间气同之，而以每年轮转之客气加临于固定之主气之上，谓之"客主加临"。其法：将司天之客气迭加于主气之三气之上，司泉之气加于主气之终气之上，其余四间气分别以次迭加，加临之后，主气六步不动，客气六步则每年按三阴三阳次序，依次转移，六年一周，运行不息，如下"六气客主加临"图。

黄道周《三易洞玑·文图经纬中》五运六气说探义

图表19 六气客主加临图

上图六气客主加临：外圈为主气，内圈为客气。以客气为主而主气为客判断，观二者相互间之五行生克，相生则气候正常，相得而安；相克则气候反常，不相得而病。此即《文图中》所谓"逢生则得，逢衰则射，视于我主，不视于客。"亦《内经·素问·至真要大论》所谓"主胜逆，客胜从。"① 皆"《内经》主客以克步六"之意。若合五运而言之，《文图中》曰：

> 五运化于上，六气平于下，其胜不过，其负不蚓，澹渐相报，不与物搏。故五运有所不制，六气有所不诘。②

---

① （唐）王冰次注，（宋）林亿等校正：《黄帝内经素问》卷二十二，《文渊阁四库全书》第733册，台湾商务印书馆1986年影印本，第289页。
② （明）黄道周撰，翟奎凤整理：《三易洞玑》卷五，中华书局2014年版，第126页。

"胜"就太过、相生、相克言；"负"就不及、被生者、被克者言。胜而不过，负而不缩，则澹渐相报，两相平衡。"主胜逆，客胜从。"从者顺也，客气胜主气，顺而不逆，此言六气；运非太过，又非不及，曰平气，是谓齐天，此言五运。《黄帝内经素问·至真要大论》曰："谨察阴阳所在而调之，以平为期。"① 即调和人体内在阴阳与外在气候变化之动态平衡，则正气存内，外邪不干，康健而无病，故为五运所不能制，六气所不能究，此《内经》治病养生之要道，亦崇尚中和之《易》道，医《易》相通，可得而知。

3. 气运加临说

五运六气相结合，六气为主而五运为客，即所谓气运加临，《文图中》曰：

> 气运之行，各有主客；制化之用，则主气而运客，其约以子午为少阴君火，丑未为太阴湿土，寅申为少阳相火，卯酉为阳明燥金，辰戌为太阳寒水，已亥为厥阴风木（原作水，应是"木"字之误），乘于五化。其气生运曰顺，克运曰刑。运生气者小逆，相得则微；运克气者不和，不相得则甚。故曰土运之岁，上见太阴；火运之岁上见少阳、少阴；金运之岁，上见阳明；木运之岁，上见厥阴；水运之岁，上见太阳，天之与会，是曰天符。应天为天符，承岁为岁直，三合为治，为太乙天符之会。大过之运，得司地司泉之气，为同天符；不及之运，得司地之气，为同岁会；运同四孟，为支德之符。世之言阴阳者皆本于此。②

气运加临之法：以六气加于五运之上，配合值年天干地支，如下六十年

---

① （唐）王冰次注，（宋）林亿等校正：《黄帝内经素问》卷二十二，《文渊阁四库全书》第733册，台湾商务印书馆1986年影印本，第279页。
② （明）黄道周撰，翟奎凤整理：《三易洞玑》卷五，中华书局2014年版，第129页。

黄道周《三易洞玑·文图经纬中》五运六气说探义

气运加临逆顺。

凡六气生五运曰"顺化","顺化"之年气候平和,如甲子年,年干甲,甲己化土;年支子,子午少阳君火司天,气火生运土。六气克五运曰"天刑",故天刑之年气候变化强烈,如:己亥年,年干己,甲己化土;年支亥,巳亥厥阴风木司天,气木克运土。五运生六气者"小逆","小逆"气候变化小,故曰"相得则微",如辛亥年,年干辛,丙辛化水;年支亥,巳亥厥阴风木司天,运水生气木。五运克六气者"不和","不和"之年气候变化大,故曰"不相得则甚",此黄道周将其视同"天刑"之理由(详下文),如甲辰年,年干甲,甲己化土;年支辰,辰戌太阳寒水司天,运土克气水。十干化运之气与该年年支司天之气五行属性相同者为"天符",如引文所谓"土运之岁,上见太阴;火运之岁上见少阳、少阴;金运之岁,上见阳明;木运之岁,上见厥阴;水运之岁,上见太阳,天之与会"者。案:甲子六十年内,六气轮作司天,五运轮作岁运,一岁一变,每气司天十年,此十年中,该气与五运相遇各二年,必有一运为生我者,一运为克我者,一运为我克者,

图表20　六十年气运加临逆顺图

291

一运为我生者，一运为同我者，即每气十年中有岁运生司天、司天生岁运、岁运克司天、司天克岁运、司天同岁运五种各两年，六气皆然，五种各得十二年，故"顺化""天刑""小逆"、"不和""天符"各为十二年。

而十干化运之气与该年年支五行属性相同者，为"岁直"，又称"岁会"，"岁会"与"天符"相近，此亦黄道周将"岁会"视同"天符"之理由（详下文），计有甲辰、甲戌、己丑、己未、乙酉、丁卯、戊午、丙子八年。十干化运之气、司天之气、该年年支三者五行属性相同，即三合为治，为"太乙天符"，如：戊午、乙酉、己丑、己未四年。凡逢阳年太过之中运之气与司泉之客气相合，曰"同天符"，如甲辰、甲戌、壬寅、壬申、庚子、庚午六年。凡逢阴年，不及之中运之气与在泉之客气相合，曰"同岁会"，如癸巳、癸亥、癸卯、癸酉、辛丑、辛未六年。五运同四孟（寅木、申金、巳火、亥水），为"支德之符"。凡此皆气运加临之相关内容，黄道周择要而言之，盖为下节推世运盛衰预做张本。

（三）五运六气说年代考证

按上述五运六气说，黄道周以为掌诸古之天官，岁有考验，非出自岐黄之世，应为春秋时说。其曰：

> 古书多所假托，未尝实测，以伎孤行，故久而愈隐。唯气运司于天官，岁有考验，与道出入。[1]

又曰：

---

[1] （明）黄道周撰，翟奎凤整理：《三易洞玑》卷五，中华书局2014年版，第130页。

岐黄在《尧典》之前二百许岁，与《竹书》较之，轩辕百年，颛顼七十八年，帝喾六十三年，帝挚九年，共二百五十年，斗差四度。《尧典》日在虚九度，轩辕时当在危三四度，戊癸经于虚危而称伏羲。①

图表 21　二十八宿距度图

	17	18	18	7	15	4	33		
	轸	翼	张	星	柳	鬼	井		
12	角							参	9
9	亢							觜	2
15	氐							毕	16
5	房							昴	11
5	心							胃	14
18	尾							娄	12
11.25	箕							奎	16
		斗	牛	女	虚	危	室	壁	
		26	8	12	10	17	16	9	

黄道周大致以约 64 年，岁差 1 度。②故（100＋78＋63＋9）÷64＝250÷64＝3.9062≒4，斗差 4 度，以《尧典》日在虚九度往前推算，虚 10－9＝1，4－1＝危 3，则黄帝时当在危三四度左右。黄道周又引《大始天元册》文云：

---

① （明）黄道周撰，翟奎凤整理：《三易洞玑》卷五，中华书局 2014 年版，第 130 页。
② 黄道周《治历说》一文曰："我明初兴在箕八九度间，今二百七十年，日在箕三度，则是大概斗差六十三四年而差一度。"又曰："秦汉之间，日在斗二十三四度，宋元而后在斗箕之间，千六百余年行二十度，……则是斗分每岁退转百五十六分，积六十四年退差一度也。"案：此斗差即岁差。见（明）黄道周撰，翟奎凤、郑晨寅、蔡杰整理《黄道周集》卷十四《说》，中华书局 2017 年版，第 617、621 页。

"丹天之气经于牛女戊分，黔天之气经于心尾己分，苍天之气经于危室、柳鬼，素天之气经于亢氐、昴毕，玄天之气经于张翼、娄胃。"得其时子癸在于牛女，甲己在于心尾，则当春秋时，非羲轩时无疑也。①

如订尧即位年为"前2357"算。《春秋》鲁隐公元年为"前722"。则(2357−722)÷64≈24.67，以《尧典》日在虚九度往后推算，虚9+女12=21，8−(24.67−21)≈4，约在牛4度多，合于"丹天之气经于牛女""子癸在于牛女"，时代应在春秋时期。故黄道周直言曰：

此书出于春秋之时，遗文虽存，而黄岐去远，运气之学错于阴阳，仲尼未删，无所据证，唯其间气纪步、主气纪岁与《易》序同归，信其近古耳。②

五运六气说，时代既在春秋时期，非出岐黄之世，而春秋衰世，故《文图中》曰：

气运者，衰世之论也；权化者，季主之务也。当否殊方，应违异致，要以君相内外察其顺逆，别其邪正，省岁省月，不失时日，与运上下，故曰天符执法，岁直布令，太乙主贵，邪中行令者病，中执法者殆，中主贵人者死，亦各其义也。③

此则由治病治人论及国政时运，预测、运筹与评估皆具其中，张介宾曰："执法者位于上，犹执政也；行令位乎下，犹诸司也；贵人者统乎上

---

① （明）黄道周撰，翟奎凤整理：《三易洞玑》卷五，中华书局2014年版，第130页。
② （明）黄道周撰，翟奎凤整理：《三易洞玑》卷五，中华书局2014年版，第130页。
③ （明）黄道周撰，翟奎凤整理：《三易洞玑》卷五，中华书局2014年版，第149页。

下，犹君主也"①。林琳《中国古代官制文化对〈黄帝内经〉运气学说的影响》一文亦曰："运气学中还以官制命运气中的天符、岁位，所言执法，即战国时齐、秦等国掌刑法之官；贵人则是公卿大夫和高官显贵的泛称；另外，君臣礼仪文化尚渗透于主气六步轮转。"②是知此说已将运气医学提升至"上医治国""良医良相"层次，与儒家"官天地，理阴阳，顺五行"理念趋于一致。

四、五运六气说对世运之影响及与岁星之关联

（一）世运与五运六气说

五运六气说既衰世之论（见上则引文），而《周易》"衰世之意"，③故黄道周举横图之"1乾乾""2屯蒙"之三爻概括全卦乃至全书之忧患意识，曰：

> 乾戊之运，上见戊己，下见子丑，金火始革，火土再合，在于初、二潜见之会，上见庚辛，下见寅卯，金水始流，火金再革，在于三、四惕跃之会；上见壬癸，下见辰巳，金水始达，火金再克，飞、战之会。④

"1乾乾"戊癸司天，火运纪岁，初爻天干戊己：戊癸化火、甲己化土，

---

① 《类经》二十四卷运气类"天符岁会"注。《类经》，《文渊阁四库全书》第776册，台湾商务印书馆1986年影印本，第474页。
② 林琳：《中国古代官制文化对〈黄帝内经〉运气学说的影响》，《辽宁中医杂志》2002年第6期，第323页。
③ 《周易·系辞下传》曰："阴阳合德而刚柔有体，以体天地之撰，以通神明之德。其称名也，杂而不越。于稽其类，其衰世之意邪？……易之兴也，其于中古乎，作易者其有忧患乎。"（三国魏）王弼、（晋）韩康伯注，（唐）孔颖达等正义《周易正义》卷八《系辞下》，（清）阮元校刻《十三经注疏》，中华书局1980年影印本，第89页。
④ （明）黄道周撰，翟奎凤整理：《三易洞玑》卷五，中华书局2014年版，第149页。

而乾为金，故乾金为戊癸火所克即"金火始革"。初爻地支子丑：子少阴君火、丑太阴湿土。天干在上，地支在下，上下皆火土，故曰"火土再合"。此以乾初九，含括九二，故曰：在于初、二潜见之会。① 二爻天干庚辛：乙庚化金、丙辛化水，而金生水，故"金水始流"。地支寅卯：寅少阳相火、卯阳明燥金，而火克金，即初爻戊癸始革乾金后之"火金再革"。此以乾九二，含括九三、九四，故曰：在于三、四惕跃之会。② 三爻天干壬癸：丁壬化木、戊癸化火，木生火，承第二爻之火金再革之后，故曰：火金再克。地支辰巳：辰太阳寒水、巳厥阴风木。水生木，乾金生水，继又生木，故曰：金水始达。此以乾九三，含括九五、上九，故曰：飞、战之会。③ 参见下表底纹。

1 乾 ☰	初九	戊子	阳明燥金	右间	厥阴风木	右间	己丑	乾 ☰
	九二	庚寅		壬分		丁分	辛卯	
	九三	壬辰	厥阴游火	司天	少阳游火	司泉	癸巳	
	九四	甲午		戊癸		癸戊	乙未	
	九五	丙申	太阴艮金	间迁	少阳矞木	间迁	丁酉	
	上九	戊戌		庚分		乙分	己亥	

屯为庚运，太白司化，子丑之爻，上见金水，下见火土，"盘桓""屯邅"；寅卯之爻，上见木火，下见火金，或"吝"或"明"；辰巳之爻，上见土金，下见水木，或"凶"或"泣"。④

"2 屯蒙"庚乙司天，乙庚化金，金运纪岁，太白属金，故曰"太白司

---

① 《乾卦》初九爻辞："潜龙，勿用。"九二爻辞："见龙，在田，利见大人。"
② 《乾卦》九三爻辞："君子终日乾乾，夕惕若，厉，无咎。"九四爻辞："或跃，在渊，无咎。"
③ 《乾卦》九五爻辞："飞龙，在天，无咎。"上九爻辞："亢龙，有悔。"
④ （明）黄道周撰，翟奎凤整理：《三易洞玑》卷五，中华书局2014年版，第149页。

化"。初爻天干庚辛：乙庚化金、丙辛化水。地支子丑：子少阴君火、丑太阴湿土。火克金、土克水，以下克上，此以屯初九，含括初九、六二，故曰："盘桓""屯邅"。① 二爻天干壬癸：丁壬化木、戊癸化火。地支寅卯：寅少阳相火、卯阳明燥金。木生火，火又克金，此以屯六二含括六三、六四，故曰：或"吝"或"明"。② 三爻天干甲乙：甲己化土、乙庚化金。地支辰巳：辰太阳寒水、巳厥阴风木。土克水、金克木，此以屯六三，含括九五、上六，故曰：或"凶"或"泣"。③ 亦参见下表底纹。

屯䷂	初九	庚子	厥阴游火	间迁	少阳游火	间迁	辛丑	蒙䷃
	六二	壬寅		戊分		癸分	癸卯	
	六三	甲辰	太阴艮金	司天	少阳巽木	司泉	乙巳	
	六四	午		庚乙		乙庚	未	
	九五	申	太阴湿土	右间	阳明刚土	右间	酉	
	上六	庚戌		甲分		己分	辛亥	

五运六气说成于春秋之世，而《春秋》衰世之书，④ 故黄道周定春秋元年己未直"37乾乾"，据横图表序、依年份，以推世运，曰：

> 《春秋》元年己未，运德火戊，岁德土己，三合为治，太乙天符之会，其年戊癸代辛丙为治，少阴君火司天，太阳寒水司泉。⑤

---

① 《屯卦》初九爻辞："初九，盘桓，利居贞，利建侯。"《屯卦》六二爻辞："六二，屯如，邅如。乘马班如，匪寇，婚媾。女子贞不字，十年乃字。"
② 《屯卦》六三爻辞："即鹿无虞，惟入于林中，君子几，不如舍，往吝。"《象》曰："即鹿无虞，以从禽也；君子舍之，往吝，穷也。"六四爻辞："乘马班如，求婚媾；往吉，无不利。"《象》曰："求而往，明也。"
③ 《屯卦》九五爻辞："屯其膏。小贞吉，大贞凶。"《屯卦》上六爻辞："乘马班如，泣血涟如。"
④ 《孟子·滕文公下》曰："世衰道微，邪说暴行有作，臣弑其君者有之，子弑其父者有之。孔子惧，作《春秋》。"见（清）焦循撰，沈文倬点校《孟子正义》卷十三《滕文公下》，中华书局1987年版，第452页。
⑤ （明）黄道周撰，翟奎凤整理：《三易洞玑》卷五，中华书局2014年版，第149—150页。

案：72组卦中以戊癸代辛丙而少阴君火司天、太阳寒水司泉者，惟承"36讼丙需丁"后之"37乾乾"一组（参见下表），故鲁隐公元年（前722）岁次己未值之。"37乾乾"司天戊癸化火，故"运德火戊"。己未岁，以岁干合化论岁德，甲己化土，故"岁德土己"。以岁支"未"论六气，则己土、未土与未太阴湿土三合，故"三合为治"。岁次己未，中运之气土，与该年年支司天之气土又与该年年支之土，五行属性皆相同，既是天符又是岁会，故曰"太乙天符之会"。

"36讼丙需丁"

厥阴风木	左间 壬分	阳明燥金	左间 丁分
少阳相火	司天 丙辛	少阴明水	司泉 辛丙
少阳游火	间迁 戊分	厥阴游火	间迁 癸分

"37乾戊乾己"

少阳游火	右迁	厥阴游火	右迁
少阳相火	丙分	少阴明水	辛分
少阴君火	司天 戊癸	太阳寒水	司泉 癸戊
太阴湿土	左迁 甲分	阳明刚土	左迁 己分

其十一年己巳，土德始变，天刑岁直。其二百四十二年庚申，木德始究，天刑岁直。①

鲁隐公十一年（前712）岁次己巳，值"47明夷戊晋己"，戊癸化火，来年庚午"48解甲蹇乙"，甲己化土，故"土德始变"。岁次己巳，"巳"厥阴风木克己土，气克运，岁值天刑。

鲁哀公十四年（前481）岁次庚申，值"62损壬益癸"，丁壬化木，故"木德始究"。岁次庚申，"申"少阳相火克庚金，气克运，亦岁直天刑。

---

① （明）黄道周撰，翟奎凤整理：《三易洞玑》卷五，中华书局2014年版，第150页。

黄道周《三易洞玑·文图经纬中》五运六气说探义

其先甲午火德再作，衰于金土。寒水在下，金胜风木，司于右间。其明年，刘卷会诸侯于召陵，是则吴遂入郢之岁也。①

鲁定公三年（前507）岁次甲午，值"36讼丙需丁"，丙辛化水，水德始究。来年（前506）岁次乙未，值"37乾戊乾己"，戊癸化火，少阴君火司天，故曰"火德再作"，见下图。火克前组左间之阳明燥金，生"37乾戊乾己"左间之太阴湿土，相生相胜，皆耗本元，故"火衰于金土"；太阳寒水司泉在下，生自于前组左间之阳明燥金，而阳明燥金胜其左之厥阴风木，木生间迁之少阳游火、厥阴游火，转而为"37乾戊乾己"司于右间之少阳游火、厥阴游火，盖二组卦居正南午位之交转。故定公四年乙未，三月"刘卷会诸侯于召陵"、秋七月刘卷卒、冬十一月庚辰"吴入郢"。

"36讼丙需丁"

厥阴风木	左间 壬分	阳明燥金	左间 丁分
少阳相火	司天 丙辛	少阴明水	司泉 辛丙
少阳游火	间迁 戊分	厥阴游火	间迁 癸分

"37乾戊乾己"

少阳游火	右迁 丙分	厥阴游火	右迁 辛分
少阳相火		少阴明水	
少阴君火	司天 戊癸	太阳寒水	司泉 癸戊
太阴湿土	左迁 甲分	阳明刚土	左迁 己分

又十二年乙巳，天刑再直，至于丙辰，是为岁会，邪中贵人，吴越齐楚皆当之，是越败吴樵李，及齐人杀阳生之岁也。于是庚申，《春秋》乃终。②

---

① （明）黄道周撰，翟奎凤整理：《三易洞玑》卷五，中华书局2014年版，第150页。
② （明）黄道周撰，翟奎凤整理：《三易洞玑》卷五，中华书局2014年版，第150页。

又十二年，即鲁定公十四年（前496）岁次乙巳，值"47明夷戊晋己"，戊癸化火。岁次乙巳，乙金克"巳"厥阴风木，运克气，应为"不和"，黄道周将"不和"视同"天刑"，邪（乙巳之天刑）中贵人，越败吴樵李而阖庐卒。

鲁哀公十年（前485）岁次丙辰，值"58巽戊兑己"，戊癸化火。岁次丙辰，中运之气丙辛水与该年年支"辰"司天之气太阳寒水同，应是"天符"，黄道周亦将"岁会"视同"天符"。邪（丙辰之岁会）中贵人而齐人弑齐悼公阳生。

鲁哀公十四年（前481），岁次庚申，来年"63家人戊睽己"，戊癸化火。岁次庚申，"申"少阳相火克庚金，气克运，岁直天刑，西狩获麟，而《春秋》乃终。

又九年，鲁朝于越。① 又三十六年夏六月朔，食，② 火德乃究，土德受之。③

又九年，即周元王五年（前471），岁次庚午，"午"少阴君火克乙庚金，气克运，岁值天刑，故鲁朝于越。值"72需壬讼癸"，来年辛未"1乾戊乾己"，戊癸化火。

又三十六年，即周考王六年（前435），岁次丙午，丙辛水克"午"少阴君火，运克气，岁值应为"不和"，黄道周将"不和"视同"天刑"，故夏六月，日有食之。值"36讼丙需丁"，来年丁未值"37乾戊乾己"，戊癸化火，火德乃究，再来年戊申，值"38蒙甲屯乙"，甲己

---

① （明）黄道周撰，翟奎凤整理：《三易洞玑·杂图纬上》卷五，中华书局2014年版，第286页。
② 《通志》卷七十四："周考王六年六月，日有食之。"见《文渊阁四库全书》第374册，台湾商务印书馆1986年影印本，第534页。
③ （明）黄道周撰，翟奎凤整理：《三易洞玑》卷五，中华书局2014年版，第150页。

化土，故土德受之。

是知上所举例，大抵以火运为主，兼及前后组卦之属德（参见图表22），而邪中贵人，则就国与国之政治斗争或自然灾异言，一皆假藉五运六气说以推演其刑德福害，此或系承自刘完素（约1100—1180）之"火热论"：疾病多由火热病机所引起，① 而将人之疾病转化，用以推论国之灾异。

图表22　春秋元年—周考王八年运德、岁德表（仅录引文所载，以底纹识之）

己未（岁德土己）37 乾 戊 乾 己（运德火戊）前722	庚申 38 蒙 甲 屯 乙	辛酉 39 比 庚 师 辛	壬戌 40 否 丙 泰 丁	癸亥 41 豫 壬 谦 癸	甲子 42 观 戊 临 己	乙丑 43 复 甲 剥 乙	丙寅 44 颐 庚 颐 辛
丁卯 45 坎 丙 坎 丁	戊辰 46 恒 壬 咸 癸	己巳 47 明夷 戊 晋 己 （火德乃究）前712	庚午 48 解 甲 蹇 乙 （土德始变）前711	辛未 49 姤 庚 夬 辛	壬申 50 井 丙 困 丁	癸酉 51 艮 壬 震 癸	甲戌 52 旅 戊 丰 己
乙亥 53 节 甲 涣 乙	丙子 54 小过 庚 小过 辛	丁丑 55 坤 戊 坤 己	戊寅 56 未济 丙 既济 丁	己卯 57 中孚 壬 中孚 癸	庚辰 58 巽 戊 兑 己	辛巳 59 渐 甲 归妹 乙	壬午 60 革 庚 鼎 辛
癸未 61 萃 丙 升 丁	甲申 62 损 壬 益 癸	乙酉 63 家人 戊 睽 己	丙戌 64 遁 甲 大壮 乙	丁亥 65 离 庚 离 辛	戊子 66 大过 丙 大过 丁	己丑 67 无妄 壬 大畜 癸	庚寅 68 噬嗑 戊 贲 己

---

① 金元四大家之刘完素，在深入研究《周易》和五运六气之基础上，对当时热性病流行提出"火热论"，认为六气皆从火化，五志过极皆为热病，疾病多由火热病机所引起，见《素问玄机原病式·六气为病》。《文渊阁四库全书》第744册，台湾商务印书馆1986年影印本，第710—743页。

续表

辛卯 69 随 甲 蛊 乙	壬辰 70 同人 庚 大有 辛	癸巳 71 小畜 丙 履 丁	甲午 72 需 壬 讼 癸	乙未 1 乾 戊 乾 己	丙申 2 屯 庚 蒙 辛	丁酉 3 师 甲 比 乙	戊戌 4 泰 戊 否 己
己亥 5 谦 壬 豫 癸	庚子 6 临 丙 观 丁	辛丑 7 剥 庚 复 辛	壬寅 8 颐 甲 颐 乙	癸卯 9 坎 戊 坎 己	甲辰 10 咸 壬 恒 癸	乙巳 11 晋 丙 明夷 丁	丙午 12 蹇 庚 解 辛
丁未 13 夬 甲 姤 乙	戊申 14 困 戊 井 己	己酉 15 震 壬 艮 癸	庚戌 16 丰 丙 旅 丁	辛亥 17 涣 庚 节 辛	壬子 18 小过 甲 小过 乙	癸丑 19 坤 戊 坤 己	甲寅 20 既济 壬 未济 癸
乙卯 21 中孚 丙 中孚 丁	丙辰 22 兑 庚 巽 辛	丁巳 23 归妹 甲 渐 乙	戊午 24 鼎 戊 革 己	己未 25 升 壬 萃 癸	庚申 26 益 丙 损 丁	辛酉 27 睽 庚 家人 辛	壬戌 28 大壮 甲 遁 乙
癸亥 29 离 戊 离 己	甲子 30 大过 壬 大过 癸	乙丑 31 大畜 丙 无妄 丁	丙寅 32 贲 庚 噬嗑 辛	丁卯 33 蛊 甲 随 乙	戊辰 34 大有 戊 同人 己	己巳 35 履 壬 小畜 癸	庚午 36 讼 丙 需 丁
辛未 37 乾 戊 乾 己	壬申 38 蒙 甲 屯 乙	癸酉 39 比 庚 师 辛	甲戌 40 否 丙 泰 丁	乙亥 41 豫 壬 谦 癸	丙子 42 观 戊 临 己	丁丑 43 复 甲 剥 乙	戊寅 44 颐 庚 颐 辛
己卯 45 坎 丙 坎 丁	庚辰 46 恒 壬 咸 癸	辛巳 47 明夷 甲 晋 己	壬午 48 解 甲 蹇 乙	癸未 49 姤 庚 夬 辛	甲申 50 井 丙 困 丁	乙酉 51 艮 壬 震 癸	丙戌 52 旅 戊 丰 己
丁亥 53 节 甲 涣 乙	戊子 54 小过 庚 小过 辛	己丑 55 坤 戊 坤 己	庚寅 56 未济 丙 既济 丁	辛卯 57 中孚 壬 中孚 癸	壬辰 58 巽 戊 兑 己	癸巳 59 渐 甲 归妹 乙	甲午 60 革 庚 鼎 辛
乙未 61 萃 丙 升 丁	丙申 62 损 壬 益 癸	丁酉 63 家人 戊 睽 己	戊戌 64 遁 甲 大壮 乙	己亥 65 离 庚 离 辛	庚子 66 大过 丙 大过 丁	辛丑 67 无妄 壬 大畜 癸	壬寅 68 噬嗑 戊 贲 己
癸卯 69 随 甲 蛊 乙	甲辰 70 同人 庚 大有 辛	乙巳 71 小畜 丙 履 丁	丙午 72 需 壬 讼 癸	丁未 1 乾 戊 乾 己	戊申 2 屯 庚 蒙 辛	己酉 3 师 甲 比 乙	庚戌 4 泰 戊 否 己

续表

辛亥 5 谦 壬 豫癸	壬子 6 临 丙 观丁	癸丑 7 剥 庚 复辛	甲寅 8 颐 甲 颐乙	乙卯 9 坎 戊 坎己	丙辰 10 咸 壬 恒癸	丁巳 11 晋 丙 明夷丁	戊午 12 蹇 庚 解辛
己未 13 夬 甲 姤乙	庚申 14 困 戊 井己	辛酉 15 震 壬 艮癸	壬戌 16 丰 丙 旅丁	癸亥 17 涣 庚 节辛	甲子 18 小过 甲 小过乙	乙丑 19 坤 戊 坤己	丙寅 20 既济 壬 未济癸
丁卯 21 中孚 丙 中孚丁	戊辰 22 兑 庚 巽辛	己巳 23 归妹 甲 渐乙	庚午 24 鼎 戊 革己	辛未 25 升 壬 萃癸	壬申 26 益 丙 损丁	癸酉 27 睽 庚 家人辛	甲戌 28 大壮 甲 遁乙
乙亥 29 离 戊 离己	丙子 30 大过 壬 大过癸	丁丑 31 大畜 丙 无妄丁	戊寅 32 贲 庚 噬嗑辛	己卯 33 蛊 甲 随乙	庚辰 34 大有 戊 同人己	辛巳 35 履 壬 小畜癸	壬午 36 讼 丙 需丁
癸未 37 乾 戊 乾己	甲申 38 蒙 甲 屯乙	乙酉 39 比 庚 师辛	丙戌 40 否 丙 泰丁	丁亥 41 豫 壬 谦癸	戊子 42 观 戊 临己	己丑 43 复 甲 剥乙	庚寅 44 颐 庚 颐辛
辛卯 45 坎 丙 坎丁	壬辰 46 恒 壬 咸癸	癸巳 47 明夷 戊 晋己	甲午 48 解 甲 蹇乙	乙未 49 姤 庚 夬辛	丙申 50 井 丙 困丁	丁酉 51 艮 壬 震癸	戊戌 52 旅 戊 丰己
己亥 53 节 甲 涣乙	庚子 54 小过 庚 小过辛	辛丑 55 坤 戊 坤己	壬寅 56 未济 丙 既济丁	癸卯 57 中孚 壬 中孚癸	甲辰 58 巽 戊 兑己	乙巳 59 渐 甲 归妹乙	丙午 60 革 庚 鼎辛
丁未 61 萃 丙 升丁	戊申 62 损 壬 益癸	己酉 63 家人 戊 睽己	庚戌 64 遁 甲 大壮乙	辛亥 65 离 庚 离辛	壬子 66 大过 丙 大过丁	癸丑 67 无妄 壬 大畜癸	甲寅 68 噬嗑 戊 贲己
乙卯 69 随 甲 蛊乙	丙辰 70 同人 庚 大有辛	丁巳 71 小畜 丙 履丁	戊午 72 需 壬 讼癸	己未 1 乾 戊 乾己	庚申 2 屯 庚 蒙辛	辛酉 3 师 甲 比乙	壬戌 4 泰 戊 否己
癸亥 5 谦 壬 豫癸	甲子 6 临 丙 观丁	乙丑 7 剥 庚 复辛	丙寅 8 颐 甲 颐乙	丁卯 9 坎 戊 坎己	戊辰 10 咸 壬 恒癸	己巳 11 晋 丙 明夷丁	庚午 12 蹇 庚 解辛

续表

辛未 13 夬 甲 姤乙	壬申 14 困 戊 井己	癸酉 15 震 壬 艮癸	甲戌 16 丰 丙 旅丁	乙亥 17 涣 庚 节辛	丙子 18 小过 甲 小过 乙	丁丑 19 坤 戊 坤己	戊寅 20 既济 壬 未济 癸
己卯 21 中孚 丙 中孚丁	庚辰 22 兑 庚 巽辛	辛巳 23 归妹 甲 渐乙	壬午 24 鼎 戊 革己	癸未 25 升 壬 萃癸	甲申 26 益 丙 损丁	乙酉 27 睽 庚 家人辛	丙戌 28 大壮 甲 遁乙
丁亥 29 离 戊 离己	戊子 30 大过 壬 大过 癸	己丑 31 大畜 丙 无妄 丁	庚寅 32 贲 庚 噬嗑辛	辛卯 33 蛊 甲 随乙	壬辰 34 大有 戊 同人 己	癸巳 35 履 壬 小畜癸	甲午 36 讼 丙 需丁 （水德始究） 前509
乙未 37 乾 戊 乾己 （火德再作） 前508	丙申 38 蒙 甲 屯乙	丁酉 39 比 庚 师辛	戊戌 40 否 丙 泰丁	己亥 41 豫 壬 谦癸	庚子 42 观 戊 临己	辛丑 43 复 甲 剥乙	壬寅 44 颐 庚 颐辛
癸卯 45 坎 丙 坎丁	甲辰 46 恒 壬 咸癸	乙巳 47 明夷 戊 晋己	丙午 48 解 甲 蹇乙	丁未 49 姤 庚 夬辛	戊申 50 井 丙 困丁	己酉 51 艮 壬 震癸	庚戌 52 旅 戊 丰己
辛亥 53 节 甲 涣乙	壬子 54 小过 庚 小过 辛	癸丑 55 坤 戊 坤己	甲寅 56 未济 丙 既济 丁	乙卯 57 中孚 壬 中孚癸	丙辰 58 巽 戊 兑己 （运德火戊） 前485	丁巳 59 渐 甲 归妹乙	戊午 60 革 庚 鼎辛
己未 61 萃 丙 升丁	庚申 62 损 壬 益癸 （木德始究） 前481	辛酉 63 家人 戊 睽己	壬戌 64 遁 甲 大壮乙	癸亥 65 离 庚 离辛	甲子 66 大过 丙 大过 丁	乙丑 67 无妄 壬 大畜 癸	丙寅 68 噬嗑 戊 贲己

续表

丁卯 69 随甲蛊乙	戊辰 70 同人庚大有辛	己巳 71 小畜丙履丁	庚午鲁朝于越 72 需壬讼癸 前471	辛未 1 乾戊乾己（运德火戊）前470	壬申 2 屯庚蒙辛	癸酉 3 师甲比乙	甲戌 4 泰戊否己
乙亥 5 谦壬豫癸	丙子 6 临丙观丁	丁丑 7 剥庚复辛	戊寅 8 颐甲颐乙	己卯 9 坎戊坎己	庚辰 10 咸壬恒癸	辛巳 11 晋丙明夷丁	壬午 12 蹇庚解辛
癸未 13 夬甲姤乙	甲申 14 困戊井己	乙酉 15 震壬艮癸	丙戌 16 丰丙旅丁	丁亥 17 涣庚节辛	戊子 18 小过甲小过乙	己丑 19 坤戊坤己	庚寅 20 既济壬未济癸
辛卯 21 中孚丙中孚丁	壬辰 22 兑庚巽辛	癸巳 23 归妹甲渐乙	甲午 24 鼎戊革己	乙未 25 升壬萃癸	丙申 26 益丙损丁	丁酉 27 睽庚家人辛	戊戌 28 大壮甲遁乙
己亥 29 离戊离己	庚子 30 大过壬大过癸	辛丑 31 大畜丙无妄丁	壬寅 32 贲庚噬嗑辛	癸卯 33 蛊甲随乙	甲辰 34 大有戊同人己	乙巳 35 履壬小畜癸	丙午日食 36 讼丙需丁 前435
丁未 37 乾戊乾己（火德乃究）前434	戊申 38 蒙甲屯乙（土德受之）前433						

《文图中》曰："人之病生于脏腑，天之病生于象气。"上表自公元前722鲁隐公元年己未值"37乾戊乾癸"之运德火戊，至前433之戊申值"38蒙甲屯乙"之运德土甲，共290年之世运，并观其气运加临、气运同化之盛衰，得"天刑""太乙天符""天符""岁会"等，以推断各年之刑德福害，即"天之病生于象气"之例证。

《文图中》又曰：

> 故五德相继各七十二年，其合各一百四十有四，一卦之直各十二年，一德之运各十二卦，其元各七十二岁，别其上下、左右道路，而天地之疴可胗而复也。①

案：1组卦之12爻，有1爻当1辰者，有1爻当1日者，前已说明。此则以1爻当1年算。1组卦12爻直12年，据1德之运各12组卦，故1德之运 = 12年 × 12 = 144年，5德之运 = 144 × 5 = 720年，即"五德相继各七十二年，其合各一百四十有四"之年数，此720年之更大周期，倘能知所分别其客主加临、气运加临之气行路径，"内外察其顺逆，别其邪正，省岁省月，不失时日，与运上下"，方可臻天地之病可诊而复之理想。

（二）岁星与五运六气说及横图表之关联

五运六气藉纪岁之干支可得而推，纪岁之干支则攸关岁阳（岁星）与岁阴（太岁）之运行。按岁阳有二义：就干支结合以纪岁者言，天干为岁阳，地支为岁阴，此《尔雅·释天》之说。就岁星与太岁之运行方向言，右转者为岁阳，左旋者为岁阴，岁星即岁阳，太岁即岁阴，此郑玄说，②为黄道周所本。古人观测岁星（即木星），认为岁星12年一周天，故定冬至点在星纪，将天周逆时钟方向依序分为：星纪、玄枵、诹訾、降娄、大梁、实沈、鹑首、鹑火、鹑尾、寿星、大火、析木十二次，用以纪年，此种纪年法谓之岁星纪年法，如"武王伐纣，岁在鹑

---

① （明）黄道周撰，翟奎凤整理：《三易洞玑》卷五，中华书局2014年版，第150页。
② 《周礼·保章氏》"以十有二岁之相，观天下之妖祥。"郑玄注："岁星为阳，右行于天，太岁为阴，左行于地。"见（汉）郑玄注，（唐）贾公彦疏《周记注疏》卷二十六《春官宗伯·保章氏》，（清）阮元校刻《十三经注疏》，中华书局1980年影印本，第819页。

火"。由于岁星运行方向与标识春夏秋冬四时之斗柄指向相反。为方便起见，古人假想与岁星运行方向相反之太岁，让二者每年所处之位置有所对应，称曰岁阴。此种以岁阴（即太岁）来纪年之方法谓之太岁纪年法，如"维秦八年，岁在涒滩"。由于木星（岁星）公转周期11.86年，非12年，如此累积若干年后，即出现"岁星超辰"之天象，如"岁在星纪，而淫于玄枵"，为补救此一问题，西汉末刘歆《三统历》创超辰法：一百四十四年超辰一次。东汉建武三十年，按超辰法计算该超辰而实际并未超辰，就趁此废止考虑岁星实际位置之纪年法，而改以干支纪年，并以官方命令公布施行之，迄今沿用不断。故《文图中》曰：

> 凡胗天地，视岁星所在，以别阴阳。岁阳在左，则岁阴在右，岁移一舍，每舍分为一百四十四分，每舍而赢一分，凡一百四十四年而行一百四十五舍。①

黄道周以岁星在左，太岁在右，如横图表每组卦之分左、右；亦如圆图以"1 乾乾"为起点左右交替由下而上复由上而下之各卦，虽与传统"太岁左旋，岁星右转"之说方向相左，但结论相同（详下）。

黄道周引《三统历》说明《授时历》岁星行度，曰：

> 古法以一千七百二十八年而踰十二舍，为一大周，复反乾坤之始。四千三百二十岁而踰四千三百六十，加二十三岁而满周天之辰，与日始会。②

---

① （明）黄道周撰，翟奎凤整理：《三易洞玑》卷五，中华书局2014年版，第150页。
② （明）黄道周撰，翟奎凤整理：《三易洞玑》卷五，中华书局2014年版，第150页。

按古以岁星 12 年一周天，谓之"小周"，乃分周天为十二次，每次别为一百四十四分，是岁星每年行一百四十五分，行一次外剩一分，积一百四十四年，外剩一百四十四分而成一次，乃复归于原点，故 $12 \times 144 = 1728$ 年谓之"大周"。"四千三百二十岁而踰四千三百六十"者，$(4320 \div 1728) \times 12 = 30$，$4320 + 30 = 4350$。故"四千三百六十"应是"四千三百五十"之误，"满周天之辰"即"满岁法"$365.25 \times 12 = 4383$，$4383 - 4350 = 33$，故"加二十三"应是"加三十三"之误，乃方与日始会。

又行星自"晨始见"至下一次"晨始见"之星行周期谓之"见复周期"。《三统历》岁星见复周期 398，与下引《授时历》数值极为接近。先引《三统历》岁星行次以便与下引做比照，《汉书·律历志》曰：

> 木，晨始见，去日半次①。顺，日行十一分度二，百二十一日。始留，二十五日而旋。逆，日行七分度一，八十四日。复留，二十四日三分而旋。复顺，日行十一分度二，百一十一日有百八十二万八千三百六十二分而伏。凡见三百六十五日有百八十二万八千三百六十五分，除逆，定行星三十度百六十六万一千二百八十六分。凡见一岁，行一次而后伏。日行不盈十一分度一。伏三十三日三百三十三万四千七百三十七分，行星三度百六十七万三千四百五十一分。一见，三百九十八日五百一十六万三千一百二分，行星三十三度三百三十三万四千七百三十七分。通其率，故曰：日行千七百二十八分度之百四十五。②

列表以明如下：

---

① 周天 360 度，分 12 次，1 次 $360 \div 12 = 30$ 度，半次 $30 \div 2 = 15$ 度。
② （汉）班固撰，（唐）颜师古注：《汉书》卷二十一下《律历志》，中华书局 1962 年版，第 998 页。

黄道周《三易洞玑·文图经纬中》五运六气说探义

图表 23 《三统历》岁星见复周期星行顺、留、逆、伏明细表

岁星晨见伏	去日度	日行	日数	星行度分	备注
晨始见去日度数	15 度				
顺		$\frac{2}{11}$	121 日	$\frac{2}{11} \times 121 = 22$	1 度 = 7308711，即以"见中日法"为分母
留			25 日		而旋
逆		$\frac{1}{7}$	84 日	$-\frac{1}{7} \times 84 = -12$	
留			24 日 3 分		而旋
顺		$\frac{2}{11}$	111 日 1828362 分	$\frac{2}{11} \times 111 \frac{1828362}{7308711} = 20 \frac{1661286}{7308711}$	
			凡见 365 日 1828365 分	$22 - 12 + 20 \frac{1661286}{7308711}$ $= 30$ 度 1661286 分	
伏	不盈 $\frac{2}{11}$		33 日 3334737 分	3 度 1673451 分	
一见			365 日 1828365 分 + 33 日 3334737 分 = 398 日 5163102 分	30 度 1661286 分 + 3 度 1673451 分 = 33 度 3334737 分	日行平均：$33 \frac{3334737}{7308711} \div 398 \frac{5163102}{7308711} = \frac{145}{1728}$

按上表所引底纹数字即岁星见复周期及星行度分。《文图中》又曰：

世历推岁星三百九十八日八十八分伏见一周，行星三十三度六十三分七十五秒。以岁交之余，当星合之度，本日追岁，无复

309

复别。虽复乘以十一，除以八十三，距古岁次，常后二宫，非复圣人所用揆阴测阳之故。①

世历指承自元《授时历》之明《大统历》，其岁星周率398.88与《三统历》见复周期$398\frac{5163102}{7308711}$日数值相近，岁交之余即398.88周率－365.2425岁周＝33.6375，亦与《三统历》星行度分$33\frac{3334737}{7308711}$度相近。《三易洞玑·孔图经上》曰："木德八十三年而七周天，与日合度者七十六。以木合日三百九十八，余八十八，行星三十三度六三七五。"②故$83 \div 7 = 11.8571$年一周天，$76 \div 7 \approx 11$，$12 \times (11 \div 83) = 1.5903$，算外2，故岁星自汉代至明代已退后二宫，此则纯属天文学之探讨，非复古代以岁星测度阴阳之事。黄道周继而以其载于《三易洞玑·宓图经纬上》之《易》历推算，下以左引载文，右列算式方式，具表陈述，证岁星一百四十六岁而移一宫，一如七十三岁之再循环（$73 \times 2 = 146$），而推万历四十四年丙辰（1616）"岁在析木"，再证其《易》历之不诬。

今以大象岁余十三辰九分三厘三毫三丝，	象周：$64 \times 64 \times 64 = 262144$
并太数岁余四十五辰六分七厘五毫，	4383岁法－（262144象周÷60）＝13.9333
合为五十九辰六分八毫四丝，	数周：$81 \times 81 \times 81 = 531441$
拆为二十九辰八分四毫二丝九一，	（531441数周÷2÷60）－4383岁法＝45.675
百四十五周而满岁分之常次四千三百二十三辰，	13.9333（大象岁余）＋45.675（太数岁余）≈59.6084
加以两岁之余而满象数之定分四千三百八十二辰六分八毫四丝，	$59.6084 \div 2 \approx 29.804291$
故一百四十六岁而岁移一宫。	$29.804291 \times 145 \approx 4323$
《春秋》襄公二十八年丙辰（545B.C.），岁在星纪，渐于元枵。又二千一百六十一年，星在析木，是其候也。②	$4323 + 29.804291 \times 2 \approx 4382.6084 \approx 4383$
	$144 + 2 = 146$
	$2161 - 545 = 1616\text{A.D.}$，即明万历44年丙辰
	$2161 \div 146 = 14 \cdots$余117，黄道周以岁阳左旋算，命玄枵，算外15，得岁在析木。参见下图。

---

① （明）黄道周撰，翟奎凤整理：《三易洞玑》卷五，中华书局2014年版，第150页。
② （明）黄道周撰，翟奎凤整理：《三易洞玑》卷七，中华书局2014年版，第195页。
② （明）黄道周撰，翟奎凤整理：《三易洞玑》卷五，中华书局2014年版，第150页。

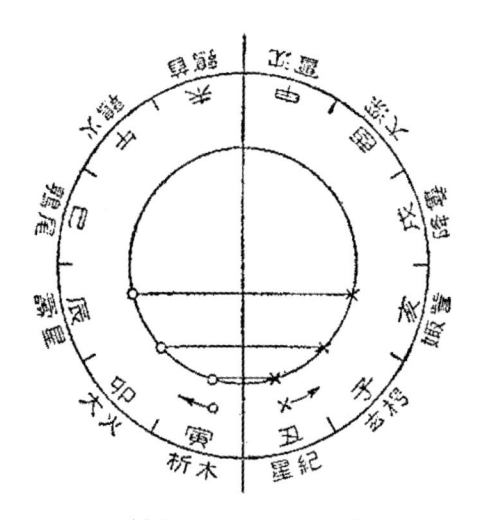

黄道周《三易洞玑·文图经纬中》五运六气说探义

(○岁阳在左 × 岁阴在右)

图表24 岁星、太岁运行图

黄道周又曰：

> 故《易》七十二卦，分为阴阳，得一百四十四岁，一为岁直，余为左右间，一百四十四岁而复，则百四十五卦矣。①

"岁直"在此指司天纪岁。1组卦1岁，一循环72组卦司天在左、司泉在右；再循环司天、司泉左右易置。②"余为左右间"者，余左间、右间并干分、十二气亦随司天、司泉之易置而易置之意。如此共144岁，适为横图表72组卦之2倍。岁星144岁超辰1次，则入145组卦矣。《文图中》所谓"南政以戊取癸，热火秉权，则北政以癸取戊，寒水秉权"者，由南政之少阴君火司天之一循环，至北政之太阳寒水司天之再循环，正符144年之周期，可证此说之不诬。故横图表所列72组卦

---

① （明）黄道周撰，翟奎凤整理：《三易洞玑》卷五，中华书局2014年版，第150页。
② 案：横图表72组卦仅是循环之半，"司天在左，司泉在右"为前半；后半则是左右置换，144组卦一循环以对应"岁星144岁"之周期。

不过144岁周期之半数而已。又《三易洞玑·略例》所谓："倍七十三岁，而《屯》《蒙》、《师》《畜》，左右间寻。"则73岁一循环，末卦为"1乾乾"，其"间迁"庚分、乙分，下启"2屯蒙"司天、司泉之庚乙、乙庚。再循环146岁，即73组卦两周共146组卦，最末卦为"2屯蒙"，其"右间"甲分、己分，下启"3师比"司天、司泉之甲己、己甲，即来自"五气经天图"黔天之"己与甲合为《乾》之下际"，以对应丹天之"戊与癸合为《乾》之上际"，故"1乾乾"为循环之初始，"2屯蒙"为再循环之末尾，由是横图表与五气经天图得密合而无间，而"一百四十六岁而岁移一宫"①亦游刃而解，诚神思巧设，耐人寻味。《文图经纬中》文末黄道周总结曰："岁星之候既明，而后五纬天泉，刑德福害，可以间起也。"②故岁星之测候既已证验，然后五行土、金、水、木、火之司天、司泉、左右四间六步所生之刑德福害效应，即可据横图表所列，推断而知，更见五运六气说与岁星观测之密不可分。

走笔至此，黄道周对于五运六气说之阐释与发挥，从抽象干支符号之推演，中经卦象、藏象、经络藉横图表之联系，直至岁星实际之测算，冶医道、天文、历算、术数、易学等于一炉，建构继承传统、丰富五运六气意蕴之学说体系，一新《易》、医研究之耳目，其精湛缜密之思维，妙义回环，讨绎不尽，应与其先天聪慧颖悟，后天敬学好问、勤于测算证验攸关，③殆得力于《易》教之絜净精微深矣，"学者穷年不能通其说"者，或即在此。

---

① 案：此为"一百四十六岁而岁移一宫"之周期。
② （明）黄道周撰，翟奎凤整理：《三易洞玑》卷五，中华书局2014年版，第150页。
③ 参见庄起俦撰，黄寿祺校《漳浦黄先生年谱》卷上："年三十有五。……杜门著《三易洞玑》，未就。……年三十六。以《三易洞玑》未成，昼则布算，夜测分野，键户无外交。"引自洪思等撰：《黄道周年谱附传记》，侯真平、娄曾泉校点，福建人民出版1999年版，第57页。

五、结　语

五运六气见载于《内经》运气七篇，中唐王冰（约710—805）注《素问》时始公诸世。其后《素问·六气玄珠密语》藉"五运之气上合于天"之说，将之与天象密切连结，并论述六十年中运气加临之格局，而占验灾祥思想充斥全书。北宋刘温舒《素问·入式运气论奥》以象数发挥运气说之概念与理论，如十天干、十二地支、五行生死顺逆、六气六化、纳音、日刻、月建、四时气候、六气标本、五行生成数，以及主气、客气、客主加临、天符岁会、南北政、九宫分野、五行胜复、手足经、六病、六脉、证治等，靡不尽赅。金朝刘完素本"天地运气造化自然之理""比物立象"，采用五运、六气为病机分类，阐释人体疾病发生与转化之机制，丰富传统中医病机理论。而元代马宗素、程德斋所撰《伤寒钤法》，以运气学说概念与干支五行理论，根据生辰与得病日干支，推算罹患何症、预后及治法之算病法，加深术数成分，为后世所诟病。明朝熊宗立（1409—1482）承其说，撰《素问运气图括定局立成》，本五运六气以生克制化推其王相休囚，又加以格式化、固定化，其《类编历法通书大全》更将此内容纳入书中流行于世，在社会上造成极大影响。汪机（1463—1530）《运气易览》强调五运六气说非仅着重一年一时，亦应留意"世运会元之统"在千百年间之作用与表现，即承自邵雍皇极经世说。张介宾（1563—1642）《类经图翼》，对运气所涉及之阴阳、五行、二十四气、二十八宿、斗纲、中星、岁差、气数、主运、客运、主气、客气、南北政等，一一详释，见解独到。几与黄道周同时之王肯堂（？—1638）《医学穷源集·图说》提出"三元运气论"，分运气变化为上元、中元、下元，每元六十年，指出"六十年天道一小变，人之气血与天同度。""是故必先立其元，而后明其气。"费启泰（1590—1677）撰《救偏补言》提出大运、小运之周期概念，谓"天以阴阳而运六气，运有小大，小则逐年而更，大则六十年而易"。"大可以覆小，小难以该大"，强调以大运为本，小运为末。此自唐以迄明末，攸关《三易洞玑·文图经纬中》所述五运六气学说之发展概况。而黄道周（1585—1646）承汪机、王肯堂之后以"六气而周一岁之历"，为年内周期。72组卦共864日为"主气、间气周期"。864日×5＝4320日＝360日×12，12岁为"岁运周期"。144年为"一德之运"之大周期，144×5＝720年为"五德之运"之更大周期。可谓前有所承又另具创意，盖配合72组卦之故。若其"视日所感，以留其客，客乃为贼，上下不得，岁辰所会，其病乃剧。"藉岁、日干支以论病，则不脱当时医学术数迷漫氛围之影响。① 至以《易》象结合六气之手足三阴三阳制作横图表，拓展五运六气说之应用范围；以天人相应理论，解释《周易》《春秋》之忧患意识与世运灾祥；以岁差、岁星测算，深化天文历法在五运六气说之意蕴，使横图表得密合而无间，则为其特有之创发，洵博奥幽深，别开生面。刘完素《素问玄机原病式·自序》曰：

  易教体乎五行八卦，儒教存乎三纲五常，医教要乎五运六气，其门三，其道一，故相须以用而无相失，盖本教一而已矣。②

张介宾《类经附翼·医易义》亦曰：

---

① 元代马宗素、程德斋撰《伤寒钤法》；以运气学说概念与干支五行理论，根据生辰与得病日，推算患何病、预后及医治之方法，其"论天符岁会歌"："若论天符，先观岁气。运气若同，天符难治。与运同名，故曰岁会。……甲既是土运，辰又是土支，年月日时同得病，皆重司天，与运同名，天符是也。"见中国中医研究院图书馆藏抄本，不分卷，无页码。明代熊宗立撰《素问运气图括定局立成》"天符岁会例"："假如戊子日，戊为火运，子为少阴君火司天，运与司天同火，是为天符，此日得病，速而危困也，更遇当年太岁，亦是天符，或是岁会，其病尤困。"见《四库全书存目丛书》子部38册，（台湾）庄严文化事业有限公司1995年版，第160页。
② （金）刘宪素：《素问玄机原病式》，《文渊阁四库全书》第744册，台湾商务印书馆1986年影印本，第705—706页。

黄道周《三易洞玑·文图经纬中》五运六气说探义

  天地之道，以阴阳二气而造化万物；人生之理，以阴阳二气而长养百骸。易者，易也，具阴阳动静之妙；医者，意也，合阴阳消长之机。虽阴阳已备于《内经》，而变化莫大乎《周易》。故曰天人一理者，一此阴阳也；医易同原者，同此变化也。岂非医易相通，理无二致。[①]

黄道周《三易洞玑·文图经纬中》之五运六气学说，殆即二说之体现，而"医易相通，理无二致"实即是篇思想之内核。清代王朴庄"引《内经》七百二十气凡三十岁而为一纪，千四百四十气凡六十岁而为一周，扩而大之，以三百六十年为一大运，六十年为一大气，五运六气迭乘，满三千六百年为一大周"[②]。之大运气论，殆亦其周期说之遗音，盖非仅承自费启泰之大运说而已，黄道周年长费氏五岁，为漳海大儒，望重当时，不无影响，虽不以医名显，治中医学史者，岂可忽视之。

作者单位：台湾成功大学

[①] （明）张介宾：《类经附翼》，《文渊阁四库全书》第776册，台湾商务印书馆1986年影印本，第961页。

[②] （清）陆懋修：《世补斋医书》文十六卷《六气大司天》，中医古籍出版社2014年版，第11—12页。

宋两浙东路茶盐司本《周易注疏》主刻人新证

马 涛

摘要：《周易》的注、疏合刻始于南宋早期两浙东路茶盐司八行本，世称越州本，又称八行注疏本，是年代最早、版本最精的版本。传世孤罕，版本价值和文物价值极高，然而长期以来对于其主持刊刻者一直众说纷纭，莫衷一是。2013年，江西省抚州市出土了一方《宋故承奉何君墓铭》，考据铭文得知此方墓铭撰写者为南宋绍兴年间进士、提举两浙东路常平茶盐公事黄兊，墓铭言辞流畅细腻，书法功力颇深，具有很高的史料、艺术价值。参考历史文献和墓铭内容对黄兊其人的生平事迹有了较为全面的认识，从考释结果来看，黄兊有很大可能便是宋刻本《周易注疏》的主刻人，甚至存在两浙东路茶盐司刊刻书籍从黄兊始的可能性。

关键词：两浙东路茶盐司 宋刻本 《周易注疏》 黄兊 墓铭

从汉至明清，中国历朝历代为加强思想领域的统治，都有对儒家经典加以整理和训释的习惯。唐代由官方组织大儒孔颖达等人，对《周易》《尚书》《毛诗》《礼记》《春秋左氏传》逐一进行了整理、训释，成书凡一百七十卷，合称为《五经义疏》。进呈唐太宗御览后，改称《五经正义》。《周易正义》是《五经正义》之首，其疏文辞义兼优，令其晓

宋两浙东路茶盐司本《周易注疏》主刻人新证

畅通达，较它经明显更佳，为历来经学家推为经学研究的范本，影响至深。《周易注疏》就是曹魏的王弼、晋朝的韩康伯为《易经》经文作注，唐朝孔颖达等为经文和注文作义疏的合称。而《周易》的注、疏合刻，始于南宋早期茶盐司八行本，世称越州本，又称八行注疏本，亦是当今学术界公认现存年代最早、版本最精的《周易注疏》版本。而今藏于国家图书馆的《周易注疏》，则是元代递修，又经清代陈鳣补刻的本子。郭彧先生曾做过对比研究，发现后者竟补刻185版之多，尤其是陈鳣据明代人抄本补刻的第一卷，竟有53处差异。因此，研究宋刻本《周易注疏》有着不言而喻的重要意义。

《周易注疏》南宋两浙东路茶盐司刻本，每版匡高21厘米、广15.3厘米。半页八行，每行十九字。注文双行，行字同。白口，左右双边。版心上记字数，下记刊工姓名。各行皆顶格。经文字大如前，墨如点漆。经文下注文双行。注文下均有阴文大"疏"字，"疏"字下疏文亦双行。传世孤罕，今仅日本足利学校藏本一例，钤有上杉宪实[①]"松竹

---

① 案：上杉宪实（1410—1466）为日本室町时代中期的武将、守护大名、关东管领，任上野、武藏、伊豆守护，极好书籍，广收古本。

清风"藏书印,其版本和文物价值极高。麻纸印造,纸墨精良,行格疏朗,古朴大方,兼有陆游少子陆子遹在端平年间的题跋,宋刊、宋印、宋人笔记合于一体,弥足珍贵。

然而因为缺失了目录和跋文,针对其主修人的探讨和研究一直莫衷一是,没有一个得到广泛认可的结果。[1]2013年文物工作者在江西省抚州市崇仁和宜黄两县交界处的桃陂乡进行文物走访调查的过程中,征集到一方《宋故承奉何君墓铭》。因其属征集品,故而其所出的墓葬环境及其他随葬品情况均不可考,墓铭内容已经全文发表[2],因本文研究与墓主人涉及不多,在此不多赘述。该方墓铭撰写者为南宋绍兴年间进士、提举两浙东路常平茶盐公事黄兑,墓铭言辞流畅细腻,书法功力颇深,具有很高的史料、艺术价值。在进一步考释过程中,对黄兑其人的生平事迹有了较为全面的认识,发现其或与《周易注疏》两浙东路茶盐司刻本的刊刻关系密切。

一、关于《周易注疏》两浙东路茶盐司刻本的初刻时代考释

宋代书籍刊刻出版业十分兴盛,参与主体多元化,官府、书院、寺观、坊肆、个人均普遍参与其中,其中又尤以官刻质量最高,国子监刻书是中央官刻的代表,被称为"监本",当世之人便以拥有一套监本书为荣。宋室南渡,中央官刻历经浩劫后,逐渐式微,而地方官府牵头进行文献整理和刊刻的行为逐渐成为官刻的主流,位于越州(今绍兴)两浙东路茶盐司便是这一特定历史时期主持书籍整理、刊刻工作的代表之一,其中又以《周易注疏》最为著名。

---

[1] 长泽规矩也:《南宋刊本周易注疏考》,《周易注疏》上卷足利学校遗迹图书馆后援会影南宋初年刊本,汲古书院1973年版,第2页。
[2] 马涛:《南宋何异家族墓铭的发现与价值》,《博物院》2017年第3期,第93—99页。

宋两浙东路茶盐司本《周易注疏》主刻人新证

1.书中文字凡遇敬、桓、贞、恒、构等字，皆缺末笔，用以避讳。而"慎"字仔细观察却有诸多不避之处，且凡所避者，细审皆后世修版时所为，非初刻时所避。这表明此书初刻时避讳只到高宗赵构，而未到孝宗赵昚［shèn］。高宗是南宋的第一位皇帝。在位36年，前后行用过"建炎""绍兴"两个年号。则此书初刻当在建炎、绍兴年间，即1127年至1162年之间。

2.《周易注疏》两浙东路茶盐司刻本之所以称为两浙东路茶盐司刻本，正是因为此书由两浙东路茶盐司主持刊刻。而《宋史》又载：

> 提举茶盐司：掌摘山煮海之利，以佐国用。……（绍兴）十五年，户部侍郎王鈇言"常平之设，科条实繁，其利不一，岂一主管官能胜其任？"乃诏诸路提举茶盐官改充提举常平茶盐公事。①

说明两浙东路茶盐司正式设为常设机构是在绍兴十五年（1145年），之前仅为差遣，不可能具备刊刻官方书籍，尤其是五经之首的《周易注疏》的条件。故而《周易注疏》两浙东路茶盐司刻本初刻当在绍兴十五年之后。

3.此书初刻的刻工包括：王纬、毛端、李秀、陈朋、毛昌、梁文、朱明、徐茂、顾忠、陈锡等。这些人都是南宋早期杭州地区有名的雕版刻工，流传至今的不少宋刻本都出于这些人之手。例如：徐茂参与过《经典释文》南宋刻本的刊刻；

---

① （元）脱脱等：《宋史》卷一百六十七《职官七》，中华书局1985年版，第3968—3969页。

陈锡参与过《广韵》《唐书》南宋刻本的刊刻等等。① 因而《周易注疏》的雕板，出自这些人之手，也是此书初刻于南宋早期的有力证据之一。

4. 而参与刊刻的求裕、刘昭、毛祖、徐珙、凌宗、马松、高昇、丁松年、庞知柔、庞汝升、曹与祖、缪春、邵亨等人为南宋中期杭州地区有名的雕版刻工，但在文本细读中不难辨别，他们应为南宋中期对《周易注疏》重新修订时的刻工，与初刻时无关。②

以上证据表明宋刻本《周易注疏》初刻时间应在绍兴十五年至绍兴三十二年之间的南宋早期。

二、黄兊其人的相关文献记载与墓铭考证

1.《建炎以来系年要录》记载：

> 绍兴二十有五年……夏四月……癸卯……右朝请大夫黄兊提举两浙东路常平茶盐公事。兊娶秦桧兄女，曹泳荐用之。③

2.《清康熙修江西通志》记载：

> 黄兊，字悦道，临川人，绍兴进士。尝献美芹十策、进取四论。历官守南雄，陛辞三劄，论政事得失。言甚切直，持身清廉。年未七十致仕，官至朝议大夫、临川县开国男。④

---

① 尼志强：《宋浙刻本对唐欧体书法的传承与变异》，硕士学位论文，河南大学2006年，第15—17页。
② 李致忠：《宋两浙东路茶盐司刻本〈周易注疏〉考辨》，《文物》1986年第6期，第72页。
③ （南宋）李心传：《建炎以来系年要录》卷一百六十八，中华书局1956年版，第2748页。
④ （清）谢旻等监修：《江西通志》卷八十，《文渊阁四库全书》第515册，台湾商务印书馆1986年影印本，第745页。

3.《宋宰辅编年录》记载：

  秦桧当国柄时，听受谗间，辄以风闻即起大狱……皆是台官承桧指意，方敢上章疏。第一章带职官祠，数日间再一章落职，例皆如此……上知其然，亲擢汤鹏举为侍御史，又降诏戒谕台谏云云。鹏举首具白简①论列知太平州王珣，知宣州王铸，知庐州郑侨年……提举浙东茶盐黄兑，并罢之，皆桧之亲戚门人也。由是，桧亲戚门人未遭论列者，皆不安迹。②

4.《宋故承奉何君墓铭》有关黄兑的内容：

  门人黄兑，视君为忘年，铭君之墓，非吾党之为而谁为？③

  由上述几条材料，可以得知：黄兑，字悦道，江西临川人，妻秦氏，为秦桧侄女。绍兴年间进士，曾官至朝议大夫（从五品上）、临川县开国男，提举两浙东路常平茶盐公事，后因身为秦桧亲戚遭弹劾罢官回乡。又通过这则墓铭中记载的"门人黄兑，视君为忘年"，可知黄兑罢官回乡后做了权工部尚书、宝章阁学士何异家的门人，关系甚为密切，甚至可为何异之子撰写墓铭，方才有了本文新证的源头。

---

① 案：白简指弹劾官员的奏章。
② （宋）徐自明撰，王瑞来校补：《宋宰辅编年录校补》卷十六，中华书局1986年版，第1106—1107页。
③ 马涛：《南宋何异家族墓志铭的发现与价值》，《博物院》2017年第3期，第95页。

三、黄兑参与主持《周易注疏》两浙东路茶盐司刻本刊刻新证

1. 上文有关黄兑的生平事迹的说明已经很清楚了，黄兑为绍兴年间进士，并在绍兴二十五年（1155）四月，任提举两浙东路常平茶监公事。当年十月廿二日秦桧病死，因其与秦桧密切关系，不久便遭到罢官，卸任两浙东路茶盐司。说明黄兑在宋刻本《周易注疏》刊刻的十余年内，曾作为两浙东路茶盐司的主官。在逻辑上他是可以主持《周易注疏》的刊刻工作的，至少可以说存在很大的可能性。

2. 宋代临川为抚州治所之所在（今亦然），涌现过王安石、曾巩等文坛领袖，文化兴盛至极，而书籍刊刻、出版业也十分发达且不论公私。宋太祖立国之后，吸取唐末五代藩镇割据的教训，实行重文轻武，以文制武的国策，命士人典掌拼事，于是各地广置公使库，用以招待来往官吏。纵观两宋公使库既为官方接待之所，又普遍以剩余经费，广泛参与刻书或制酒、制醋等经济活动，许多州府公使库内设有独立的印书局，专管本州刻书工作[1]。南宋吴自牧《梦粱录》卷十中也提到了公使库，记载道："公使钱库、公使酒库、甲仗库、书版库、公使醋库，俱在州衙内"。当时，公使库在许多州府都有，仅著名藏书家、版本目录学家叶德辉考证出的就包括：苏州公使库、吉州公使库、明州公使库、阮州公使库、舒州公使库、抚州公使库、台州公使库、泉州公使库、鄂州公使库等九处[2]。这些公使库刻本中就以抚州公使库刻印的《郑注礼记》最为有名，至今仍有原本传世[3]。黄兑是抚州临川人，又是进士出身的读书人，其对本州刊刻书籍的流程不可能会陌生。

---

[1] 毛春翔：《古书版本常谈》，中华书局1962年版，第25页。
[2] 叶德辉：《书林清话》，上海古籍出版社2012年版，第52—53页。
[3] 王星麟：《宋代的刻书业》，《史学月刊》1986年第1期，第30页。

3.建阳是两宋时期,全国最重要的书籍刊刻出版中心之一,祝穆《方舆胜览》称"建阳麻沙、崇化两坊产书,号图书之府"。拥有从造纸到刻版、印刷的全部产业链,地位举足轻重。

《建阳县志》载,宋时麻沙(建阳下辖的镇)有雪梨、面梨、冬梨、早花梨、铁梨等多种梨木,不为食用,而是专为刊刻雕版提供优质木材之用。南宋著名诗人杨万里就有诗曰:"富沙枣木新雕文,传刻疏瘦不失真。"① 此外,建阳盛产松树,松树烧制而成的宋烟是制墨的最佳原料,且所产之墨品质优良,有"墨丘"之誉,称为"其水注墨,毫不溅连,其水印数不虫蛀"②。另外,建阳造纸业更是规模巨大,出产的简纸、书籍纸、行移纸、黄白纸等多种纸张,特别是印书所用纸张,直接被命名为"建阳扣","宋、元'麻沙板书',皆用此纸"③。而建阳作为闽北走廊的中心,为闽浙赣三省通衢,交通极其便利。丰富的物产、便利的交通极大地降低了当地刻书的成本,其成本仅为江南地区的一半④,对当时的刊刻出版业具有极大的吸引力。

更重要的是建阳也是当时著名的学术重镇,有一大批学者大儒长期生活于此。例如,朱熹就在建阳隐居、著述、讲学长达十余年之久,并完成他一生中大多数著作,包括:《家礼》五卷、《西铭讲义》一卷、《论孟精义》三十四卷、《资治通鉴纲目》五十九卷、《八朝名臣言行录》二十四卷、《太极图解》一卷、《伊洛渊源录》十六卷、《程氏外书》十二卷、《古今家祭礼》二十卷、《婺源茶院朱氏世谱》一卷、合著《近思录》十四卷。其中,仅在淳熙四年(1177年),就完成《论语集注》十卷、《孟子集注》十四卷、《诗集传》八卷、《周易本义》十二卷、《论

---

① (南宋)杨万里:《诚斋集》卷第十六,《四部丛刊》景宋写本,第5页。
② 姚有则、万文衡等修,罗应辰纂:民国十八年《建阳通志》卷四,《中国地方志集成:福建府县志辑6》上海书店出版社2000年版,第119页。
③ (清)郭柏苍著,胡枫泽校点:《闽产录异》卷一,岳麓书社1986年版,第21页。
④ 袁庚申、赵智岗:《宋代福建刻书及兴盛原因》,《中国出版》2015年第14期,第60—61页。

语或问》十卷、《大学或问》二卷、《中庸或问》三卷。①而这些著作绝大多数都是在建阳本地刻印的。证明这些儒家著名的理学著作都与建阳存在莫大的渊源。

此外，建阳的麻沙、崇化两地的书坊，刊印了大量经、史、子、集四部书籍。刻印于南宋庆元年间的建本《汉书》，是现存《汉书》保存历史文献最多的一个版本。②清道光年间藏书家杨以增（1787—1865）建"海源阁"以藏图书，藏书总量多达3861种。杨氏特别珍视宋版本，辟特室收藏，曰"四经四史之斋"。室内藏书一半为麻沙版，包括南宋麻沙版本《毛诗》，宋乾道七年（1171）建溪蔡梦弼家塾刻本《史记》、宋建安蔡琪纯家塾刻本《汉书》、宋建本《三国志》。麻沙版《史记》是杨以增以三百八十金购得，可见麻沙本之珍贵。③

建阳通过刊刻典籍图书，既获得了巨额的经济效益，使书籍刊刻出版成为本县最主要的经济支柱，同时在客观上又对当地的文化繁荣有极大的促进作用。如此一来，管理本县图书的刊刻出版必然是当地官员日常事务的重中之重，亦是赋税的最主要来源，图书出版刊刻所取得的成绩更是官员本人政绩的集中体现。

而据《福建通志》所载的"建阳县宋知县事"④名单里，黄兑赫然在列，内容甚为简要，具体年代未载，虽然不能确定是黄兑在任提举两浙东路常平茶盐公事前所任官职，还是因秦桧去世而牵连罢官后重新起复所任官职，但确定黄兑曾任职建阳知县还是毫无疑问的。而黄兑作为一县之长，同时是全国最重要的书籍刊刻出版中心、理学重镇最主要的官员，要说他不熟悉、不懂得书籍的刊刻出版无论如何是说不过去的，

---

① 陈国代：《朱熹在福建的行踪》，作家出版社2007年版，第169页。
② 曹关群：《建本书籍与宋代闽北书院》，《武夷学院学报》2009年第3期，第22页。
③ 刘建：《大潭书：中国一个县的历史》，文物出版社1994年版，第129—130页。
④ （清）郝玉麟监修，（清）谢承道编纂：《福建通志》卷二十五，《文渊阁四库全书》第528册，台湾商务印书馆1986年影印本，第273页。

因而我们即便是不能言其精通书籍刊刻，亦可以确信其在这一领域当有颇多涉猎，经验丰富。倘若黄兑在任职提举两浙东路常平茶盐公事前，任建阳知县，我们有理由相信他在两浙东路茶盐司任职后，对茶盐司主持刊刻的《周易注疏》作出过很大贡献；反之亦然，其在任职茶盐司时主持刊刻过五经之首的《周易注疏》，可能成为朝廷放心对其委任建阳这一全国书籍刊刻出版中心、理学重镇主官的原因之一。这种推理是谨慎、合理的，在逻辑上亦是严密的。

墓铭中有关黄兑的内容："门人黄兑，视君为忘年，铭君之墓，非吾党之为，而谁为？"可知黄兑作为何异的门人，而门人是有义务也有责任作为幕僚伴随东翁何异宦游天下，行咨询、参谋之事。墓铭中又写道："侍郎公方觧潭府之符，食神罶之禄，秋七月还第，讣至即遣人迎护旅榇；闰八月二十九日，方克至家，先是有以漤真之地来告者，即冥与意合，而又山运亡庚适利，遂以九月十三日，即奉窀穸之事大氏。"从这段话我们可得到两个信息：第一、开禧元年（1205）六月前后，何异卸任潭州（今湖南长沙）知州；第二、黄兑对何异的行踪非常了解，时间可以精确到日，这侧面证明了他本人是跟随何异宦游的，不然不会在撰写墓志铭这般重要的场合，使用大量具体的日期。而《宋史·何异传》有"起知潭州，乞闲予祠者再"的记载。又参看《南宋制抚年表》，记有"四年（一二〇四）何异起知潭州，予祠者再。开禧元年（一二〇五）沈作宾《后乐集·知潭州沈作宾试户部侍郎制》，在《赵淳兼京西北路抚制》前。[1]"如此我们可以明确得知，何异在开禧元年（1205）六月与沈作宾交接了潭州知州。而作为何异门人、幕僚的黄兑，其本人也有进士功名在身，在潭州定与沈作宾有过公务往来，一定是相识，存在交集的，甚至还有更深层次的私人交往也未可知。

---

[1] 吴廷燮撰，张忱石点校：《北宋经抚年表、南宋制抚年表》，中华书局1984年版，第522页。

两浙东路茶盐司本《周易注疏》是两浙东路茶盐司所刻五经注疏之首，而这套五经注疏的刊刻前后陆续进行了数十年，由好几任提举主持刊刻，最后才完成。而唯独最后一经《春秋左氏传》，却十分奇怪，不再是两浙东路茶盐司主持，而正是由时任绍兴知府的沈作宾主持完成的。这其中的"巧合"亦可视为一则辅证。

历史上，黄氏甚为显赫，黄伯思《东观余论》中曾对黄氏的源流做过探讨，其宗支众多，历代名人辈出，在学术方面多有建树。仅福建的黄氏宗支就至少有十个之多，而邵武黄氏在黄氏中也较为显赫，是赣、闽两地黄氏家族中历史最为悠久的一支。[①] 众所周知，宋代时，家族间的血脉联系之紧密要超今日想象，而当时一个进士出身的读书人在宗族内部的地位更是不言而喻。黄兑进士出身，身为黄氏家族的一分子，又长期在抚州居住、建阳为官，倘若说他与邵武黄氏没有往来，也一定是立不住脚的。众所周知，秦桧不仅是中国历史上最著名的权相，也是著名的文学大家，其书法自成一家，为后世所谓的"宋体字"的滥觞之一，在中国书法史上的地位极高。早在南宋秦桧生活的年代里，他的手迹就已是洛阳纸贵、一片难求。而作为秦桧的侄女婿，又是因为与秦桧过从甚密而遭到罢官的黄兑，在文学理论上的造诣也一定颇高，我们从这方墓铭的行文与书体也可见一斑。[②] 也首先能证明黄兑具备主持刊刻《周易注疏》的基本学术能力。

四、结 论

通过上述考证的结果来看，在绍兴二十五年（1055年）任职提举两浙东路常平茶盐公事的黄兑有极大的可能性曾主持过《周易注疏》南宋

---

① 刘佑平：《中华姓氏通史——黄姓》，东方出版社2000年版，第269页。
② 王福生、马涛：《〈瘗鹤铭〉的宋代研究述评及几点设想——以一新见碑别字为发端》，《美术学报》2015年第5期，第19页。

两浙东路茶盐司刻本的刊刻出版工作，甚至存在两浙东路茶盐司刊刻以五经注疏为代表的众多书籍是从黄兊开始的可能性。反之，也证明了黄兊其人具备极高的学术造诣和文学书法能力，而采用新出土的墓铭作为研究材料证补史实，则为版本目录学的研究指明了新的方向，补充了历史文献记录的不足。希望待日后有更多的考古材料出土，可以为我们的研究补充新鲜血液，令我们的研究更加深入，更加接近历史的真实，使得为中华文化作出过卓越贡献，却湮没在历史长河中的人物重新为人所知。

作者单位：南京大学、宁波博物馆

易学古籍书名释义（一）

李雄飞　顾千岳

摘要：书名，是书籍的符号，是书籍内容最简练的概括。古人著书取名，多经过精心设计。一般来说，书名通常与书籍的内容、类型、特征、写作缘由，以及所涉及的人名、地名、官名、室名有关。取名时，作者往往会用典，或因政治等原因故作晦涩，再加上时间和地域所造成的语言上的差异，使某些书名并不那么容易理解。而读懂书名的含义，有助于读者了解书籍的内容、作者的写作意图和该书的价值；有助于读者与作者、今人与古人的穿越对话；有助于读者更好地去利用书籍。本系列文章以易学古籍书名为研究对象，通过对易学古籍书名含义的解释，帮助研《易》者达到以上目的，并为研《易》者提供更多的信息，进一步拓宽他们的视野，了解更多的未知、未见的易学文献，促进对其的深入研究。

关键词：易学　古籍　书名学

本系列文章以易学古籍书名为研究对象，通过对易学古籍书名含义的解释，帮助研《易》者了解书籍的内容、作者的写作意图和该书的价值；并为研《易》者提供更多的易学文献信息，进一步拓宽他们的视野，帮助他们了解更多的未知、未见的易学文献，促进对易学文献的整理和深入研究。

周易斟 /（清）赵太素纂定

赵太素（生卒年不详），字尹如，广陵（今属江苏扬州）人。生平事迹不详。卷首有顺治癸巳（十年，1653）自序，知赵太素为明末清初人。

据《中国古籍总目》著录，此书仅有一清抄本，藏北京大学图书馆，为孤本。书中"玄""妙""颙"等字均不缺笔，应为清初抄本。康熙二十年（1681）前不避讳，因此该本应抄于顺治十年（1653）至康熙二十年（1681）之间。

该本卷首顺治癸巳（十年，1653）赵太素自序云："《易》之为书也，广大悉备，安得执之曰：'某卦为某事，某爻为某人。'乎？夫其执为某事、为某人者，多由制义之相袭也。今之人不悟画前有易之义，而溺于制义一偏之解，是犹见火而忘燧、酌水而昧源，无惑乎读《易》者遍天下，而探奇抉奥之辈寥寥也。虽然，奇可探也，不有以实之，则近于玄；奥可抉也，无所以征之，则几于诞。与其失之玄与诞，而人不得其精义之所存，又不若征诸其实者之使人近而易晓也。窃怪世之言《易》者，各出己见，竞务新裁，论说纷纷，几同聚讼，无论百家诸子，即程传与本义，亦饶有异同，后之学者将何以晤羲文于万一，而得周孔之毫发乎。余因博采群言，力为斟酌，择其简要，定厥指归。虽笔墨所收，不无沿习制义之弊，其接后人登岸之至意，不能不出于斯耳。要在善读者，随时地之宜，悟盈虚之理；本圣人退藏之心，会阴阳不测之妙，吾深有望于神而明之了人。"

像象管见 /（明）钱一本撰

钱一本（1546—1617），字国端，别号启新，直隶武进（今属江苏省常州市）人，明季著名理学家、易学家。万历十一年（1583）进士。除庐陵县（今属江西省吉安市）知县，任职七载，多有惠政。万历十七年（1589）入为福建道御史，已而转任广西巡按。为人耿直敢言，因上《论相》《建储》二疏触怒圣颜，被万历皇帝斥为平民。自此回归故里，读书研理，专心致学。与东林党领袖顾宪成、高攀龙等时相过从，并与顾等分主东林书院讲席，学者称"启新先生"，是著名的"东林八君子"之一。钱一本生平无它好，潜心于六经、濂、洛诸书。上至天文，下至地理，无所不披究，尤邃于易学。

治《易》者，历来有"义理""象数"两派之分，且多好谈"义理"，视"象数"为左道偏门，不屑研之。钱一本研《易》则重在象数，其"象数变通之妙，秦汉以来鲜知者"。[①] 所著《像象管见》，即其象数研究的代表作。该书后被收入《四库全书》。象数是《周易》的核心内容。"象"指卦象、爻象，即卦、爻所象之事及其时位关系。"数"则指阴阳数、爻数等。"象"和"数"构成了《易经》的基础。

钱一本在《像象管见》卷首《题辞》中是这样表述"象"与"像"的关系的："《易》者，象也，《易》尽在画也；象也者，像也，则以为仿佛近似矣。惟以像为理之近似，但有其仿佛之谓而翼。后之《易》遂亡，以人不成像则立乎其中，与行乎其中之意悉虚也。"《例略》中又提到："《易》者，象也；象也者，像也。象谓皇犧卦画之象，象又谓之象，人兼天地为才，全象皆备于人。一画有缺，即不成。其为人，即不像；其为象，象在人，人成像也。皇犧立象尽意，不待有辞；文周系辞明象，即辞即象。后世得辞遗象，非其辞得象，失像非其象。夫惟由辞得象，而后无虚悬说理之病；知象为像，而后有神明默成之学。"可见，"义理"和"象数"是密不可分的。钱一本以《易》为"象"，以《易》

---

① （清）徐开任辑：《明名臣言行录》卷七十七《御史钱公一本》，《续修四库全书》史部521册，上海古籍出版社2002年版，第570页。

象为"像",天、地、人是为三才。而书名中的"管见"二字,邹子元标云:"管见者,谦辞也。"①

周易像象述 /(明)吴桂森撰

吴桂森(1565—1632),字叔美,号觐华,又号九龙山人,自署东林素衣,学者称为"素衣先生"。给谏吴汝伦第三子,明常州府梁溪(今江苏无锡)人。为诸生,即以斯道为己任,日手《周易》一编,玩味不辍。及长,从顾宪成、高攀龙讲学龟山书院、东林书院。万历丙辰(四十四年,1616)岁贡,试后遂绝意仕进。归途中,路过毗陵(今江苏武进),从钱一本学易。天启间,受高攀龙之邀,主东林书院讲席。崇祯年间任东林书院山长。崇祯壬申年(五年,1632)卒,年六十八。著有《周易像象述》《书经说》《曲礼说》《息斋笔记》《真儒一脉》。

《周易像象述》成于天启乙丑(五年,1625),北京大学图书馆藏有一清初抄本。卷首有作者天启五年(1625)自识《像象述叙》,叙中云:"《像象述》者,述启新先生钱君之《易》也。先生有'像象三书',曰《管见》,曰《像抄》,曰《续抄》。其大旨以乾、坤两画为人像,以天、地、雷、风、水、火、山、泽八物为人象。而谓之像者,以全象备于人,则人必成其为像,斯成其为人也。惟知像象为人,而乃知一卦一爻,皆人身中物;爻象之辞,皆言人身上事。故《易》至深也,而实至显;至赜也,而实至近。圣人曰:神而明之,存乎其人;默而成之,存乎德行。其示人之意,亦亲切明白矣。先生三书外,又画人象图,以析其象。斯义象也,启钥开关,无异以司南指来学之路也。然则先生之书

---

① (清)邹元标撰:《愿学集》卷四《像象管见序》,《文渊阁四库全书》集部第1294册,台湾商务印书馆1986年影印本,第112页。

详矣，又何必述乎？盖森于庚戌（万历三十八年，1610）受业，得睹《管见》，于癸丑（万历四十一年，1613）设皋。比延先生于东林，得睹《像抄》，随读随听，而见先生之言，不尽于书也。又于丁巳（万历四十五年，1617）负笈龟山，得睹《续抄》，朝夕从游，而见先生之意，不尽于言也。于是间有所述以呈先生，先生为面订之。惜未及半，而先生曳杖矣。自是朝而读，夕而思，更八寒暑而成帙。夫先生之书，犹不足尽先生，而况述之者，又安能仿佛先生乎？然而宁述焉者，使有好《易》者见之，知像象之旨，其意不在于言，而言不在于书若此。"

像象金针 /（明）吴桂森撰

此书多附于《周易像象述》卷首。该本即附于上条北京大学图书馆所藏清初抄本《周易像象述》之卷首。据书中天启四年（1624）作者自识《像象金针题辞》云："'鸳鸯绣出从君看，不把金针度与人。'此禅门语也，儒家之意不然。凡不可得而授者，巧也，鸳鸯也；可得而授者，矩也，金针也。有得金针而不必巧者矣，未有无针而能绣者也。是书所言非《易》也，而有读《易》之法，循其法，象象爻爻若有线可通者，变而通之，特存乎人焉尔。书未尝出于启新先生，而矩则出于先生，故谓之'像象金针'云。"

"金针"比喻秘法、诀窍。典出唐冯翊子《桂苑丛谈·史遗》："（采娘）七夕夜陈香筵祈于织女。是夕梦云舆雨盖，蔽空驻车，命采娘曰：'吾织女，祈何福？'曰：'愿乞巧耳。'乃遗一金针，长寸余，缀于纸上，置裙带中。令：'三日勿语，汝当奇巧。'"

周易象理浅言 /（清）张圻著

张圻（生卒年不详），字甸千，三韩[①] 人，隶汉军正黄旗。副贡，入国子监。乾隆二十四年（1759）选授庐陵县丞。余皆不详。

北京大学图书馆藏有一乾隆三十四年（1769）刻本，其卷首有张圻自记（未署年）。记中云："皇上御极之二年，加意右文，昌明经学。大学士合河孙公嘉淦任吏、刑两部尚书，兼管国子监事，奏准立明经治事科，务求心得，录呈札记，不许剿说雷同。圻以副贡生幸附诸生之末，素无治《易》之功，不敢蹈袭前人。惟任愚昧之见，逐字研求，若象若理，悉主浅近易明者而为之说。""公寻总督直隶，圻亦监期限满，穷途数载，选授庐陵县丞。丞固闲曹……署中无事，复理旧业。而庐陵邑侯汪公……力劝成书，公诸同人。圻不敢任，亦不敢辞，惟遵孙公'宜显宜切'之训，日有孜孜。复自辛巳（乾隆二十六年，1761）春至丙戌（乾隆三十一年，1766）冬，凡六易寒暑，而六十四卦系辞、文言，各以浅近之言略诠其义……爰约举所以成书之由而为之记。"卷首乾隆三十四年（1769）黄有恒叙云，该书是"以浅易之词发幽隐之旨"。

易翼述信 /（清）王又朴撰

王又朴（1681—1760），字从先，号介山，原籍江苏仪征，6岁随父迁居天津。少以古文受知于"桐城派"古文大家方苞，为沈近思所赏识，文名藉甚，开天津风会之先。雍正元年（1723）进士，授编修。出为河东运同，两权盐运司，历官西安同知、汉中通判、泰州运判、庐州府同知、池州知府、徽州知府等，所至皆有惠声。尤明水利。晚年精于

[①] 清代指辽东地区。

易学，七十岁时写成《易翼述信》十二卷，言易学者多称之。一生著述颇丰，多被收入《诗礼堂全集》（一名《王介山先生全集》）。

北京大学图书馆藏有一乾隆十六年（1751）诗礼堂刻本。该本卷首有乾隆十六年（1751）安徽等处承宣布政使司布政使兼江宁织造高晋序。序中云："介山之注《易》，不矜奇，不诡法，条分而缕析，字酌而句斟。或千百言不厌其繁，或一二语已括其要，沉潜往复，融会贯通。述尼山之所述，信尼山之所信，能使《十翼》中精义微言，与三圣人心心相印，易易相承，而毫厘不爽，然后知翼《易》者易也。"又云："盖介山之于《易》也，学之也邃，故语之也详；见之也真，故论之也当。述人所不能述，因以成千古之述；信人所不敢信，因以坚千古之信。《十翼》，翼，《易》者也；述信翼，《十翼》者也。善《易》者，何必不言易哉。"卷首乾隆十五年（1750）自序云："今余年且七十，稿凡四易，虽未必其果当，而惟笃信孔子之言实，所以发明三圣人之意，而务求其相合者，然究亦未尝不合也。于是名之曰《易翼述信》云。或曰：易，变易也，不可为典要，仁者见之谓之仁，智者见之谓之智，子何其拘也。然变易之中实有其不易者存，余亦先求其所以不易者，而后自得其变易者，不亦可乎。"《四库全书总目》提要云："其大旨专以《彖》《象》《文言》诸传解释经义，自谓笃信《十翼》，述之为书，故名曰《易翼述信》，而以朱子所云'不可便以孔子之说为文王之说'者为非。"

周易相错纪／［日］释慧铠撰

北京大学图书馆藏有一日本安永九年（1780）江户书林山崎金兵卫刻本。卷端题"聚墨　慧铠著"，作者生平事迹不详。卷首安永九年（1780）鲁堂序中称"释慧铠"，由此可知作者是位僧人，"慧铠"可能是其法号，"聚墨"或为寺院名。其生活年代应该是在江户时代中期。

该本卷首有安永八年（1779）慧铠撰汉文自序。序中云："六十四卦以格万物，每卦之格物立上君之心，以得概举上下性情之常矣。于是余著《相错纪》，一一卦才以发其意。说卦传曰：八卦相错，虽卦卦相错而不失纪纲者，以一贯君子之心之谓也与？《相错纪》之名盖由是。"

朱易衍义 /［日］山崎嘉撰

山崎嘉（1618—1682），日本江户时代初期硕儒、神道家、唯心主义哲学家。字敬义，小字长吉，通称清兵卫，后改称嘉右卫门，号闇斋，别号垂加、梅庵，京都人。幼顽劣，其父送其修佛。25岁时读朱子书，遂弃佛从儒。其学宗朱子，在京都、江户等地讲学，以课徒、著述为业。一生著述宏富。

北京大学图书馆藏有一日本延宝五年（1677）寿文堂刻本。该本卷首有延宝五年（1677）山崎嘉自序。序中云："以程传收于《性理大全》《通书》之次则可也，然乱经文，杂传义，使四圣之《易》混而不明矣。夫朱子之后，今《易》复行，而古《易》遂亡者，俑于天台董氏，而成于《大全》者，实朱子之罪人也。嘉自壮年忧之，乃复朱《易》加倭训，令镂诸梓，以广其传焉。学者苟能读此，则知《易》本卜筮之书，四圣人之《易》各别，而程《易》又别也，不甚难矣。但恐为《大全》所汩，而不能及其本，于是乎为《朱易衍义》云。"

田间易学 /（清）钱澄之著

钱澄之（1612—1693），原名秉镫，字饮光，清桐城人。生于明季，以经济自负。入清后，杜门课耕，自号田间老人。尝问《易》于黄道周，著《田间易学》，言数最详。后乃兼求义理，以朱子为宗。又撰《田间诗学》《庄屈合诂》，考证精核。《诗》得白居易、陆游之神髓，有《藏山阁稿》《田间集》。

北京大学图书馆藏有清康熙间斠雠堂刻本。所谓"田间"易学，并非是田间地头的"实践"易学，而是由于作者钱澄之自号田间老人，取以名书，指田间老人的易学。

易经揆一 /（清）梁锡玙集传

梁锡玙（1697—1774），清乾隆时期著名经学家。字鲁望，号确轩，山西介休人。雍正二年（1724）举人。乾隆十六年（1751），诏举天下潜心经学之士，梁锡玙与陈祖范、吴鼎、顾栋高同被召，授国子监司业，官至国子监祭酒，晋少詹事。纂成《易经揆一》一书，进呈御览，得乾隆皇帝赏识。另著有《易经补义》《春秋直解》《春秋广义》等。

北京大学图书馆藏有一乾隆十七年（1752）写刻本。该本卷首有凡例，首条云："《易》历四圣，包犧观取画卦，文王依卦系彖，周公旁通彖之情。而系爻，孔子释卦与辞而为传，其揆一也。朱子云：未可便以孔子之说为文王之说。盖以《易》为卜筮而作，孔子推言义理耳。夫文、周非作也，包犧始作八卦，以通神明之德，以类万物之情，盖明道也，岂为卜筮哉。故《易》有圣人之道四，而卜筮居末也。谨遵孟子先后揆一之旨，取以缀于经名之下，以征四圣心源之合。"

大易疏晦 /（清）詹大衢撰

詹大衢（生卒年不详），字丽朋，楚之黄州（今属湖北省黄冈市）人。出身于书香门第，儒行世家。大衢幼承家学，康熙壬子（十一年，1672）副榜，授翰林院孔目。颖敏力学，寒暑不辍。著有《大易疏晦》，于朱子《本义》大有发明。另参与纂修《黄安县志》。入《黄州府志·文苑传》。

北京大学图书馆藏有一康熙二十四年（1685）蒋寅刻本，卷首有康熙二十三年（1684）徐元文撰《大易疏晦序》。序中云："齐安詹子丽朋，潜心易学。著《疏晦》一编，其意以晦庵朱子《本义》为学易之正宗也，因专取本义疏之。"康熙二十三年（1684）余国柱撰《大易疏晦序》云："吾友詹君丽朋，少以《春秋》名家，去而学《易》，勾稽探索。其编摩所及，不欲仅为经生家言，融浃条贯，原始要终，自其胸中湛然有全《易》，如水壶之澄澈，无纤末翳障矣。晚将授官翰林，需次都门，惜易学之易晦，且不欲使生平苦心，无以自见于后世也。邸舍键扉，穷漏没景，两年而成《大易疏晦》，凡若干卷。其曰'疏晦'，盖一以晦庵夫子为指归故也。"康熙二十二年（1683）洪之杰撰《大易疏晦序》云：友人詹子丽朋，"其书曰《疏晦》，若仅为《本义》笺疏者，然而无言之象，其寓于有言之《易》者，大义已毕备"。康熙二十二年（1683）詹大衢撰《大易疏晦自序》云："因采辑先儒之与朱子相发明者，参订互考，更历三载，勒成一书。""爰名其书，谓之'疏晦'，非敢曰疏解向晦之旨于万一，亦庶几不敢大谬于晦庵夫子之用心而已。若云天时人事之统会，内圣外王之纲领，即易简之中，而广大自不能外者，则有四大圣人之《易》书及晦庵夫子之《本义》在。"

四圣书合抄

责任者不详。

北京大学图书馆藏有一清末（1821—1911）抄本。该本书末有我国现当代著名史学家戚国淦先生跋，中云："馆藏《四圣书合抄》一函，分上、下册，《周易合抄》本也"。"《周易》之作，旧说记诸伏羲、文王、周公、孔子，'四圣书'之名由是而生。"

作者单位：北京大学图书馆　中国满学专业委员会

《中国易学文献集成续编》出版

《中国易学文献集成》编委会

近日，由国家图书馆出版社出版的《中国易学文献集成续编（全七十册）》正式与读者见面。

易学作为一门古老而又常新的学问，它随着社会的发展、时代的进步而不断变化，在各个历史阶段呈现出不同的特点和发展规律。自《周易》产生之后，历朝历代都有大批学者研读论说，或易理，或象数，或文本诠释，或发挥推衍，知名易学家如夜空繁星难以尽数，易学流派若归海之溪流各擅胜场，相关研究著作浩如烟海，因而形成了博大精深、包罗万象的中国易学文化。令人遗憾的是，至今尚未有一部完备系统的易学文献集成问世，这与易学在中国文化中的地位极不相称，也与学术界特别是易学界的期待相差甚远。为填补这一空白，更好地继承和弘扬中国传统优秀文化，我们决定编纂《中国易学文献集成》，以原著影印的方式，展示中国历代易学经典和易学研究发展的全貌。

全书分为初编和续编两部分，初编收录明代以前的基本易学文献，续编收录明清时期（包括部分民国时期）的主要易学经典。初编的编纂工作始于2008年，经过五年的艰苦工作，于2013年由国家图书馆出版社隆重出版，在学术界引起较大反响，社会上好评如潮。这些赞扬和鼓励给了我们更大的信心，续编工作也随之展开。日月其迈，如今又过了五年，持之以恒的努力再结硕果，续编终于完成。初编六十八册，续编七十册，合计138巨册，中国易学文献由此始备。这是易学发展史上具有里程碑意义的事件，也是当代中国学术史上的一件盛事。

明清以来的易学著作具备如下特点：第一，注重古易学文献的全面辑佚和整理；第二，疏解和注释更为系统和综合；第三，解说与发挥更成体系且注意逻辑自洽。

本书收录明清时期（包括部分民国时期）易学著作95种，共714卷，分装70册。民国时期的易学著作只收录尚秉和、杨树达和于省吾等几位元易学大家的作品，以为代表。

关于本书收录易学著作的种类和卷数，在统计上可能会有所出入，因为有的一本书籍内收录有几种著作，如清杭辛斋《杭氏易学七种》，收录7种著作，按7种统计才算合理。再如清朱骏声撰《六十四卦经解》，字数很多但不分卷，也只好按1卷计算。这些是需要注意的。

本书收录的易学著作普遍卷数较多，其中卷数最多的为清纳兰性德编纂的《合订删补大易集意粹言》，多达78卷。也有卷数比较少的，如清惠栋的《周易古义》，只有1卷。

在版本选择上，我们继续遵循《初编》采用的基本原则：第一，首选精刻善本；第二，选择刊刻较早的版本；第三，选择卷帙齐全完整的版本；第四，选择错讹较少的版本。与此同时，我们根据自身具备的条件，以及明清时期书籍传刻的特点，做了如下工作：一，尽量选择和作者时代接近的本子，如明崔铣编撰的《读易余言》5卷，采用的是明嘉靖十九年刻本，再如清李光地等编纂的《御纂周易折中》22卷，采用的是康熙年间的刻本；二，注意选用抄本，如明吴桂森编撰的《周易像象述》5卷和清黄宗炎编撰的《周易象辞》19卷等，就是以清抄本为底本的；三，不选用《四库全书》本，不管是文渊阁本还是文津阁本，都不选用，至于《四库全书存目丛书》和《续修四库全书》的本子也尽量不选用，因为这些版本容易得到，且其本身存在一些这样或那样的问题；四，注意选用一些具有较高声誉的丛书刻本，如《惜阴轩丛书》本和《通志堂经解》本等。

影印古籍对版本的要求一向是很苛刻的，虽然我们依靠国家图书馆丰富的古籍善本藏书，具备得天独厚的条件，但仍然有少量善本难以得到，只得选择错讹较少的校勘性善本。从积极的角度看，这也许更便于读者利用。

本书及其续编虽不敢说竭尽历代易学著作之精华，但各个时代、不同流派、有代表性的、较为重要且能够在易学史上留下痕迹的文献，基本网罗其中，堪称一套前所未有之易学文献集成。本书由北京师范大学中国易学文化研究院和中国易学文化研究会负责选目工作，参加编纂的专家学者来自全国二十余所高校和科研院所及出版单位。希望本书的出版，能为学界同仁和广大易学爱好者研读利用提供方便的同时，亦能为公私收藏之图书珍品。